MARIPOSA

YUSRA MARDINI
con Josie Le Blond

MARIPOSA

De refugiada a nadadora olímpica.
Mi historia de superación y esperanza

Traducción de
Elena Macian Masip

Papel certificado por el Forest Stewardship Council'

Título original: *Butterfly*
Primera edición: marzo de 2019

© 2018, Yusra Mardini. Publicado por primera vez en 2018 por Bluebird, un sello
de Pan Macmillan, una división de Macmillan Publishers International Limited
© 2019, Penguin Random House Grupo Editorial, S. A. U.
Travessera de Gràcia, 47-49. 08021 Barcelona
© 2019, Elena Macian Masip, por la traducción

Printed in Spain – Impreso en España

ISBN: 978-84-01-02213-5
Depósito legal: B-2.126-2019

Compuesto en Comptex & Ass., S. L.

Impreso en Black Print CPI Ibérica
Sant Andreu de la Barça (Barcelona)

L022135

Penguin
Random House
Grupo Editorial

El bote

Me sumerjo en el agua brillante.

—¡Yusra! Pero ¿qué haces?

Ignoro a mi hermana y meto la cabeza bajo las olas. El océano ruge por encima del martilleo de mi pulso. El chaleco salvavidas tira de mi tórax hacia arriba y salgo a la superficie. Desde el bote me llega el sonido de unos rezos desesperados.

Me agarro a la cuerda y vislumbro la orilla. Europa ya se ve. El sol desciende hacia la isla y se ha levantado viento. Los pasajeros gritan, chillan mientras el bote da vueltas en el oleaje. El afgano tira desesperadamente de la cuerda del motor, que chisporrotea pero no acaba de arrancar. No funciona. Estamos solos a merced del mar embravecido.

El rostro del niño asoma entre los pasajeros hacinados en el bote. Sonríe. Para él es un juego. No sabe de toda la gente desesperada que ha muerto en este mismo lugar. Madres con sus bebés, ancianos y mujeres, hombres jóvenes y fuertes. No sabe nada de los miles que jamás llegaron a la orilla, que batallaron durante horas en vano, hasta que el mar se los llevó. Cierro los ojos con fuerza y lucho para no dejarme llevar por el pánico que me embarga. Nado. Sé nadar. Puedo salvar al niño.

Veo a mi madre, a mi padre y a mi hermana pequeña. Veo un desfile de triunfos que recuerdo a medias, de derrotas y vergüenzas, de cosas que preferiría olvidar. Papá tirándome al agua. Un hombre que me cuelga una medalla del cuello. Un tanque que apunta. Cristales que se rompen en mil pedazos contra el suelo. Una bomba que atraviesa el techo.

Abro los ojos de golpe. Junto a mí, mi hermana observa con expresión sombría la próxima ola gigantesca y enfurecida. La cuerda se me clava en las palmas de las manos y el mar tira de mi ropa, arrastrándola hacia el fondo. Me duelen los brazos y las piernas por culpa del peso que soportan. Aguanta. Sigue con vida.

Se levanta otra ola; el agua oscura nos acecha desde detrás del bote. Me agarro bien mientras subimos y bajamos mientras damos vueltas a la deriva. El mar no es como una piscina. No tiene paredes a los lados, ni tampoco fondo. Esta agua es infinita, salvaje e incognoscible. Las olas continúan sucediéndose, implacables, como un ejército que avanza.

El sol desciende ahora con más rapidez para reunirse con las cimas de las montañas de la isla. La orilla parece estar más lejos que nunca. En el agua se ven destellos violeta oscuro; las crestas de las olas, de un amarillo cremoso, resplandecen bajo la luz que empieza a extinguirse. ¿Cómo hemos llegado a esto? ¿Cuándo empezaron nuestras vidas a valer tan poco? ¿Por qué decidimos arriesgarlo todo, pagar una fortuna para subir en una embarcación abarrotada y jugárnoslo todo en el mar? ¿Era esta de verdad la única salida? ¿La única forma de escapar de las bombas que caían sobre nuestro hogar?

Las olas se elevan y rompen; las embestidas del mar hacen que me golpee la cabeza contra los lados del bote. El agua salada me escuece en los ojos, me anega la boca y la nariz, y el viento me enreda el pelo alrededor de la cabeza. El frío me cala todo el cuerpo, se me mete en los pies, en los tobillos y en los muslos. Siento que se me empiezan a agarrotar las piernas.

—¡Yusra! ¡Sube al bote!

Me agarro a la cuerda con más fuerza. No pienso dejar a mi hermana sola en esto. Nadie va a morir mientras nosotras estemos aquí. Somos las Mardini y nadamos.

PRIMERA PARTE

La chispa

1

Aprendo a nadar antes que a caminar. Mi padre, Ezat, que es entrenador de natación, se limita a meterme en el agua. Todavía soy demasiado pequeña para llevar manguitos, así que tira la rejilla de plástico de la canaleta perimetral de la piscina y me mete sin contemplaciones en el agua poco profunda que hay debajo.

—Venga, ahora mueve las piernas así —me indica papá, y mueve las manos para mostrarme cómo debo hacerlo.

Me retuerzo hasta que consigo patalear. A menudo me canso y las suaves caricias del agua me arrullan hasta que me duermo. Papá nunca se da cuenta. Está demasiado ocupado dando órdenes a mi hermana mayor, Sara. Ninguna de las dos elige nadar; no recordamos cuándo empezamos. Simplemente nadamos; siempre lo hemos hecho.

Soy una niña muy mona, con la piel clara, enormes ojos marrones, el pelo largo y oscuro y una constitución menuda y proporcionada. Soy extremadamente tímida, así que apenas hablo. Solo me siento feliz cuando estoy con mi madre, Mervat. Si tiene que ir al baño, yo la espero fuera hasta que termina. Cuando otros adultos intentan hablar conmigo me limito a mirarlos en silencio.

Casi todos los fines de semana vamos a la ciudad a visitar a nuestros abuelos. Mi abuela Yusra, por quien me pusieron el nombre, es como una segunda madre para mí. Me escondo tras los largos pliegues de su *abaya*, una túnica entallada que llega hasta el suelo, mientras mi abuelo Abu-Basam intenta sobornarme con dulces para hacerme sonreír. Nunca lo consigue, así que me chincha y me dice que soy como un gatito asustado.

Sara tiene tres años más que yo y somos dos polos opuestos. Nadie es capaz de hacerla callar. Siempre está charlando con los mayores, incluso con los desconocidos que se encuentra en las tiendas; parlotea sin descanso en un idioma inventado. Le gusta interrumpir la hora del té subiéndose en el sofá de la abuela y hablando sin sentido, mientras mueve los brazos como si estuviese pronunciando un discurso. Cuando mamá le pregunta, Sara asegura que habla en inglés.

Somos una gran familia. Papá y mamá tienen once hermanos entre los dos, y siempre hay primos de visita. Vivimos en Al Saida Zainab, una localidad al sur de Damasco, la capital de Siria. El hermano mayor de papá, Gasán, vive en el edificio de atrás, y sus hijos, nuestros primos, vienen a jugar todos los días.

Nadar es una pasión que comparte toda la familia, así que papá espera que también sea la nuestra. Todos los hermanos de papá entrenaban cuando eran jóvenes. Papá nadó en el equipo nacional sirio cuando era adolescente, pero tuvo que dejarlo cuando lo convocaron para hacer el servicio militar obligatorio. Al nacer Sara, regresó a la piscina como entrenador. Papá siempre ha creído fervientemente en sus propias capacidades. Un día, antes de que yo naciera, lanzó a la piscina a Sara, que entonces era un bebé, para probar lo buen entrenador que era. Quería demostrar a los demás que podía enseñar a nadar incluso a su hija bebé. Mamá observó en silencio, horrorizada, cómo tenía que sacarla del agua.

En el invierno de mis cuatro años, papá consigue un trabajo en el Complejo Deportivo de Tishrín, en Damasco, sede del Comité Olímpico Sirio y nos apunta a Sara y a mí al entrenamiento de natación. Él se encarga de que otro entrenador se ocupe de mí mientras él se concentra en Sara, que entonces tiene siete años. Entreno tres veces por semana en la espeluznante piscina olímpica. Allí, la principal iluminación proviene de unas ventanas largas y bajas que recorren tres de los lados del edificio. Por encima del cristal, unas persianas de metal bloquean la luz cegadora del sol. Encima de una de ellas, junto al marcador, cuelga un gran retrato del presidente sirio, Bashar al Asad.

En la piscina siempre hace muchísimo frío, pero pronto descubro que ser tímida, guapa y pequeñita tiene sus ventajas. Mi nuevo entrenador no tarda en encandilarse conmigo. Lo tengo comiendo de la palma de mi mano.

—Tengo frío —murmuro, y lo miro con los ojos muy abiertos e inocentes.

—¿Qué dices, pequeña? —pregunta el entrenador—. ¿Tienes frío? ¿Por qué no coges tu toalla y te sientas un ratito fuera, al sol? ¿Cómo dices, *habibti*, querida? ¿También tienes hambre? Bueno, pues vamos a por un pedazo de pastel.

Durante los siguientes cuatro dichosos meses soy la niña consentida del entrenador y apenas me meto en el agua. Sin embargo, no puedo escapar de papá. Un día paso junto a él después del entrenamiento; la piscina está vacía y él se está preparando para su siguiente sesión. Mamá ha venido a buscarnos, como de costumbre, y espera en silencio sentada en una silla al lado de la piscina. Voy hacia ella, pero papá me ve antes de que la alcance.

—Yusra —me llama—, ven aquí.

Me aprieto más la toalla alrededor de los hombros y corro hacia él. En cuanto estoy lo bastante cerca, me arranca la toalla, me coge en volandas y me arroja al agua. Lucho por salir a la superficie, intento coger aire y muevo los brazos y las piernas en todas las direcciones, aterrorizada. Cuatro meses de tumbarme al sol y comer pastel han dejado huella, y no hay forma de ocultárselo a mi padre: se me ha olvidado cómo nadar. Sus maldiciones reverberan por toda la estancia y resuenan en mis oídos. Me acerco al borde con esfuerzo y me agarro a él. No me atrevo a levantar la vista.

—¿Qué has hecho? —grita—. ¿Qué narices has estado haciendo?

Me impulso para salir de la piscina y me pongo de pie. Me obligo a mirarlo, pero es un error. Se me acerca a paso firme, con la cara encendida de furia, y llega hasta mí en unas pocas zancadas. Yo me quedo mirando las baldosas y me preparo para el castigo.

Se inclina hacia mí.

—¿Qué te pasa? —grita— ¿Qué ha hecho ese tipo?

Papá me empuja con fuerza de los hombros y me envía volando de vuelta a la piscina. Me estrello de espaldas contra el agua. Asomo a la superficie con la nariz llena de cloro y los ojos como platos del susto. Boqueo y agito los brazos como un pez enganchado a un anzuelo; me revuelvo, me acerco como puedo al borde de la piscina y me aferro a él, con los ojos fijos en el agua agitada.

—¡Fuera! —grita—. ¡Sal ahora mismo!

Me arrastro fuera de la piscina y me aparto un poco de él. Lo miro con recelo. Parece dispuesto a repetir esto todo el día. Una tercera vez, una cuarta, veinte veces, las que sean necesarias hasta que aprenda a nadar de nuevo. Vuelve a acercarse a mí. Le dirijo a mi madre una mirada implorante, pero ella sigue sentada, inmóvil, observándonos desde el lado de la piscina. Su expresión es inescrutable; no dice ni una palabra. La piscina es el reino de mi padre.

—¡Ezat! ¿Es que te has vuelto loco?

Me atrevo a echar un vistazo. Es mi tío Husam, el menor de los hermanos de mi padre. Mi salvador.

—¿Qué narices haces? —grita, mientras rodea la piscina a grandes zancadas hacia nosotros.

Miro a papá. Sigue teniendo la cara roja, pero ahora parece desorientado; lo han interrumpido en plena bronca. Es mi oportunidad. Corro hacia mi madre, me agacho para meterme debajo de la silla y me escondo tras sus faldas. Ahora la discusión se oye desde lejos, lo que es un alivio. Mamá se remueve ligeramente en la silla. Aquí estaré segura hasta que mi padre se calme.

Después de eso, papá no me quita la vista de encima. No se arriesga a que nadie vuelva a malcriarme. Soy su hija, y nadaré me guste o no. Me pone unos manguitos y me mete en la piscina con el grupo de los de la edad de Sara.

Floto en un extremo de la piscina mientras ellos entrenan. Los nadadores más mayores no tienen piedad conmigo. Pasan junto a mí y me hunden, y pronto aprendo a quitármelos de encima o a sumergirme a más profundidad mientras ellos pasan sobre mí. Papá va deshinchando poco a poco los manguitos hasta que consigo volver a nadar.

Ese verano, mi tío Gasán y su familia se mudan a Daraya, un barrio de las afueras de Damasco, a ocho kilómetros al suroeste del centro de la ciudad. Mamá y papá deciden hacer lo mismo. Nos mudamos a una casa enorme en una calle larga y recta que ejerce de frontera entre Daraya y el distrito de Muadamiya al Sham, que está al oeste.

Sara y yo nos quedamos con la habitación más grande, en la parte delantera de la casa. Siempre está rebosante de luz; la pared exterior está hecha completamente de cristal. El cuarto de mamá y papá es más pequeño. En el centro hay una cama blanca antigua y enorme, un regalo de los abuelos, que Sara y yo estropeamos pintándola con el maquillaje de mamá. Otro de nuestros juegos preferidos es hacer un montón en el suelo con la ropa de mamá y sentarnos encima como si fuésemos las reinas de un castillo. Paso mucho tiempo en el balcón observando la concurrida calle o mirando las azoteas y los minaretes puntiagudos de las numerosas mezquitas del distrito.

Nuestros padres no son de los musulmanes más estrictos, pero me educan para que conozca las reglas. Nos enseñan a acatarlas y, lo más importante, que un buen musulmán ha de ser respetuoso. Debes mostrar respeto a tus mayores, a las mujeres, a aquellos que pertenecen a otras culturas y religiones. Debes respetar a tu madre y a tu padre. Sobre todo si también es tu entrenador de natación.

A papá le gusta separar ambos roles. En la piscina debemos llamarle entrenador. En casa es papá, pero, en la práctica, sigue siendo nuestro entrenador. El entrenamiento nunca termina. Acabo aborreciendo los viernes, el primer día del fin de semana. Entonces, papá espera a que estemos relajadas en el sofá e irrumpe en el salón y da una palmada.

—¡Vamos, chicas! —exclama—. Id a por las gomas, que hay que trabajar los hombros.

Vamos a por las largas bandas elásticas arrastrando los pies. Luego, él las ata a las ventanas del salón y nos pone a trabajar.

La mejor parte del plan de entrenamiento de papá es cuando podemos ver los deportes en televisión. Vemos los campeonatos del mundo de deportes acuáticos y atletismo, los cuatro Grand Slam de tenis y la liga de la UEFA. Me convierto en una fan acérrima del FC Barcelona. Papá no malgasta ni un segundo de televisión. Señala las pequeñas diferencias entre las técnicas de los nadadores y admira el estilo individual de los jugadores de fútbol. Alaba a los tenistas cuando desgastan a sus oponentes y se muestra desdeñoso con quienes se rinden ante la presión. Nosotras asentimos en silencio.

En el verano de mis seis años vemos las pruebas finales de los Juegos Olímpicos de Atenas 2004. Es la final masculina de 100 metros mariposa.

—Atentas a la calle cuatro —nos avisa papá—. Michael Phelps. El estadounidense.

Un tenso silencio reina en el salón. Suena un silbato y ocho nadadores se lanzan a la piscina como flechas. Una cámara acuática muestra cómo ondean las caderas de Phelps, cómo sus largas piernas agitan el agua y la impulsan hacia atrás con rápidos movimientos. Los nadadores emergen a la superficie en una explosión de agua blanca. Phelps está casi un metro por detrás de su rival, Ian Crocker. Parece que no hay esperanza.

Phelps echa sus enormes hombros hacia atrás y se lanza contra el agua. Cuando hace el viraje al llegar a la pared, el agua salpica a su alrededor. Sale de nuevo a la superficie, pero todavía va muy atrás. Es imposible que lo consiga. Cuarenta metros, treinta metros. Cuando faltan veinticinco, Phelps acelera, esprinta y empieza a nadar dos veces más rápido que antes. Se acerca a Crocker.

Abro mucho los ojos. Estira los brazos y se sumerge, estira los brazos y se sumerge. No se detiene. Contengo el aliento. Está muy cerca. Tres, dos y uno. Phelps y Crocker tocan el panel de llegada. El vencedor es Phelps; le ha arrebatado el oro a Crocker. Le ha ganado por cuatro centésimas de segundo.

Me quedo mirando la pantalla fascinada. Papá se pone en pie, lanza el puño al aire y se vuelve para mirarnos.

—¿Lo habéis visto?

En pantalla, Phelps se quita las gafas, mira el marcador y levanta los dos brazos en señal de victoria. Yo observo la televisión con el ceño fruncido, estudio su rostro y me pregunto si esa sensación hará que todo merezca la pena. Todo ese dolor y sacrificio solo por un instante de gloria.

Yo nunca elegí ser nadadora, pero desde ese momento me quedo prendada. La ambición me arde en las entrañas. Aprieto los puños. Ya no me importa cuánto me cueste. Pienso seguir a Phelps hasta la cima. Hasta los Juegos Olímpicos. Hasta el oro. O moriré en el intento.

2

Papá quiere que seamos las mejores nadadoras, las mejores del planeta, del mundo entero. Las mejores habidas y por haber. Hará cualquier cosa para que lleguemos a serlo. Sus expectativas son desmesuradas y espera que nosotras estemos a la altura. Empiezo la escuela primaria unas semanas después de la milagrosa victoria de Phelps en Atenas. El colegio está en una plaza en el distrito de Mazeh, al oeste de Damasco, pegado a un instituto, así que solo tengo que esforzarme para ir subiendo en los edificios. Desde el último peldaño se me presenta como una larga escalinata. Papá se sienta junto a mí una tarde poco después del inicio del trimestre.

—Yusra, a partir de mañana vas a ser una nadadora profesional —me comunica—. De ahora en adelante entrenarás dos horas cada día. Te vas a unir al equipo juvenil de Damasco junto a tu hermana, ¿entendido?

Asiento. En realidad, no me lo ha preguntado, se ha limitado a decírmelo. Se me encoge el estómago por el miedo y la emoción. Veo los peldaños de la escalerilla de la piscina, que se extienden ante mí como los edificios de la escuela. He conseguido entrar en el equipo juvenil de Damasco. El siguiente paso es acceder al equipo nacional de Siria, donde empezaré a nadar para mi país en competiciones internacionales. Desde ahí, los Juegos Olímpicos estarán a mi alcance.

Me pongo al día con la estricta rutina de Sara. Papá nos hace vivir como si fuésemos soldados. La escuela empieza pronto y termina a la hora de comer, pero, para nosotras, la jornada no termina ahí: papá nos espera todos los días en la puerta para llevarnos a la piscina. Algunos días no me apetece nadar después de las clases, pero él acalla todas las protestas con una sola mirada. En el coche, prohíbe la música y cualquier conversación que no esté relacionada con la natación. Nos da sermones sobre técnicas e insiste hasta que nos aprendemos todos sus discursos de memoria. Cada día, mamá viene a nuestro encuentro en la piscina y observa las sesiones de entrenamiento desde las gradas.

Un día, papá y otro entrenador están estirando los hombros de Sara antes de nadar. Ella se arrodilla mientras tiran hacia atrás de sus codos flexionados, llevándolos detrás de su cabeza. Ambas odiamos esos estiramientos porque a veces resultan dolorosos, pero ayudan a que los hombros sean más elásticos y funcionen mejor. Papá nos dice una y otra vez que debemos quedarnos muy quietas, pero esta vez, mientras papá y el otro entrenador tiran de sus codos, mi hermana hace una mueca, se aparta de golpe y chilla de dolor. Siente un dolor atroz, así que mamá y papá la llevan al médico. Le hacen una radiografía y se dan cuenta de que se ha roto la clavícula. Sara tiene que dejar de entrenar durante varias semanas, pero papá ni se inmuta. Un pequeño accidente no hará que sus hijas dejen de nadar. Mi hermana vuelve al agua en cuanto está curada, y papá no se muestra menos exigente con ella. Al contrario, le ordena que se esfuerce más que nunca para recuperar el tiempo perdido.

Ese verano asisto a mi primer campamento de natación. Sara y yo no tenemos que ir muy lejos: los mejores nadadores jóvenes de Siria vienen a Damasco durante las vacaciones para entrenar. Nos quedamos en la residencia para deportistas que hay al lado de la piscina de Tishrín con los demás. A sus diez años, Sara ya se junta con los adolescentes del equipo nacional sirio y yo, que sigo siendo muy tímida, voy siempre pegada a ella. Poco a poco, los mayores me ayudan a salir de mi cascarón. Uno de ellos, un chico llamado Ehab, me toma el pelo y me llama «ratoncilla».

Es allí donde conozco a Rami. Vive en Alepo, aunque a menudo viene a Damasco a entrenar. Tiene dieciséis años, nueve más que yo, pero nos hacemos amigos para siempre. Soy la más joven del campamento, así que siempre es amable conmigo. Es guapo, tiene un rostro simpático y simétrico y los ojos y el cabello oscuros. Las demás chicas están celosas de nuestra amistad.

No hay muchas chicas mayores. Muchas deciden abandonar la natación en cuanto llegan a la pubertad. Algunas lo dejan porque no creen que vayan a hacer carrera deportiva, o cuando empiezan la universidad. Otras muchas lo dejan porque es la edad en la que las mujeres musulmanas deciden respetar el hiyab y llevar ropa discreta y un velo que les cubra el cabello. «Hiyab» es la palabra que usamos tanto para el velo como para la ropa islámica recatada en general. En Siria no obligan a nadie a llevarlo y muchas mujeres musulmanas deciden no hacerlo, sobre todo en las ciudades. Como musulmana que observa las normas, cualquiera de las dos opciones es totalmente aceptable, siempre que la ropa que llevas sea lo bastante decorosa. Es ahí donde nadar se da de bruces contra la tradición. Respetar el hiyab es complicado cuando para entrenar y competir necesitas un bañador. Queda claro que, mientras nademos, no podemos llevarlo.

Mucha gente no entiende que nademos. No comprenden el duro trabajo y la dedicación que implica, no ven más allá del traje de baño. Los vecinos y los padres de algunos niños del colegio le dicen a mamá que no les parece bien; algunos opinan que llevar bañador pasada una cierta edad es inadecuado para una muchacha. Mamá los ignora. En el verano de mis nueve años, ella misma decide aprender a nadar. Como respeta el hiyab y se cubre el cabello no puede aprender en Tishrín, así que va a otra piscina y se apunta a un cursillo de verano solo para mujeres. Papá la anima y al final acaba por entrenarla él mismo.

Él parece no reparar en los chismorreos. No deja que nada se interponga entre nosotras y la natación, y su programa de entrenamiento está dando frutos. Papá quiere que demostremos lo que valemos tanto en pruebas de velocidad como en larga distancia, y cada vez somos más rápidas en mariposa y estilo libre. Sara tiene unos músculos impresionantes para ser una chica de doce años. Es una joven prometedora, así que los entrenadores del equipo nacional sirio la seleccionan. Papá está que no cabe en sí de alegría, pero eso significa que ya no es su nadadora, solo su hija, mientras yo sigo siendo ambas cosas.

Un día, no mucho después de que mi hermana empiece a nadar con el equipo nacional, papá lleva a mi grupo a visitarlos mientras entrenan en el gimnasio. Nosotras somos demasiado pequeñas para levantar pesas, así que papá nos explica los ejercicios mientras observamos. Nos reunimos alrededor de una serie de máquinas de musculación con poleas. Sin previo aviso, una chica de mi grupo coge la barra de la máquina que tengo más cerca y da un tirón hacia abajo, pero pesa más de lo que creía y la suelta. La barra se mece hacia atrás y me golpea justo debajo del ojo. Grito.

—¿Ahora qué, Yusra? —pregunta papá.

Un fino reguero de sangre desciende por mi mejilla y se me llenan los ojos de lágrimas. Papá me coge de la barbilla y me levanta la cabeza para inspeccionar la herida.

—No es nada. No exageres.

Luego nos lleva de vuelta a la piscina para continuar con el entrenamiento. Me quedo de pie junto a la plataforma de salida, lloriqueando de la impresión. Vamos a retomar el entrenamiento y no tengo elección. Me meto en el agua. La herida me escuece por culpa del cloro.

Me agarro del borde de la piscina. Al final me salva el padre de otra de las niñas de mi grupo, que le dice a papá que me lleve al médico. Él aprieta los labios, molesto. Me hace un gesto con la mano para que salga del agua y me lleva a urgencias después del entrenamiento, donde los médicos me cosen la parte superior de la mejilla.

Después de ese incidente me aterroriza hacerme daño, pero no por el dolor, sino porque el entrenamiento no se detendría. Sin embargo, no hay nada que yo pueda hacer para protegerme de según qué cosas, como, por ejemplo, las infecciones de oído. Son una agonía, como si alguien estuviese intentando inflarme un globo dentro de la cabeza. Puedo dejar de ir a clase, pero no de nadar. Papá no confía en los médicos, sobre todo si me prohíben meterme en la piscina. En una ocasión, el dolor es el más atroz que he padecido nunca. Aúllo mientras mi madre le suplica a la doctora, pero esta niega con la cabeza y sentencia:

—Tiene un tímpano perforado. No puede nadar bajo ningún concepto; al menos, no durante una semana.

Miro a mamá. Ella enarca las cejas y suspira.

—¿Se lo dirás tú a papá? —pregunto—. Yo no puedo. No se lo quiero decir.

Lloro durante todo el camino hacia la piscina. Estoy muerta de miedo por lo que mi padre dirá cuando se entere. Él está allí, esperando.

—Bueno, ¿cuál es el veredicto? —pregunta.

Mamá se lo cuenta y él se pone furioso.

—Pero ¿qué dice esa mujer? ¿Una semana entera? Quiero una segunda opinión.

Volvemos al coche y mamá me lleva a otro médico. Este le dice que no me pasa nada, que no tengo ningún tímpano perforado y que no hace falta que deje de nadar. Papá está feliz, y yo sigo nadando dolorida. Poco después, mientras Sara y yo esperamos al autobús de la escuela por la mañana, me caigo al suelo de repente. Permanezco inconsciente durante treinta segundos. Papá me ve desplomarme desde el balcón y sale de casa corriendo para llevarme al médico. Están perplejos; dicen que debe de ser algo relacionado con los oídos, o tal vez los ojos. Me mandan a un oftalmólogo que me diagnostica miopía. A partir de ese día llevo gafas o lentillas, pero eso no evita que sufra desmayos esporádicos. En esa misma época, me salen unas ronchas rojas en el cuello que me pican mucho. Los médicos dicen que es psoriasis, pero a papá no le importa mientras no afecte a la natación.

Aunque mi padre ya no es el entrenador de Sara, no deja de vigilarla. Los Juegos Panarábicos están a la vuelta de la esquina y quiere que viaje a El Cairo con el resto del equipo sirio. Por primera vez, los juegos incluirán una competición de pentatlón moderno. Papá se entera de que el equipo todavía no ha encontrado una atleta femenina para la carrera de relevos mixtos, y el entrenador le pregunta a Sara si le gustaría hacer la prueba para las competiciones de atletismo, natación y tiro.

Sara se pasa el verano en el complejo de Tishrín corriendo largas distancias y aprendiendo a disparar una pistola a un blanco. La acompaño un par de veces para verla, y en una de ellas me deja probar. El arma es pesada, fría y difícil de manejar, y no estoy segura de que me guste. Mi hermana demuestra su valía ante los entrenadores y cuando llega noviembre viaja a El Cairo con el equipo nacional. Corre rápido, dispara con precisión y nada como un rayo en la piscina. Ella y su equipo de relevos ganan una medalla de plata y contribuyen a que Siria acabe quinta en el medallero. Cuando el equipo regresa, papá está exultante y emocionado.

—¡Puede que incluso conozcas al presidente! —le dice a Sara.

La semana siguiente, los entrenadores del equipo convocan una reunión. Está confirmado: al presidente Bashar al Asad le gustaría conocer a todos los medallistas. A mi hermana, que es la más joven de todos, le dejan faltar un día al colegio e incluso perderse un examen, pero le ponen la calificación más alta de todos modos. Cuando vuelve del Palacio Presidencial tiene el rostro iluminado.

—Bueno, ¿cómo ha ido? —pregunta mamá.

—Hemos esperado en una fila para saludarle —responde Sara con una sonrisa—. No me podía creer que fuese él de verdad.

—¿Te ha dicho algo? —continúa mamá.

—Sí, que está orgulloso de mí porque soy la más joven —contesta—. Y me ha dicho que siga adelante, que siga ganando y que un día nos volveremos a ver. Era un hombre normal, agradable.

Mamá y papá están henchidos de orgullo. Ese encuentro es un gran honor para nuestra familia. En el colegio cuelgan una foto de grupo de Sara con el presidente, y papá manda hacer una copia en grande, la enmarca y la cuelga en un lugar de honor en una pared del salón de casa.

Unas semanas más tarde, mamá nos pide a Sara y a mí que nos sentemos y nos cuenta que está embarazada. Me siento inquieta. Dejaré de ser la menor, la más pequeña y la más mona. Sonrío, pero no digo nada. En marzo, el mismo mes en que cumplo diez años, mi madre da a luz a una niña, un angelito diminuto con unos ojos enormes de color azul cielo. La llama Shahed, «miel». Estamos todos embobados con ella. Ahora que ya está aquí, tener una hermana pequeña me llena de alegría.

Aunque papá está obsesionado con nuestros tiempos en la piscina, a mamá solo le preocupan nuestras notas. A Sara y a mí se nos da bien el inglés, así que contrata a profesores particulares para incentivarnos. Papá nos descubre la música pop estadounidense. Nos encanta Michael Jackson y estudiamos las letras de sus canciones como si preparásemos un examen. Vamos siempre con los auriculares puestos: de camino al colegio, a la piscina o mientras volvemos a Daraya desde casa de la abuela en Damasco. A veces le pregunto a Sara qué significa una palabra inglesa y cómo se escribe. Ella tiene un diario en el que anota sus secretos en inglés para que mamá y papá no puedan leerlos.

Ese verano, entre entrenamiento y entrenamiento, mi hermana y yo nos sentamos a ver los Juegos Olímpicos de Pekín 2008 junto a papá. Mamá va entrando y saliendo del salón con la pequeña Shahed en brazos. Esta vez, gracias a Phelps, la natación es el deporte que más expectación genera en los Juegos. Observo embobada y fascinada cómo el estadounidense se embolsa un oro tras otro, camino de obtener un medallero que rompa todos los récords. El mundo entero está como loco con él. La prensa árabe lo llama «la nueva leyenda olímpica», «el atleta olímpico definitivo».

Está a punto de empezar la final masculina de 100 metros mariposa. La tensión va en aumento cuando el serbio Milorad Cavic asegura que va a arrebatarle a Phelps su séptimo oro. Los nadadores se alinean junto a los poyetes de salida. Crocker también está allí. Cuando la cámara hace un barrido a lo largo de la fila, observo el cuello y los brazos de Phelps. Guau. Es una mole. En nuestro salón se palpa la tensión en el aire, y papá insiste en que guardemos absoluto silencio.

Suena el silbato y los nadadores se lanzan al agua. Cuando salen a la superficie, Cavic y Crocker van por delante de los demás. Toman impulso, se sumergen y se propulsan hacia delante. Al final del primer largo, Phelps va séptimo. Aguanto la respiración y espero a que haga uso de todas sus reservas de fuerza. Quedan treinta metros, veinte. Phelps adelanta a Crocker, pero Cavic sigue en primera posición. Uno, dos; uno, dos. Siguen y siguen.

Phelps está esperando demasiado. ¡Vamos! Aprieta el interruptor. Esprinta. Cuando quedan quince metros para el final, Phelps lo da todo de sí. Adelanta. Está exactamente a la misma altura que Cavic. Tocan el panel de llegada a la vez y a mí se me escapa un chillido. Nadie se lo puede creer. ¡Lo ha vuelto a hacer! Ha ganado el oro por una centésima de segundo. Phelps grita y golpea el agua con sus enormes brazos.

Papá se ha puesto de pie.

—¿Lo veis? —dice—. Eso es, chicas. Eso es un atleta olímpico.

Sara y yo nos miramos y sonreímos.

—Pero ¿cómo llegamos hasta ahí? —pregunto—. ¿Cómo llegamos a los Juegos Olímpicos?

—Trabajando —responde, y se vuelve hacia la pantalla—. Si Dios quiere, algún día llegaréis. Si los Juegos Olímpicos no son vuestro sueño, no sois verdaderas atletas.

Durante un tiempo, Sara es la joven estrella del equipo sirio. Es buena tanto en las carreras cortas en mariposa como en las largas en estilo libre. Sin embargo, en el otoño siguiente a los Juegos de Pekín empieza a flaquear. Su nivel sube y baja y los entrenadores del equipo empiezan a perder el interés. Parece cambiar de entrenador cada semana.

En el grupo de papá, las más rápidas somos Carol, otra de las chicas, y yo. Para él somos sus estrellas, y todos los nadadores del equipo nacional, Sara incluida, son la competencia. Un día, organiza un cara a cara entre Sara y Carol de 100 metros mariposa.

Papá nos reúne a todos para ver la carrera: entrenadores, nadadores y a los miembros del equipo de Sara. En la piscina, papá no es papá, es el entrenador, y cuando Sara y Carol suben en los poyetes de salida, Sara no es su hija. Es la rival de su nadadora. Yo me quedo mirando con la mente en blanco. No tengo ni idea de a quién debo apoyar.

Suena el silbato y se zambullen. Carol es la primera en salir

29

a la superficie y Sara lo hace poco después. Tras el viraje a los cincuenta metros, Sara está casi dos metros por detrás. Continúa, pero Carol esprinta en los últimos veinte metros y termina más de cinco segundos antes. Papá lanza un puño al aire en señal de victoria y sonríe al equipo de entrenadores. Su estrella ha vencido.

Cuando volvemos a casa en el coche reina un silencio incómodo. Sara mira por la ventanilla con los auriculares puestos. Cuando entramos en casa, papá vuelve a ser papá y regaña a Sara.

—Pero ¿qué te pasa? —grita—. ¡Te has dormido en los laureles! Has perdido toda tu velocidad.

Ella lo fulmina con la mirada. Tiene los ojos llenos de furia.

—Ya está, es suficiente —sentencia él—. Se acabó eso de irse a casa de tus amigos después del entrenamiento. Se acabó el jugar al baloncesto. Voy a tener que enderezarte yo. De ahora en adelante yo seré tu entrenador. Vas a volver conmigo.

Sara rompe a llorar. Se vuelve a poner los auriculares con brusquedad, se levanta y sale de la sala. Yo hago como si nada. Llorará y luego se calmará.

Después de eso, Sara vuelve a entrenar a las órdenes de papá, con Carol y conmigo. Un día, unos meses después, sale de la piscina agarrándose el hombro derecho.

—No puedo seguir —le dice a papá—. No puedo mover el hombro.

Mamá la lleva al médico. Le recetan unas pomadas para los músculos y cuatro semanas de reposo. Papá está contrariado. Un mes después, Sara vuelve a la piscina, pero el parón ha provocado que su nivel vuelva a bajar. Pasan dos meses antes de que consiga, con mucho esfuerzo, recuperar el nivel que tenía antes.

Y poco después, en primavera, se le agarrota el otro hombro. Los médicos parecen preocupados y le recomiendan reposo durante un mes más. Mamá intenta ayudarla. Desde que aprendió a nadar, ha estado enseñando aquaeróbic en un balneario de aguas termales a una hora en coche, al sur de Damasco, cerca de la ciudad de Daraa. También se ha formado como masajista y prueba sus nuevas habilidades en los hombros de Sara, que no tarda mucho en volver a entrenar. Se esfuerza más que nunca por alcanzar sus marcas de velocidad. No me lo cuenta, pero yo sé que ya no disfruta nadando. Está distraída y a menudo desaparece después de los entrenamientos. A principios de verano empieza a maquillarse, y sospecho que sale con chicos. Papá está furioso, pero a ella le da igual. La convivencia en casa se deteriora hasta convertirse en una sucesión de batallas y confrontaciones.

—¡Mira tu hermana pequeña! —grita papá—. ¿Por qué no puedes parecerte más a ella?

Sin embargo, eso nunca funciona. Cuanto más le grita él, más se rebela ella, le responde a gritos y le maldice en la cara. Conmigo, en cambio, sí que funciona. Al ver la furia que mi hermana provoca en él, decido que de ningún modo puedo pasarme de la raya. No le doy a papá ninguna razón para enfadarse conmigo. No me meto en líos, me esfuerzo en la piscina y lucho por ganar medallas. Trabajo con ahínco en la escuela para sacar buenas calificaciones. Soy tan competitiva que si otro niño de mi clase saca mejores notas que yo, la psoriasis de mi cuello se pone roja como un tomate y me empieza a picar. Sara me pega y me llama empollona.

Ese verano, Sara y yo viajamos a Latakia, una ciudad en la costa noroccidental de Siria, para participar en una competición. Latakia es el destino favorito de vacaciones del país. La gente va allí a pasear por la playa, a comer en los restaurantes o a subir a la montaña rusa del parque de atracciones, pero Sara y yo vamos por el mar. La competición es en aguas abiertas, una carrera de cinco kilómetros desde una isla hasta la orilla.

Desde la playa, el mar está en calma y resplandece bajo la

luz del sol. Los cincuenta participantes nos lanzamos al agua. Es una competición feroz, todo el mundo lucha para nadar por la ruta más directa de vuelta a la orilla. Una vez en mar abierto empiezo a sentirme inquieta. Nadar en el mar es distinto de hacerlo en una piscina, aquí el agua es profunda y misteriosa. No hay paredes a los lados; la posibilidad de descansar no existe. Me preocupa perderme y tengo que nadar con la cabeza fuera del agua para ver las boyas y los barcos que delimitan la ruta. Me siento muy aliviada cuando llegamos a la orilla, tras algo más de una hora nadando.

Poco después de la carrera en el mar, los dos hombros de Sara se paralizan a la vez. Ni siquiera puede dar una brazada de mariposa. Los médicos la derivan a un fisioterapeuta para un tratamiento a base de masajes, y tiene que dejar de nadar durante otro mes. A principios del año siguiente vuelve a la piscina, pero ya no está al mismo nivel que antes. No habla mucho conmigo, aunque compartamos habitación. Estoy preocupada por ella, pero en casa, entre discusión y discusión, nos recluimos en nuestro propio mundo. Si somos desgraciadas, lo somos solas. Nuestras vidas están totalmente separadas: nadamos por separado, estudiamos por separado y tenemos diferentes amigos.

Los intentos de papá por cambiar el comportamiento de Sara no funcionan. Se porta mal en el colegio, sus notas se resienten y los profesores le ponen la etiqueta de alumna conflictiva. Después de los entrenamientos se escapa para jugar al baloncesto o pasar el rato en casa de sus amigos, muchos de los cuales son chicos. Las discusiones en casa van a peor. Ella salta ante la más ligera provocación de papá. A veces, cuando nos sentamos a la mesa a comer, él hace algún comentario sobre su aumento de peso, o empieza a hablar de sus notas, o de que no ha nadado bien en el entrenamiento. A menudo, mi hermana echa la silla hacia atrás de un golpe, se levanta y se larga.

—Ah, ¿ahora tampoco vas a comer? —le grita papá.

—No me apetece —contesta ella, mirándolo por encima del hombro.

Hago una mueca al oír el portazo que da al entrar en nuestra habitación. Bajo la vista y paseo la comida por el plato con el tenedor. Obedece y todo irá bien. Sé que papá estará contento si soy la mejor nadadora, y estoy mejorando mucho. Mis brazadas en mariposa son rápidas y fuertes.

En otoño, a los doce años, me clasifico para el equipo nacional sirio. Los entrenadores dicen que estoy preparada para mi primera competición en el extranjero, en Jordania y Egipto. Es un gran paso. Ahora soy una nadadora que compite bajo la bandera siria. He subido otro peldaño en la escalera que me llevará a mi sueño olímpico. Mientras Sara titubea y se rebela, yo me he convertido en la nadadora estrella de papá.

SEGUNDA PARTE

La primavera

3

Los hombres alzan los puños al aire y cantan frente a la cámara. Las banderas arden y la muchedumbre se dispersa mientras el humo asciende desde los edificios. Estamos en marzo de 2011 y Libia está en llamas. Miro a Sara, que se encoge de hombros y cambia de canal. Papá entra en el salón.

—Ponlo otra vez —ordena.

Sara obedece y él se sienta en el sofá. Observamos en estricto silencio cómo se desarrollan las dramáticas escenas. Ahora es el turno de papá: cada noche le toca a él la televisión durante dos horas exactas. Ve las noticias y luego nos devuelve el mando a distancia. En las últimas semanas hemos sido testigos a través de la pantalla de las revoluciones de Túnez y Egipto, y ahora de la de Libia. No sé por qué, pero esta se me antoja diferente, de algún modo la siento más cercana.

—A mí me parece bastante guay —comenta Sara en voz baja—. Da un poco de miedo, pero es guay.

Papá la mira.

—¿Estás loca? —le reprende—. Eso no pasará aquí nunca, ¿entendido? De ningún modo algo así puede suceder en Siria.

Asegura que nuestro país es estable y sensato, que la gente es tranquila y sosegada y no causará problemas. Todo el mundo tiene un empleo, las cosas van bien, trabajamos, somos felices y seguimos adelante con nuestras vidas. Luego señala a los que protestan en el televisor.

—Y no como esa gente —concluye.

El líder libio, Muamar al Gadafi, aparece ahora en pantalla. Lleva una túnica marrón claro y un turbante a juego y está pronunciando un discurso en la televisión pública libia en el que acucia a sus seguidores para que acaben con el levantamiento de su país.

«Apelo a los millones que hay desde un extremo del desierto al otro —clama Gadafi, gesticulando ampliamente con los brazos—. Marcharemos a millones y purificaremos Libia centímetro a centímetro, casa a casa, hogar a hogar, callejón a callejón, persona a persona, hasta que el país quede limpio de suciedad e impurezas.»

Sara se ríe y papá la fulmina con la mirada.

—¿Qué? —dice ella—. No me río de la situación. Es que... Bueno, es gracioso. El dialecto libio es gracioso.

Papá niega con la cabeza y vuelve a mirar la pantalla.

«Es hora de ponerse manos a la obra —continúa Gadafi—. ¡Es hora de marchar! ¡Es hora de triunfar! No hay vuelta atrás. ¡Al frente! ¡Revolución! ¡Revolución!»

Gadafi da un golpe en el atril, levanta el puño al aire y sale del plano. Papá apaga el televisor y se marcha del salón sin mediar palabra.

Unos días más tarde, Sara y yo estamos en la calle, esperando al autobús del colegio al lado de casa. Mi hermana me cuenta que ha soñado que mataban a Gadafi, y yo le contesto que no quiero saberlo. Subimos al autobús cuando se detiene junto a nosotras. Todos los chicos están mirando sus teléfonos móviles y riéndose.

—¿Qué pasa? —pregunta Sara mientras nos sentamos.

Un chico se gira desde el asiento de delante.

—*Zenga, zenga* —dice, sonriendo.

—¿Qué? —pregunto.

El chico nos pasa su móvil. Está reproduciendo un vídeo de YouTube. Han remezclado el discurso televisado de Gadafi y lo han convertido en una canción *dance*. Una chica ligera de ropa baila y da vueltas en las esquinas inferiores. El dictador está ridículo. El autobús entero se ríe de nuevo cuando la canción llega al estribillo. «*Zenga, zenga*», que es *zinqa*, «callejón», en dialecto libio. En la escuela la canción está por todas partes, pero el chiste pronto pasa de moda. Una semana más tarde, el autobús del colegio está casi en silencio. Los niños permanecen sentados por parejas y hablan en susurros. Mi amiga Lyne sube y se sienta a mi lado. Le sonrío. Me mira con los ojos muy abiertos y se inclina hacia mí.

—¿No te has enterado de lo de Daraa? —susurra.

—No —respondo.

Siento una punzada de angustia. Mamá trabaja solo a media hora en coche de Daraa, y la ciudad tampoco está muy lejos de nosotros, de Damasco. Solo nos separan unos cien kilómetros, más o menos.

—Unos críos, unos chicos... —me cuenta Lyne—. Escribieron algo en la pared. Los han detenido.

—¿Qué quieres decir? —pregunto—. ¿Qué escribieron?

Mira a su alrededor y agacha más la cabeza hacia mi oreja.

—*Ash-shab yurid isqat an-nizam* —murmura.

La miro anonadada, perpleja. *Ash-shab yurid isqat an-nizam*. La gente quiere derribar al régimen. Pero ¿no había dicho mi padre que algo así jamás podría pasar en Siria? Me quedo sentada en silencio mientras asimilo las palabras de Lyne e intento comprender su significado. Me inclino y le susurro al oído:

—Eso es lo que decían en Túnez, ¿verdad? Y en Egipto.

Lyne asiente.

—Y ahora también en Libia —responde.

Miro el tráfico a través de la ventanilla; observo a la gente que cada día se dirige a trabajar, las tiendas que suben sus persianas. Así que los sirios también quieren que cambien las cosas. Túnez, Egipto, Libia y ¿ahora aquí? Tengo un presentimiento: esto no traerá nada bueno. En el colegio, los profesores no dicen nada sobre Daraa. Tampoco lo hacen mamá y papá, ni los presentadores del telediario de la televisión pública. Solo me entero de las noticias en el autobús de la escuela. Unos días más tarde, Lyne me cuenta que se han producido actos de violencia en unas protestas en Daraa y que estas se han extendido a otras ciudades de Siria, como Alepo, Homs y Baniyas.

—Se están manifestando incluso aquí, en Damasco —me asegura.

Abro mucho los ojos, sorprendida. En casa continúa reinando un silencio hermético. Papá mira las noticias todas las noches. A menudo sintoniza las cadenas de noticias árabes extranjeras, Al Yazira y Al Arabiya. Sus ojos están fijos en la pantalla, pero no hace comentarios. Si en algún momento habla sobre las protestas que se están extendiendo, no lo hace con nosotras, y lo comprendo. Es por nuestro bien, para protegernos. Y, de todos modos, ¿qué podría decirles a sus dos hijas adolescentes? ¿Preguntarles si están contentas con la situación? Mamá, sin embargo, se muestra un poco más abierta. Su trabajo en el balneario a las afueras de Daraa supone otra fuente de información. Un día, a finales de marzo, vuelve a casa pálida y temblorosa. Le pregunto qué ha pasado y ella vacila; sé que no quiere asustarme, pero al final se decide a hablar:

—Hoy, en el balneario, se oían las explosiones y los tiros que venían de la ciudad. Hemos cerrado las ventanas, pero se oía de todos modos.

Me inspecciono uñas con el estómago en un puño. Ojalá no le hubiese preguntado.

—En el último mes hemos tenido menos clientes —continúa mamá—. Ya nadie quiere venir al balneario. Se está volviendo demasiado peligroso.

Ojalá se callase. Me siento aliviada cuando papá entra en el salón y ella se interrumpe a media frase. Él se sienta y enciende el televisor. Shahed entra dando pasitos temblorosos detrás de él y mamá la coge en brazos y se la lleva a la cocina. Nos sentamos, envueltos en un sombrío silencio. Los presentadores del telediario del canal público siguen sin decir nada sobre Daraa.

Al día siguiente, una de mis compañeras de clase, Emán, dice que su familia y ella se marchan de Damasco. Sus padres son de Daraa y quieren volver para ver qué está pasando. Todo sucede muy rápido: nos despedimos y la semana siguiente ya se han ido. Nunca más vuelvo a tener noticias suyas y todavía no estoy segura de qué fue de ella. Es la primera de muchas desapariciones similares. Un día, no mucho después de la partida de Emán, mamá vuelve del balneario más pronto de lo habitual, mientras Sara y yo nos estamos preparando para ir a entrenar. Se sienta temblando.

—¿Qué pasa? —pregunta papá.

—El ruido de hoy —responde—. Han estado disparando todo el día. Llevamos toda la semana así, con explosiones tan fuertes que hacen temblar las ventanas. Luego, a media tarde, el ejército nos ha evacuado.

Papá enarca las cejas.

—Entonces ¿no vas a volver? —pregunta.

—No —responde ella—. No lo creo. Me parece que el balneario va a estar cerrado una temporada.

Mamá nos mira a Sara y a mí antes de volver a mirar furtivamente a mi padre.

—Mis... mis compañeros de trabajo... me han contado historias horribles —continúa.

Sara se levanta del sofá, me coge del brazo y me arrastra hasta nuestra habitación.

Una vez que mamá deja de trabajar cerca de Daraa me llega todavía menos información. Consigue un empleo nuevo como masajista en un estadio deportivo que acaban de abrir en Kafar Suseh, el distrito que hay al norte de Daraya. Me entero de vagas informaciones en el autobús escolar. Lyne me cuenta que Daraa está bajo asedio. Me informa de cuando las protestas en Homs aumentan y se extienden hasta el centro de Damasco y Latakia. A finales de mayo, cuando se acrecientan las protestas en Daraya, Lyne me informa de que son por un crío que se llama Hamza. Toda la gente que conozco se mantiene alejada de cualquiera de los dos bandos. Nos mantenemos al margen y esperamos.

Daraya ya no es seguro. Cada viernes, después de la oración del mediodía, los fieles salen de las mezquitas e inundan las calles. A veces oímos algún disparo. Dejamos de salir a cenar los viernes por la noche. Nos quedamos en casa y vemos la televisión pública, en la que los presentadores del telediario culpan a los terroristas de la violencia. No podemos hacer nada más que observar y esperar, y rezar para que los disturbios terminen pronto.

Y, mientras espero, nado. La natación es la mejor distracción. Cuando estoy en la piscina nada más parece importar. Estoy consiguiendo mis mejores marcas hasta la fecha, bato récords y gano medallas para el equipo nacional. Los entrenadores dicen que puedo viajar a otros países árabes, como Jordania, Egipto y el Líbano, y nadar para Siria en competiciones internacionales. En julio, Sara y yo nos levantamos a las tres de la madrugada para ver el Campeonato Mundial de Natación de Shangai. Vemos a la nadadora sueca Therese Alshammar ganar la medalla de oro en los 50 metros estilo libre. Para mí, es como ver a tu equipo de fútbol preferido. Chillo y bailo por toda la habitación. Se ha convertido en mi nueva heroína.

—Mírala —dice Sara—. Tú podrías ser como ella.

Mamá entra en el salón frotándose los ojos y nos dice que bajemos el volumen para no despertar a Shahed. Yo señalo la pantalla: Alshammar sonríe y abraza a las nadadoras de las calles de al lado.

—¡Mira, mamá! —exclamo—. Yo también podría hacer eso.

Mamá bosteza y sonríe.

—Lo sé, *habibti* —responde.

—Pero ¿cómo puedo participar en unos mundiales si estamos en Siria? —pregunto.

Ella suspira.

—Bajad el volumen, ¿de acuerdo? —insiste.

Ver a Alshammar me impacienta. Mamá no lo entiende. Necesito entrenar, necesito convertirme en una nadadora profesional. Sin embargo, con todo lo que está sucediendo en Siria, con la violencia y las protestas, mi meta parece cada vez menos probable. El futuro se me antoja incierto, y mi escalera hacia los Juegos Olímpicos se ve cada vez más borrosa.

Ese verano, como de costumbre, llegan a Damasco nadadores de toda Siria para el campamento de natación. Me traslado junto a ellos a la residencia de deportistas que hay cerca de la piscina de Tishrín. Muchos de los chicos que conozco vienen de Alepo, como Rami, con quien hablo sobre lo que está sucediendo allí. Parece preocupado, pero me cuenta que la situación es igual que en Damasco. Hay algunas protestas, pero no tanta violencia como en Daraa. Unos días después, cuando vuelvo a casa después del campamento, me encuentro a papá viendo Al Yazira en el salón. No aparta la vista del televisor cuando entro, así que me siento junto a él a mirar. En la pantalla se ven hombres moviendo las manos y disparando armas automáticas al aire.

—¿Qué ha pasado ahora? —pregunto.

—Trípoli ha caído —responde—. Han derrocado a Gadafi.

Me quedo mirando la pantalla mientras papá hace lo mismo, en silencio y con una expresión de gravedad.

Los disturbios pronto llegan a la puerta de casa. Estallan fuertes protestas en Muadamiya al Sham, el distrito que está al oeste de donde vivimos. Empezamos a notar la tensión en la carretera que recorremos para ir a casa de la abuela, a la escuela y a la piscina, la que nos comunica con la ciudad. A menudo nos quedamos en casa viendo la televisión. Una mañana, en octubre, en el autobús escolar, Lyne nos da la noticia de la horrible muerte de Gadafi. Me quedo mirando por la ventana, deseando que todo se detenga, que la vida rebobine y vuelva a la normalidad.

Intento aislarme de lo que sucede y concentrarme en la natación, en el colegio, en la vida cotidiana. Pero seguir con nuestra vida normal empieza a ser imposible. En diciembre, asesinan a cuarenta personas con una bomba en un atentado suicida en Kafar Suseh, el distrito donde trabaja mamá. Las víctimas son gente normal y corriente que pasaba por allí, que vivían su vida. Estoy conmocionada. Es la primera vez que experimentamos una sensación general de peligro, de que podrían matarnos solo por estar en el lugar y el momento equivocados. Nuestros padres, como muchos otros, nos obligan a quedarnos en casa después de las siete de la tarde. Llegamos, cerramos las persianas y encendemos el televisor.

A principios del año siguiente se celebra otro campamento de natación. Hay muchos menos participantes: muchos de los chicos mayores han desaparecido. No consigo encontrar a mi amigo Rami, así que pregunto por ahí. Los otros nadadores me cuentan que se ha marchado a Turquía para quedarse allí con su hermano, que tiene pensado volver pronto, pero no mucho tiempo después veo en Facebook que ha empezado a entrenar en Estambul con el club de natación Galatasaray. Parece que estará fuera más tiempo del que pensábamos.

Las revueltas se agravan cada día que pasa. En enero, aparecen montones de sacos de arena por todo Damasco. Detrás de ellos se resguardan soldados armados que montan guardias y detienen a todos los coches que pasan por su lado. Comprueban los documentos de identidad y preguntan a la gente de dónde viene y adónde va. A menudo registran los vehículos, y se puede tardar hasta media hora en pasar.

A lo largo de la carretera principal que comunica Daraya con Damasco hay muchos puestos de control, así que empezamos a utilizar un camino alternativo, atravesando los olivares hacia el sur y saliendo al campo hacia el este. Sin embargo, no importa qué camino escojamos, ya que a menudo nos encontramos con puestos de control móviles. Una noche, al principio de la primavera, mamá viene a buscarnos al entrenamiento. Sara y yo nos sentamos en la parte trasera del coche, cada una a un lado de Shahed. Mamá intenta ir por la carretera principal, pero hay una caravana de vehículos que se dirige al lado contrario. Suspira.

—Han cortado la carretera —dice.

Da la vuelta y entra en una calle que nos llevará a Daraya por otro camino. La calle está inusualmente oscura y desierta: todas las tiendas han cerrado temprano. No hay ninguna persona ni ningún otro vehículo a la vista. Mamá sigue conduciendo despacio. Más adelante, a la derecha de la calle, hay un montón de sacos de arena. Un soldado sale caminando con tranquilidad desde detrás del puesto de control. Lleva un rifle de asalto. Mamá detiene el coche y baja la ventanilla.

—Documento de identidad —exige el soldado.

Mamá rebusca hasta encontrar el documento de plástico blanco en su cartera. El soldado lo coge y se asoma para mirarnos.

—¿Son sus hijas? —pregunta.

Mamá asiente sin despegar la vista de la carretera.

—¿Adónde se dirige? —pregunta el soldado.

—A casa —responde mamá—. Vivimos en la carretera que hay entre Daraya y Muadamiya al Sham.

—Y ¿de dónde viene? —insiste.

—Acabo de salir del trabajo. Mis hijas estaban nadando.

El soldado vuelve a mirar hacia el asiento de atrás. Rodea el coche y abre el maletero. Luego abre la puerta que hay junto a mí y nos alumbra los pies con una linterna. Entonces vuelve hacia la ventanilla del conductor y le dice a mamá que salga del coche. Se me encoge el estómago; estoy aterrorizada. Mamá sale y Sara y yo nos asomamos por la ventanilla para ver qué está pasando. El soldado la cachea y nos deja marchar. Mamá entra en el coche respirando con dificultad. Permanecemos en silencio durante el resto del camino a casa.

A la mañana siguiente, en el autobús escolar, pasamos junto a otro montón de sacos de arena en la carretera principal de camino a Mazeh. Los soldados le indican al conductor que se detenga y él para a un lado de la carretera. Los chicos que están sentados delante ahogan un grito al ver aparecer a cuatro soldados. El que entra primero blande un rifle de asalto en el aire. Recorren el autobús registrando nuestras mochilas y los portaequipajes; buscan debajo de todos los asientos. Cuando llegan donde estamos Sara y yo, nos quedamos mirando al frente, con mucho cuidado de no establecer contacto visual. Siguen adelante. Oigo lloriquear a una de las niñas más pequeñas que hay detrás de mí. Por fin, bajan del autobús y el motor vuelve a encenderse.

—¿Qué creen que vamos a esconder en un autobús con cincuenta niños? —murmura Sara mientras nos alejamos.

Después de ese incidente, mamá nos hace dejar ropa en casa de la abuela, por si sucede algo y no podemos llegar a casa. A veces, mientras volvemos del entrenamiento, oímos tiros procedentes de Daraya y retrocedemos para volver a la ciudad. Otras veces, los soldados nos obligan a dar la vuelta en los puestos de control.

Los viernes son los peores días. Cada vez que matan a alguien en Daraya, se celebra un funeral que se convierte en una protesta todavía mayor. Nos quedamos en casa o vamos a la de la abuela durante el fin de semana. Algunas noches me despierta el sonido de los tiros en la calle. Papá está preocupado por las posibles explosiones y balas perdidas, así que coloca un enorme armario de madera para tapar la ventana de nuestra habitación. Para cuando llega el verano, el distrito está casi vacío. Hay menos gente en la calle y en el autobús escolar. Es espeluznante.

No entiendo bien lo que está pasando. En la televisión no dicen nada. Mamá y papá obtienen la información de amigos, parientes y vecinos, pero no hablan con nosotras. Mi muro de Facebook está lleno de chistes, cotilleos y corazones rotos, lo habitual entre adolescentes. Una noche de sábado, hacia finales de mayo, Sara, Shahed y yo estamos durmiendo en nuestra habitación.

—*Allahu Akbar* —grita una voz masculina en la calle de abajo.

Se oye un disparo demasiado cerca y abro los ojos de golpe.

—*Allahu Akbar* —corean más voces—. *Allahu Akbar.*

Miro la cama de mi hermana. Está tumbada de cara a la pared, dándome la espalda.

—¿Sara? —la llamo.

Ella no se mueve.

—Quédate donde estás —me ordena, muy quieta.

Fuera reina el silencio. Espero, paralizada de terror. En la distancia, unos silbidos agudos y penetrantes son seguidos por estruendosas explosiones. Papá abre la puerta de golpe y la luz se cuela en la habitación.

—Vamos —grita—, ¡levantaos! Alejaos de la ventana.

Aparto la sábana y salto de la cama. Sara hace lo mismo y corremos juntas hacia el pasillo.

—En nuestro cuarto no hay cristal —nos urge papá—. Meteos ahí.

Sara, papá y yo nos subimos en la enorme cama junto a mamá y Shahed. Me tapo la cara con la sábana e intento aislarme de los aterradores ruidos del exterior. Ninguno de nosotros duerme demasiado.

Al día siguiente, la vida sigue como si nada hubiese pasado. Como siempre, me concentro en la natación. Estoy entrenando duro y ya he alcanzado un nivel que me permite participar en competiciones internacionales. La próxima oportunidad para hacerlo será en julio. Estoy en la lista de participantes de los juegos infantiles y juveniles Children of Asia que se celebran en Yakutsk, al este de Rusia, y estoy muy emocionada. Me siento preparada para comerme el mundo. Acudirá el equipo nacional al completo, pero Sara todavía tiene problemas con su lesión y no ha conseguido clasificarse.

Un viernes a principios de julio, unos días antes de mi partida hacia Rusia, estamos volviendo a casa después de visitar a la abuela en la ciudad. Papá conduce por el camino alternativo para evitar los puestos de control, pero ya hay soldados incluso en los caminos rurales.

—Han aumentado la seguridad —murmura desde el asiento del conductor mientras esperamos para pasar.

Cruzamos por los olivares en dirección al sur. Las calles están desiertas. Cuando nos acercamos al cruce para girar hacia nuestra calle, un hombre aparece desde el interior de un edificio, gritando y moviendo los brazos. Papá lo ignora y gira a la izquierda, hacia la larga calle en la que vivimos. Mamá, que está en el asiento del copiloto, ahoga un grito. Papá detiene el coche y apaga el motor, y yo estiro el cuello para ver. Tres tanques marrones aguardan en fila al final de la carretera. Papá espera. Pasa un minuto entero sin que suceda nada. Luego, el tanque de la izquierda se desplaza lentamente hacia la calle de al lado, dejando una nube de humo negro tras de sí. El tanque de la derecha hace lo propio, pero hacia el lado contrario.

—Nos van a dejar pasar —dice papá.

Esperamos a que el tanque del medio se aparte, pero entonces la torreta gira hacia nosotros.

—Dios mío —exclama mamá, y se agarra del brazo de papá.

En ese mismo instante, un soldado aparece desde una de las calles laterales. Dispara al aire con su rifle de asalto y el sonido rebota en los edificios. Nos grita y gesticula con el brazo que tiene libre.

—¡Atrás, salid de aquí! —ordena.

Papá vacila. El soldado apunta al coche y papá retrocede de golpe. Acelera marcha atrás mientras las balas rocían el pavimento frente al vehículo. Mamá grita, y papá gira el volante hacia la derecha. Las ruedas chirrían y derrapamos hacia el lado contrario. Papá endereza el volante y cambia de marcha. Nos precipitamos hacia adelante y doblamos la esquina de la otra calle a toda velocidad. Papá frena con brusquedad y aparca. A mamá le cuesta respirar.

—¿Papá? —consigo decir.

Shahed rompe a llorar.

—¿Qué está pasando? —pregunta Sara.

Llaman a la ventanilla del coche. Gimo. Un hombre nos mira desde el exterior. Papá baja la ventanilla.

—*Alhamdulillah* —saluda el hombre—. Están a salvo.

El desconocido mira al asiento trasero. Nosotras le devolvemos la mirada, sin dejar de temblar.

—*Ya Allah* —continúa—. Y está con su hermosa familia. ¿Ha visto los tanques?

—Claro —responde papá—. ¿Qué está pasando? Tenemos que volver a casa.

Se oye el eco de los disparos entre los edificios, a unas calles de distancia.

—Tienen que meterse en algún sitio —dice el hombre—. Vengan a mi casa.

Papá abre la puerta del conductor y se vuelve para mirarnos.

—Venga —nos apremia—. Vamos, vamos.

Salgo del coche aterrorizada. Este hombre es un desconocido, podría ser cualquiera. Mientras cruzamos la carretera oímos una explosión. El tanque está disparando en nuestra calle, así que no tenemos elección. Entramos en casa del hombre y subimos a un gran apartamento. Señala un enorme sofá y nos invita a sentarnos. Shahed sube al sofá junto a mí. La rodeo con el brazo y se acurruca junto a mi hombro. El extraño camina arriba y abajo, evitando las ventanas.

—¿Qué estaban haciendo en la calle? —pregunta.

—Volvíamos a casa —responde papá—. Vivimos al final de la carretera. Fuimos a la ciudad a visitar a unos parientes.

—Deberían haberse quedado allí —prosigue el extraño—. ¿Es que nadie les dijo lo que sucedía?

—No. No hemos visto las noticias. ¿Qué está pasando?

—Un enfrentamiento armado. Los rebeldes han atacado un puesto de control en Kafar Suseh, cerca del ministerio de exteriores. El ejército respondió y detuvieron una protesta en la mezquita de allí. Ahora nos están atacando aquí.

—¿Qué quiere decir? —pregunta papá.

En la calle, el tanque vuelve a disparar. Unos sonidos sordos y amortiguados resuenan en la distancia.

—Nos están disparando —aclara—. A los rebeldes, quiero decir. Desde la montaña.

Papá lo observa con recelo.

—¿Cómo sabe todo esto?

El hombre sonríe.

—Soy el alcalde de Daraya —se presenta.

Se oyen más tiros a unos edificios de distancia. El alcalde se dirige a una ventana y baja la persiana. Nos explica que el ejército rebelde quiere usar Daraya como base desde donde invadir Damasco, y que el gobierno está intentando desalojar a todos los hombres armados del distrito. El enfrentamiento podría durar toda la noche. Nos quedamos allí y esperamos. Después de una hora, más o menos, las calles se van quedando en silencio y los disparos se alejan. Mamá mira a papá.

—Deberíamos irnos ahora y volver a casa de mi madre —propone.

Papá frunce el ceño. Shahed duerme plácidamente apoyada en mi hombro. Me alegra que sea demasiado pequeña como para entender lo que está sucediendo. Sara, que tiene la mirada fija en el suelo, levanta la vista.

—Volvamos a casa de la abuela —pide—. Por favor.

Papá me mira y luego mira a Shahed.

—No —contesta—. Ahora está tranquilo. Los tanques se han marchado. Iremos a casa.

El alcalde vuelve a abrir las persianas. Las calles están en silencio. Mamá despierta a Shahed con suavidad y la coge en brazos. La pequeña le rodea el cuello con los bracitos y apoya la cabeza sobre su hombro. Sara y yo nos ponemos de pie y papá se vuelve hacia el alcalde, le pone la mano en el pecho y le da las gracias.

—*Allah yusallmak* —se despide el alcalde—. Que Dios esté con vosotros.

Salimos con sigilo y cruzamos la carretera hacia el coche. Toda la calle está inmóvil. Los ruidos sordos y las explosiones del fuego de artillería están ahora muy lejos, hacia el norte, en dirección a Kafar Suseh. Subimos al coche y cerramos las puertas tan silenciosamente como podemos. Papá enciende el motor, vuelve despacio a la carretera y gira a la izquierda. Estiro el cuello para poder ver por el parabrisas. No hay tanques, ni coches, ni soldados, pero la carretera está irreconocible. La calle es una maraña de cables retorcidos, postes de madera rotos y pedazos de árboles. Las torres de alta tensión están tiradas como ramas desperdigadas por la carretera, y los cables cuelgan de ellas inútiles, chisporroteando. Todos los escaparates y ventanas de las tiendas están destrozados, y un lecho de cristales rotos se extiende por la acera. Papá conduce despacio entre los escombros, hasta que ya no puede avanzar más y se detiene. En ese momento aparece un soldado, que apunta al aire con su rifle de asalto.

—¿Estás loco? —grita, y su voz reverbera en la calle devastada.

Se acerca corriendo al coche. Mamá agarra a papá del brazo.

—¿Qué haces aquí? —pregunta el soldado a papá. Echa un vistazo al asiento trasero—. ¿Estás con tu familia? ¡Tienes que salir de aquí!

—¡Vuelve! —ordena mamá—. Quiero ir a casa de mi madre. Ahora mismo, Ezat. ¡Vamos!

Papá no se mueve.

—No pienso abandonar mi casa —responde.

—Entonces, al menos, sácanos de aquí —insiste mamá, aterrorizada, con la voz rota por las lágrimas.

Mamá grita cuando papá mete marcha atrás de golpe y pisa a fondo el acelerador. Gira el volante y el coche da la vuelta. Derrapamos por la carretera, pasando junto a la casa del alcalde, y nos internamos en los olivares. Mamá llora desconsolada. Sara está pálida y se coge con fuerza a la agarradera que hay sobre su cabeza. Shahed, que está sentada entre nosotras dos, mira hacia delante en silencio. La cojo por los hombros para sostenerla mientras giramos por entre las calles desiertas.

Papá detiene el coche en Kafar Suseh. Todo está en silencio. Los ruidos sordos que retumban en la distancia sugieren que la batalla se ha desplazado a otro lugar. Papá nos deja y emprende el camino a pie hacia Daraya.

Mamá se traslada al asiento del conductor y toquetea las llaves. Le tiemblan los hombros. Nosotras, detrás, estamos demasiado conmocionadas para hablar. Mamá conduce despacio y con cuidado por la ciudad a oscuras hasta casa de la abuela, que nos recibe en la puerta y nos abraza. Nos tumbamos en los sofás del salón, exhaustas. Me duermo con el sonido del llanto de mi madre.

4

Unos días más tarde, cuando me marcho a Rusia para los juegos de Children of Asia, la violencia continúa cerca de nuestra casa en Daraya. Eso significa que no puedo volver antes del viaje, así que solo me llevo una pequeña mochila con ropa. No me preocupa demasiado. Estoy segura de que cuando regrese todo habrá vuelto a la normalidad.

Vuelo a Yakutsk con el equipo nacional sirio. Me alegra poder distraerme en la piscina y contar con mis compañeros, que se han convertido en una segunda familia para mí. Aparto la imagen de pesadilla de los tres tanques detenidos en nuestra calle y me concentro en la tarea que tengo entre manos.

Nos enfrentamos a jóvenes deportistas de Rusia, Asia Central y Extremo Oriente, y a algunos procedentes de varios países de Oriente Próximo. Nado bien y ayudo a nuestro grupo de edad de relevos a ganar dos medallas de bronce en los 4 x 100 y 4 x 200 metros estilo libre, superando al equipo kazajo y al ruso. ¡Dos medallas de bronce! Me muero de ganas de contárselo a papá, estará muy satisfecho. Lo llamo desde la residencia de deportistas, pero no consigo contactar con su teléfono, así que llamo a mamá y le doy la noticia.

—Bien hecho, *habibti* —me felicita.

Su voz suena distraída e inexpresiva.

—¿Cómo va todo por allí? —pregunto—. ¿Habéis vuelto ya a Daraya?

—No —contesta—. Cambiamos de idea.

En casa de la abuela había demasiada gente, así que mamá le pidió a mi tía si podían quedarse en su casa vacía. La casa de mi tía está en Yarmuk, un distrito de Damasco donde viven refugiados palestinos desplazados de varias generaciones. Mamá y papá esperaban que allí todo estuviese más tranquilo, pero a los pocos días estallaron más protestas, que pronto se tornaron violentas. Una noche, los enfrentamientos eran tan terribles que no pudieron llegar a casa de mi tía y tuvieron que volver a la de mi abuela.

—¿Qué? —exclamo cuando mamá termina de contármelo. Estoy alarmada y muy preocupada. Aquí estoy yo, en Rusia, celebrando mis medallas y pensando que en casa todo había vuelto a la normalidad—. ¿Por qué nadie me ha dicho nada?

—No pasa nada, Yusra, no queríamos preocuparte —responde mamá—. Volveremos a casa cuando las cosas se calmen.

Sin embargo, cuando vuelvo de Rusia nada se ha calmado. Las calles de Daraya están llenas de tanques y artillería pesada, y no se puede acceder a ninguno de los distritos del sur de Damasco. Mamá, Sara, Shahed y yo pasamos el resto del mes acampadas en el salón de la abuela. Es el Ramadán, el mes sagrado de los musulmanes, en el que ayunamos durante las horas de luz. Papá va y viene desde nuestra casa de Daraya para echarle un vistazo y protegerla de los saqueadores. Casi todas las noches, cuando ya ha oscurecido, viene a comer con nosotras, y luego atraviesa la ristra de puestos de control para salir de la ciudad. Cuando llega a casa, nos llama para decirnos que está a salvo.

Papá esconde la foto de Sara con el presidente Asad. Le preocupa que el ejército rebelde la encuentre y destruya nuestra casa, o algo peor. Cuando viene a Damasco cada mañana, enseña nuestras medallas en los puestos de control y dice a los soldados que sus hijas están en el equipo nacional de natación de Siria.

Una noche, a principios de agosto, papá no nos llama para decirnos que ha llegado bien a casa. Esperamos en el salón de la abuela, pálidas y preocupadas. Sara marca su número una y otra vez, pero no contesta. Luego llama a nuestro tío Husam y le explica que no sabemos dónde está; él accede a ir a nuestra casa para ver si ha llegado bien. Cuando Husam llama a mi hermana ya es muy tarde. Ella cuelga y nos mira con los ojos muy abiertos.

—Papá está vivo —nos informa— pero le han pegado. Husam lo ha llevado a su casa. Quedarse en la nuestra es demasiado peligroso.

La miro boquiabierta.

—Entonces ¿nunca podremos volver a casa? —pregunto.

Mamá y Sara miran al suelo. Es una pregunta que ninguna de las dos sabe contestar.

Al día siguiente, mi tío Husam nos recoge en casa de la abuela y nos lleva a ver a papá. No tiene buen aspecto; está tumbado en el sofá, sujetándose la espalda con las manos. No sabe quién lo atacó. Unos hombres lo asaltaron cuando volvía a casa y lo llevaron a un edificio en algún lugar de Daraya, lo colgaron de los pies y le dieron una paliza. Pasaron horas antes de que se diesen cuenta de que tenían al hombre equivocado y lo bajaron. Luego lo dejaron tirado en la calle y tuvo que volver a casa arrastrándose. Husam lo encontró tirado en el suelo nada más entrar. Estoy horrorizada.

—Tendremos que encontrar otro lugar para vivir —murmura papá, mientras se gira en el sofá y hace una mueca de dolor—. No podemos quedarnos en Daraya, no es seguro. Iremos a Damasco.

La habitación da vueltas a mi alrededor.

—¿Y qué pasa con todas nuestras cosas? —pregunto.

Papá niega con la cabeza.

—Ya hemos sacado los documentos más importantes. Ahora no podemos volver.

Nunca vuelvo a ver mi hogar. Es la última vez que entramos en un área controlada por la oposición. Más tarde oímos rumores de que nuestro edificio quedó totalmente destruido en la batalla, pero nunca lo sabremos con certeza. Lo perdemos todo: las viejas fotos de nuestra infancia, los juguetes, los recuerdos de nuestras vacaciones en familia, la ropita que mamá nos hizo cuando éramos muy pequeñas... Toda una vida de recuerdos enterrada bajo los escombros. Lo único que me queda es la ropa que me llevé a la competición en Rusia.

Nos mudamos a Salhiyeh, un distrito cerca de la ciudad vieja, en el centro de Damasco. Mamá y papá nos llevan a un hotel para largas estancias, situado en una casa tradicional damascena dividida en varios apartamentos. Todas las familias que viven allí han huido de las batallas de Daraya o de otros suburbios de Damasco. Tenemos dos grandes habitaciones en la planta baja, con techos altos y puertas y ventanas viejas. En el pasillo, una larga escalera con una barandilla de metal conduce a los apartamentos de la planta superior. Lo mejor de nuestra nueva casa es su situación. Estamos en plena ciudad vieja, cerca de la casa de la abuela, y las calles son tranquilas y normales. Resulta muy reconfortante.

Pese a las circunstancias, estoy contenta de estar en Damasco. Me siento orgullosa de mi ciudad, una de las capitales más antiguas del planeta. Ha sido famosa en el mundo árabe durante siglos como centro de cultura y comercio. La ciudad ha sido la joya de muchos imperios, desde los persas, los antiguos griegos y los romanos, al califato de los Omeyas, los mongoles, los otomanos y los franceses. Pero, para mí, y para muchos otros, Damasco siempre será la ciudad del jazmín. Las enredaderas verdes salpicadas de flores blancas en forma de estrella trepan por todos los muros del casco antiguo y se enredan sobre los estrechos callejones para crear un manto que despide un aroma celestial.

La tranquila belleza de la ciudad vieja está a un mundo de distancia de lo que ocurre en Daraya. Nos llegan noticias de que la lucha se ha encarnizado desde que nos marchamos. Nos enteramos de que han matado a cientos de personas, incluyendo a muchos de nuestros antiguos vecinos. Nunca volvemos a tener noticias de muchos de ellos. Oímos historias terribles, pero no hay nada que podamos hacer, y me siento aliviada de que hayamos podido escapar a tiempo. Podríamos haber sido nosotros. Pero todo sucede tan rápido que no tenemos tiempo de reflexionar sobre ello.

Mazeh, al igual que Daraya, ya no es un lugar seguro, así que también tengo que cambiar de colegio. En septiembre empiezo el noveno grado en el instituto de Dar Al-Salam, que está cerca de nuestro nuevo apartamento. En el colegio nadie habla sobre la guerra. La única diferencia es que ahora a la gente parece importarle qué religión profesas. Hasta ahora, nunca había importado que yo fuese suní, o que otro niño fuese alauí o cristiano. Sin embargo, desde que empezó la violencia parece ser cada vez más importante. Los niños lo aprenden de las generaciones anteriores, de sus padres y sus abuelos. Todo el mundo busca alguien a quien culpar por lo que está sucediendo.

Un día, a finales de septiembre, recibo una llamada de Mira, una nadadora amiga mía de Jordania. Pertenece a un equipo de élite llamado Orthodox Club, que una vez visitó Damasco para una competición amistosa en la que Sara y yo ganamos la mayoría de medallas. Los entrenadores se quedaron impresionados con nosotras, las nadadoras estrella de papá. Mira me cuenta que el equipo está buscando un nuevo entrenador y quiere que papá se presente para el puesto. Yo le paso el mensaje. Unas semanas más tarde, papá me dice que ha conseguido el trabajo y que se mudará a Jordania el año que viene. Estoy muy contenta por él; es una oportunidad fantástica.

—Será una experiencia magnífica —asegura papá—, y, bueno, el dinero nos vendrá bien. Parece que tendremos que seguir de alquiler en Damasco hasta que todo esto termine.

La posibilidad de que nos vayamos con él a Jordania no se menciona y, de todos modos, yo tampoco querría ir. Mi vida está aquí. Amo mi ciudad y mi país. Las cosas no parecen estar tan mal en Siria, al menos no para mí. Al menos, no todavía. Sin embargo, a medida que asimilo la noticia, me empiezo a sentir inquieta. Estoy emocionada por mi padre, pero me preocupa que se marche. Es mi mentor en natación, mi entrenador, la persona que sabe qué es lo mejor para mí.

Una noche, no mucho después del anuncio de papá, llego tarde a la piscina para el entrenamiento. Sara y los demás nadadores están fuera, de pie, y muchos de ellos están llorando.

—¿Qué pasa? —pregunto.

Sara se vuelve hacia mí. Tiene el rostro inexpresivo y pálido.

—Es Ehab —dice—. Está muerto.

—¿Ehab? No seas tonta, estuvo aquí este verano.

Pienso en la última vez que vi a Ehab, hace unos meses. Fue justo antes de que me marchase a Rusia. Todavía se metía conmigo por ser pequeña y me llamaba «ratoncilla». Sara me cuenta que a su hermano Mohamad también lo han matado. Corren rumores, pero nadie sabe qué ha pasado exactamente. Me aparto del grupo tambaleándome mientras las lágrimas se deslizan por mis mejillas. Estoy conmocionada. Confiaba en que la situación se calmase, y ahora mis amigos están muriendo. Nadie está de humor para entrenar. Algunos de los chicos mayores se marchan para asistir al funeral del hermano, pero Sara y yo nos vamos a casa. Una vez allí, me esfuerzo por comprender por qué nadie decidiría luchar. Matar y morir.

Papá me encuentra llorando en el sofá.

—Me he enterado de lo de Ehab. —Pone su mano sobre mi hombro—. Ahora está en un lugar mejor.

Levanto la vista, con el rostro lleno de lágrimas. Me cuesta respirar.

—No merecía morir —protesto entre sollozos.

—No —responde papá—. No se lo merecía. Pero no puedes controlar todo lo que sucede en el mundo. La gente morirá, y tienes que estar preparada para ello.

Papá tenía razón. La gente se iba a morir. Mucha gente. Cada noche, en las noticias de televisión, un rótulo que recorre la parte inferior de la pantalla anuncia el total de víctimas del día. Normalmente la cifra es de unos ciento cincuenta, pero en los peores días puede incrementarse hasta los mil. Un millar de vidas segadas en un único día. Por una vez, a mi alrededor, lo único de lo que todo el mundo quiere hablar es de política. Veo familias rotas porque un hermano está a favor del régimen y otro en contra. Hordas de jóvenes desaparecen en uno u otro ejército para no volver jamás. Yo soy joven, pero también lo bastante mayor como para darme cuenta de que nuestro país está descendiendo sin remedio hacia el horror.

Estoy destrozada. Yo nunca quise esto, nunca quise que mi país se rompiera en pedazos. Haría cualquier cosa por volver atrás. Sigo esperando, rezando para que la situación se tranquilice, pero las matanzas no hacen más que empeorar. A nuestros oídos llegan historias sobre gente que conocemos de la escuela que ha muerto en ataques aéreos. Niños de mi edad, asesinados por fragmentos de metralla mientras dormían en sus camas. Al principio, el miedo me devora por dentro, al no saber si seré yo la siguiente. Pero luego, sin ser siquiera consciente de ello, las muertes se convierten en algo normal.

Tras el fallecimiento de Ehab, Sara empieza a saltarse los entrenamientos. Un día, a mediados de otoño, deja de venir a la piscina. Sin discursos, sin adioses; simplemente, no se vuelve a presentar. Papá está muy ocupado con sus planes para trabajar en Jordania y no se pronuncia al respecto.

—Pero ¿por qué no vienes? —le pregunto una noche antes de ir a entrenar.

Ella levanta la vista desde el sofá.

—Ya no quiero ir, sin más —responde.

—Pero ¿qué quieres decir? —insisto.

Sara suspira y pone los ojos en blanco.

—Mira, es por los hombros, ¿vale? —confiesa—. La lesión me ralentiza. Los más jóvenes están empezando a alcanzarme. Lo dejo.

La miro boquiabierta mientras intento imaginarme la vida sin la natación. Tendría muchísimo tiempo, no solo en el día a día, sino también a lo largo de los años. El resto de mi vida. Visualizo cómo los años se alargarían en el futuro, sin competiciones o campamentos de entrenamiento. En lugar de eso, el matrimonio, el hogar y los hijos. Me estremezco. Mi hermana me lee el pensamiento.

—No te preocupes por mí —me tranquiliza, y sonríe—. No me aburriré.

Sara dedica su nueva libertad a explorar el casco antiguo que se extiende tras el umbral de nuestra puerta. Apenas la veo. Se pasa las tardes recorriendo el zoco al-Hamidiyah, un viejo mercado cubierto con un alto techo abovedado. El mercado ofrece todo un abanico de distracciones; siempre está abarrotado de compradores que buscan ropa, joyas, antigüedades y baratijas. Cuando no está en el zoco, mi hermana pasa el rato en un café cerca de mi escuela, donde charla, canta y baila con sus colegas. Sus mejores amigos son un grupo de siete chicos. Sara se recoge el pelo en un moño y su vestuario consiste únicamente en vaqueros anchos y jerséis holgados.

A veces pienso que no se puede distinguir que es una chica cuando está sentada junto a sus amigos. A papá eso no le gusta en absoluto. Sara y yo compartimos la habitación, pero no mucho más. Yo nado y ella disfruta de su vida social. Ambas hacemos todo lo posible por ignorar la guerra. Cuando hablamos, lo hacemos en inglés, para que mamá y papá no nos entiendan.

—Estoy celosa —le confieso una noche, mientras nos preparamos para acostarnos.

—¿Celosa, por qué? —pregunta ella, extrañada.

—Porque no te importa lo que piensen los demás —respondo—. Estás loca, no piensas nunca en las consecuencias de tus actos. Yo no soy capaz de hacer eso. Siempre estoy pensando en lo que podría pasar.

—Sí, tú prefieres pisar sobre seguro. —Sonríe y me golpea en la pierna.

—Solo quiero decir que quizá deberías hacerle un poco más de caso a papá. Así no se enfadaría tanto.

—Qué va, eso es una estupidez —se defiende—. ¿Qué pasa, que si eres una chica solo puedes hacer unas cosas y otras no? La gente no entiende nada.

Me encojo de hombros y me meto en la cama.

El contrato de alquiler del apartamento termina a finales de noviembre. Papá intenta renovarlo, pero el propietario se niega. Hay otras personas esperando que están dispuestas a pagar mucho más que nosotros. Mucha gente se está mudando a Damasco, huyendo de los enfrentamientos de los barrios de las afueras, y se puede sacar mucho dinero de la crisis de la vivienda. Papá habla de nuevo con los agentes inmobiliarios y busca por la ciudad un apartamento que podamos permitirnos en una zona tranquila y segura, pero las opciones son limitadas. Damasco está abarrotada. Los agentes inmobiliarios son unas sanguijuelas y piden unas comisiones absurdas, pero los propietarios son todavía peor. Saben que pueden alquilar cualquier espacio en cualquier condición por un precio muy alto y que la gente lo pagará.

Al final, papá se decide por un sótano vacío, oscuro y húmedo en Baramkeh, un distrito al sur del centro de la ciudad. Firma un contrato de seis meses y se pone manos a la obra para transformar ese almacén olvidado en un apartamento. Reinstala las tuberías y la electricidad, pinta las paredes húmedas y llena las habitaciones de muebles nuevos. Hace todo lo que puede, pero, aun así, la primera vez que entro en el sótano se me cae el alma a los pies. La única luz natural entra por unas puertas que llevan a un patio interior y, como estamos en invierno, tienen que estar firmemente cerradas.

Me encuentro a Sara en la parte trasera del apartamento. Está observando con el ceño fruncido un cuarto de baño oscuro y espeluznante repleto de arañas. Levanto las cejas y la sigo por la cocina hasta una pequeña alcoba amueblada con dos camas individuales: es nuestra nueva habitación. No hay una puerta que la separe de la cocina, y eso significa que nuestra ropa olerá siempre a comida. Cuando llego a la piscina al día siguiente, mi entrenador olisquea al aire y me pregunta por qué huelo a berenjenas fritas. Me pongo como un tomate y entro en los vestuarios.

Una noche, unos días después de la mudanza, alguien llama a la puerta con urgencia. Papá abre y deja pasar a un grupo de guardias uniformados. Nos ordenan a Sara y a mí que llevemos a Shahed a nuestra habitación, así que nos levantamos del sofá y nos dirigimos a la cocina. Mamá entra un poco más tarde; parece alterada. Nos dice que los guardias son del centro de seguridad estatal que hay al lado y que querían comprobar nuestros documentos de identidad. Querían saber quiénes somos, de dónde venimos y a qué nos dedicamos. Después de ese día, los guardias vienen de vez en cuando, a veces muy tarde, por la noche. Se quedan sentados durante horas en la otra habitación, charlando con papá.

Lo único bueno de vivir en el sótano es que ahora puedo ir a pie a la piscina. Me estoy preparando para la próxima competición internacional: me han seleccionado para el Campeonato Mundial de Natación en Piscina Corta que se celebrará en Estambul. Será la competición más importante en la que habré participado hasta ahora y estoy que no quepo en mí de la emoción. Es un gran honor representar a Siria en un campeonato mundial; es el siguiente peldaño de la escalera hacia los Juegos Olímpicos.

Paso las semanas siguientes entrenando con ahínco. Estoy concentrada, soy rápida y me siento segura de mí misma. Vuelo a Turquía a principios de diciembre con el equipo nacional. Nado bien en mis series y consigo un nuevo récord para Siria en los 400 metros estilo libre.

Mi triunfo se ve ensombrecido cuando papá se marcha a Jordania unas semanas más tarde. Cuando nos despedimos de él en el aeropuerto estoy disgustada, pero, al mismo tiempo, no puedo evitar sentirme un poco aliviada. Estoy harta de las constantes discusiones y de la tensión que hay entre Sara y él. Además, sé que no querría irme con él a Jordania; todos nosotros seguimos creyendo que la situación se calmará cualquier día de estos. La violencia acabará y podremos continuar con nuestras vidas.

Vivo para la natación. Mi próximo objetivo son los Juegos Asiáticos de la Juventud que se celebrarán este verano en China. Doy por hecho que, después de mi éxito en Estambul, los entrenadores me elegirán para representar a Siria. Durante las siguientes semanas estoy más concentrada que nunca. Me preparo y entreno duro para la competición; estoy convencida de que este es mi momento. Sin embargo, un día, en junio, mi compañera de equipo Nermín se acerca a mí después de entrenar con una sonrisa de oreja a oreja.

—¡Adivina qué! —dice—. Voy a ir a China, a los Juegos Asiáticos.

Me quedo perpleja.

—¿Qué?

Frunzo el ceño mientras ella observa mi expresión.

—¡Oh! ¿Te pensabas que...?

Cojo mi mochila, le doy la espalda y me marcho con paso firme a buscar a nuestro entrenador.

—¿Habéis seleccionado a Nermín para los Juegos Asiáticos? —le pregunto, luchando contra las lágrimas.

El entrenador frunce el ceño.

—Sí, va a ir Nermín —responde.

Lo miro fijamente, mientras la ira se me agolpa en la garganta.

—Pero yo soy mejor que ella —afirmo—. Hacednos una prueba. Puedo competir contra ella ahora mismo.

El entrenador niega con la cabeza.

—No es tu turno, Yusra. Tú ya fuiste a Turquía.

—¿Qué? —grito—. ¿Desde cuándo funciona por turnos? Debe ir el mejor nadador. Hacednos una prueba.

El entrenador se cruza de brazos.

—Va a ir ella —insiste—. Se acabó la discusión. Tú ya tuviste tu oportunidad.

Me doy la vuelta y salgo de la piscina hecha una furia. Diez minutos más tarde llego al sótano, todavía enfurecida, con el rostro húmedo de lágrimas de rabia. Mamá quiere saber qué me pasa, pero le digo que me deje en paz. Ahora mismo no puedo hablar, estoy demasiado disgustada. Me tiro sobre la cama y lloro. Nermín no puede ir a China, no puede ir. La quiero y es una buena nadadora, pero yo soy mejor, y papá me enseñó que en la natación debes contar solo contigo. No se trata de la lucha de nadie más, sino de la tuya propia. Es duro, y yo no quiero herir a nadie, pero es un deporte. No se trata de ser simpática, sino de ganar. Tengo un objetivo y debo alcanzarlo.

Y eso es imposible si nadie me toma en serio. Para ellos no

soy más que una niña y, sin papá, no hay nadie que pelee por mí. Él se habría enfrentado a la federación entera para asegurarse de que me hicieran una prueba, pero ahora no está, y sin él no sirve de nada. Me duermo exhausta y confundida.

Al día siguiente voy a la piscina y entreno con normalidad, pero me falta algo. Me siento vacía. Cada crítica de mi entrenador hace que quiera marcharme y dejar la natación en ese mismo instante. Ejecuto todos los movimientos, pero nado como una zombi.

Una noche, a finales de febrero, Sara llega a la piscina cuando termina el entrenamiento. Mamá tiene que venir a recogernos en coche para llevarnos a casa de la abuela. Mientras caminamos juntas a lo largo de la carretera que pasa junto al estadio, un estruendoso silbido corta el aire por encima de nosotras. Sara me da un empujón en el hombro y me arroja contra el cemento. Me cubro la cabeza con los brazos y me protejo, al mismo tiempo que un proyectil de mortero golpea la carretera delante de nosotras. El suelo tiembla y un torrente de cristales rotos caen como la lluvia sobre el pavimento. Levanto la vista, jadeando. La explosión ha hecho estallar todas las ventanas de la residencia de deportistas. Sara me agarra del brazo y me pongo de pie, tambaleándome. Ambas estamos temblando, y yo apenas puedo respirar.

—¡Mira! —grita mi hermana, señalando al final de la carretera.

Allí, el coche de mamá se mueve rápidamente marcha atrás y derrapa al dar la vuelta. Se oyen más silbidos sobre nuestras cabezas, esta vez más alejados.

—¡Corre! —grita Sara.

Echamos a correr, dejando atrás la residencia, mientras los cristales crujen bajo nuestros pies. Llegamos al coche, abrimos las puertas de golpe y entramos de un salto.

—Espera... ¡mamá! —digo, jadeando—. Mis amigos todavía están en la piscina.

—No pienso esperar a nadie —responde ella.

Pisa a fondo el acelerador. Otro silbido atraviesa el cielo. Me vuelvo a mirar mientras nos alejamos a toda velocidad, y por la ventana de atrás observo cómo el proyectil rompe todo mi mundo en pedazos.

TERCERA PARTE

La bomba

5

—No voy a volver a nadar —aseguro.

Oigo los latidos de mi corazón en el silencio de la cocina del sótano. Aunque me marchase ahora, llegaría tarde al entrenamiento, y por primera vez en mi vida no me importa. Mamá levanta la vista de la sartén en la que está cocinando.

—¿Qué? —pregunta—. Pero ¿cómo puedes decir eso? ¿Qué quiere decir que no vas a volver a nadar?

—Tú misma viste cómo bombardearon la residencia —replico—. Podría haber muerto.

Mamá da un paso hacia mí, con la frente arrugada por la preocupación. Me pone una mano en el hombro.

—¿Vas a tirarlo todo por la borda? ¿Después de lo mucho que has trabajado? ¿Después de todo lo que has hecho?

Niego con la cabeza. Esas bombas cayeron demasiado cerca. La explosión mató a un hombre que estaba dentro de la residencia, Yusef Suleiman, un delantero de veintiséis años que jugaba para el equipo de fútbol Al-Wathba, de Homs. Estaba en su habitación cuando los proyectiles cayeron en la calle de abajo y las ventanas estallaron. Una esquirla de cristal se le clavó en el cuello y murió más tarde en el hospital, dejando una esposa y un bebé de seis meses. Las fotos que se publicaron en la prensa mostraban a los miembros del equipo sentados en el vestíbulo del hotel, aturdidos y desolados.

Yo me había quedado a dormir en esas habitaciones muchísimas veces. Podría haber sido yo quien muriera ese día, o Sara, o cualquiera de mis amigos del equipo de natación.

—Lo digo en serio —insisto—. No pienso volver a esa piscina jamás.

La expresión de mamá se endurece. Se vuelve hacia la sartén que crepita en el fuego.

—Antes hablarás con tu padre —ordena.

Entro en mi alcoba, respiro hondo y llamo a papá. Le digo que voy a dejar la natación, que mi entrenador no me deja competir en los Juegos Asiáticos y que ha seleccionado a Nermín en lugar de a mí. No es justo. Al entrenador no le importa quién es la mejor nadadora, ni siquiera está dispuesto a hacernos una prueba. Además, le digo que, de todos modos, nadar no tiene sentido. En Siria no hay futuro para las mujeres nadadoras.

—Espera un momento —me corta papá—. Piénsatelo bien. Será muy duro volver a nadar más adelante si lo dejas ahora.

Pero estoy segura. De ningún modo pienso volver a esa piscina. Decido usar un argumento distinto y le cuento a papá que han bombardeado la residencia de Tishrín y que podría haber sido yo en lugar de ese futbolista. ¿Acaso debería arriesgar mi vida por nadar? Se hace el silencio al otro lado de la línea.

—Quizá pueda traerte aquí, a Jordania —propone papá.

—No. No me quiero ir. Aquí tengo el colegio y mis amigos. Este es mi hogar y lo amo.

Papá suspira.

—Bueno, si eso es lo que quieres, yo no puedo obligarte a nadar —se resigna—. Es tu decisión.

Cuelgo y me hundo en la cama. Me pongo los auriculares y me aíslo del mundo durante las dos horas que debería estar entrenando. Al día siguiente no voy a la piscina, ni tampoco al otro. No le comunico a ninguno de los entrenadores que no voy a volver, ni tampoco a los demás nadadores. Me limito a desaparecer, como si no fuese nada del otro mundo. Los días se alargan; son extraños e interminables. Después de las clases, me quedo sentada en casa. Perdida.

Mamá está preocupada por mí e intenta que me replantee mi decisión. Dice que la natación puede servirme para otras cosas, que podría ser entrenadora, pero yo no quiero eso. Yo quiero competir profesionalmente. Quiero que mi objetivo sean los Juegos Olímpicos. El oro. Pero sin papá para defender mis intereses, es imposible. Sara está de mi parte, porque se da cuenta de que, a no ser que haya alguien que me empuje hacia delante, lo único que conseguiré serán años de trabajo sin ninguna recompensa al final.

Por fin mamá se rinde; no tiene ni tiempo ni energía. Además de ejercer de madre y de padre para sus tres hijas, sigue trabajando a jornada completa como masajista y fisioterapeuta en el club de Kafar Suseh. En esa zona hay mucha tensión, y a menudo se producen enfrentamientos en la calle, pero no tiene elección. Necesitamos el dinero. Papá nos envía parte de su sueldo desde Jordania, pero no es suficiente para compensar el alza de los precios por la inflación. La guerra está debilitando la libra siria y todo es mucho más caro. A medida que pasan las semanas, con el salario de mamá se puede comprar cada vez menos.

Sara consigue un trabajo para ayudar y traer algo de dinero extra. Vuelve a Tishrín para entrenar a los niños más pequeños. Algunas noches por semana me animo a ir a la piscina con ella para nadar, solo por diversión y para mantenerme en forma. Evito cruzarme con los entrenadores, pero veo a algunos de los nadadores fuera de la piscina. Nadie me pregunta por mi inexplicada ausencia de los entrenamientos. Ya saben lo que ha pasado. Ya han visto a muchas otras chicas desaparecer de la piscina sin avisar.

Un día, a finales de marzo, Sara, Shahed y yo estamos en el sótano después de la escuela. Mi hermana mayor está a punto de irse a Tishrín a trabajar, y se vuelve hacia mí mientras recoge sus cosas para preguntarme si voy a ir con ella. Antes de que pueda responderle, un fuerte silbido atraviesa el aire por encima de la casa. Nos estremecemos, preparándonos para el impacto, y una bomba hace que toda la calle se tambalee. Las paredes tiemblan. Unos segundos más tarde impacta el siguiente proyectil. Miro a Sara aterrorizada. Ella levanta la mano. A lo lejos se oye el eco de los disparos.

—Está bien —dice Sara—. Esperamos.

Shahed se hace un ovillo en el sofá junto a mí. Siento que tiembla y se tensa después de cada silbido. Solo tiene cinco años y ya reconoce el sonido de los disparos de mortero, sabe distinguirlos de un ataque aéreo o de un tanque de batalla. Escuchamos el estruendo de las explosiones; algunas se oyen a lo lejos, pero otras suenan muy cerca. Otro silbido cruza sobre nuestras cabezas y nos preparamos. El proyectil cae en la carretera, frente a nuestra puerta. Las paredes vuelven a temblar y un pequeño reguero de yeso se desprende del techo. Suenan tan cerca que me pregunto si el objetivo será el hospital que hay al otro lado de la calle. El siguiente proyectil impacta demasiado cerca, contra el edificio de al lado. Se rompen los cristales y se oye el ruido de los pedazos de pared al chocar contra las puertas atrancadas del sótano.

—Se acabó —dice Sara—. Voy a llamar a mamá. —Saca el teléfono—. Mamá, tienes que venir a casa. Ahí fuera se están derrumbando las paredes. Hay piedras golpeando contra las puertas, nos vamos a quedar enterradas aquí dentro. No podremos salir.

Espera.

—No, no podemos salir —continúa mi hermana—. Están disparando en la calle. ¿Qué hacemos?

Shahed empieza a gimotear y la rodeo con el brazo.

—De acuerdo, de acuerdo —dice Sara al teléfono—. Ten cuidado. Nos vemos pronto. Yo también te quiero.

Cuelga y me mira.

—Mamá ya viene.

Suspiro, aliviada; ella sabrá qué hacer. El ataque continúa. Esperamos en silencio, acurrucadas juntas en el sofá y estremeciéndonos con cada explosión. No tenemos elección. Marcharnos parece tan peligroso como quedarnos donde estamos. Pienso en mamá, que está desplazándose por la ciudad en pleno ataque. ¿Y si le pasa algo de camino? Aparto ese pensamiento y estrecho a Shahed con fuerza. Miro a Sara, que tiene la vista fija en el suelo y la cabeza entre las manos.

Tras una media hora, los morteros se detienen y son reemplazados por tandas de disparos que retumban. Suenan cerca, en nuestra misma calle. Me clavo las uñas en las palmas de las manos, aprieto los dedos de los pies y rezo en silencio para que mamá esté a salvo. *Ya Allah*, permite que llegue hasta nosotras. Por fin, la puerta se abre y mamá entra al sótano tropezándose. Shahed se levanta de un brinco, corre hacia ella y le rodea la cintura con los brazos. Mamá nos mira a Sara y a mí. Tiene los ojos vidriosos y la mirada perdida. Abre la boca, pero no dice nada. La vuelve a cerrar.

—¿Mamá? —la llamo.

Se dirige al sofá despacio, con cuidado, y se sienta. La pequeña se sube a su regazo. De nuevo, abre y cierra la boca, nos mira con ojos tristes y muy abiertos y niega con la cabeza. No está herida, pero no es capaz de hablar. Estoy tan preocupada por ella que me duele el corazón. Nos quedamos sentadas en silencio, esperando a que se recupere, mientras escuchamos, a lo lejos, el retumbante eco de los disparos de los morteros. Pasa casi una hora antes de que recupere la voz.

—He tenido que correr —balbucea al fin—. He tenido que cruzar el puente de Baramkeh. Estaban disparando, y...

—¿Dónde has dejado el coche? —pregunta Sara.

—En Kafar Suseh. En el cruce.

Mamá traga saliva y respira hondo. Se le anegan los ojos en lágrimas.

—El ejército no me ha dejado pasar de ahí con el coche —continúa—. Me han dicho que no se podía pasar. Pero yo les he contestado que tenía que llegar junto a mis hijas porque estaban solas. Los soldados han intentado detenerme, pero he salido del coche y he empezado a andar. He tenido que enseñarles papeles que demostrasen que vivo aquí. Los soldados me miraban desde detrás de los sacos de arena. Estaba muy asustada.

Respira hondo de nuevo, mientras una lágrima se desliza por su mejilla. Traga saliva y se seca los ojos con el dorso de la mano. Nos cuenta que no sabría decir quién disparaba a quién, ni desde dónde. Alguien le ordenó que se detuviera y le preguntó adónde iba, y lo único que pudo hacer fue señalar nuestra casa.

—Tenía tanto miedo que no sabía ni lo que decía —continúa, y vuelve a estrechar a Shahed entre sus brazos—. Y entonces un buen hombre, un soldado, les ha dicho a los demás que dejasen de disparar y me ha indicado que cruzase el puente corriendo. He corrido tan rápido como he podido, solo quería llegar hasta vosotras. Había muchísima gente en la puerta, y pensé... Pensé que os había pasado algo.

Me quedo mirando a mamá mientras intenta acompasar su respiración y, poco a poco, caigo en la cuenta de lo fácilmente que habrían podido matarla o herirla de camino a casa. Gracias a Dios que está a salvo, que todas lo estamos. La calle ahora está en silencio, aunque de vez en cuando oímos a lo lejos el ruido de los disparos. Exhaustas, comemos algo y nos vamos a la cama. Cierro los ojos y sé que no pasará mucho tiempo antes de que nos volvamos a mudar y, de algún modo, es un alivio. Nuestros días en este sótano deprimente están contados.

Al día siguiente, las noticias de la televisión culpan a los terroristas del ataque. Impactaron sobre varios objetivos cercanos: la Universidad de Damasco, una escuela y las oficinas de la agencia estatal de noticias. Han muerto tres civiles; entre ellos, una estudiante. Sabemos que tenemos que mudarnos, pero no será fácil encontrar otro lugar para vivir. Mamá dice que preguntará por ahí para ver si sus amigos saben de algún piso que esté libre. Después del ataque, aumenta la vigilancia alrededor del nuestro. Los guardias de seguridad del estado vuelven a venir esa noche, y la siguiente, y la siguiente. Quieren saber si estamos en casa o no a cada momento. En las calles de alrededor se instalan más puestos de control. Ese jueves, otro ataque con morteros contra la universidad acaba con la vida de quince estudiantes. La tensión es tan insoportable que mamá nos lleva a pasar el fin de semana a casa de la abuela.

Un amigo le recomienda un piso en Muhajirín, desde el que se puede llegar rápidamente a pie a casa de la abuela. Sonrío cuando mamá nos lo comunica, ya que Muhajirín es una de mis zonas preferidas de Damasco. El nombre quiere decir «migrantes»; se llama así por los griegos musulmanes que se instalaron allí hace doscientos años. El distrito se extiende por una ladera del monte Qasiun, que se erige sobre la ciudad al oeste del Palacio Presidencial. Es una zona acaudalada, agradable y sobre todo tranquila. Las casas trepan por la colina en una cuadrícula numerada, y encima de todo está la quinta avenida, donde se encuentra nuestro nuevo piso. Las habitaciones son bonitas y espaciosas, con techos altos, y hay un gran balcón desde el que se ve toda la ciudad.

En cuanto nos mudamos allí, nuestras vidas se transforman de forma instantánea. El peligro y la presión se evaporan; es como si alguien hubiese abierto una ventana. Tras cuatro meses en un sótano sin luz natural, Dios nos ha regalado un balcón. Allí es donde paso nuestra primera noche, de pie, embelesada, contemplando cómo las primeras estrellas parpadean en el cielo oscuro del atardecer. La llamada a la oración reverbera por las antiguas calles. Suspiro: estoy en el paraíso.

El piso no es barato, y vamos más justas de dinero que nunca. Mamá y Sara trabajan, y papá envía dinero desde Jordania, pero nuestras libras sirias ya no valen lo mismo que antes. Estamos a salvo, pero no sabemos cuánto durará. Nadie sabe qué puede llegar a suceder, así que mamá guarda dinero para emergencias. Como los alojamientos son cada vez más escasos, los alquileres están subiendo. Quizá el año que viene no podremos permitirnos este piso, ni tampoco volver a mudarnos, o quizá ni siquiera comprar comida. Debemos tener cuidado. Ya no vamos de compras por diversión.

Paso la mayoría de los atardeceres en el balcón. Escribo en mi cuaderno y contemplo cómo las estrellas viajan por encima de la ciudad. Los jueves por la noche, la primera noche de nuestro fin de semana, siempre hay mucho ajetreo en la calle de abajo. Sara y yo nos quedamos despiertas hasta tarde a mirar. Cada semana, alrededor de la medianoche, vemos una chica muy guapa que entra en el piso de enfrente. Será de la edad de Sara, y tiene unos enormes ojos oscuros, una larga melena negra y la piel oscura. Siempre lleva tacones altos, un vestido y un maquillaje de escándalo. La contemplamos boquiabiertas, verdes de envidia.

—Dios mío —susurra Sara—. Sus padres deben de ser muy despreocupados. ¿Crees que la dejan salir a la calle así?

La chica mete la llave en la cerradura.

—Supongo que sí —murmuro yo—. No se esconde.

La chica nos oye y levanta la vista hacia el balcón. Frunce el ceño, se vuelve de nuevo hacia la puerta y entra.

—La conozco —susurra mi hermana—. La he visto por ahí.

El siguiente jueves, tarde por la noche, me despiertan unas risas. Me levanto. Oigo otra carcajada. Vienen del balcón, así que abro la puerta. Sara y la chica del piso de enfrente están sentadas a la mesa y se pintan las uñas de un llamativo color rosa. La chica levanta la vista y me sonríe. Yo frunzo el ceño, adormilada, y me dirijo a Sara:

—¿Qué estáis haciendo?

—Nos estamos pintando las uñas —responde ella con una risita. Señala a la chica—. Esta es Lin.

Las observo en silencio durante un minuto y luego me encojo de hombros y vuelvo a la cama. Desde ese día, Sara y Lin se hacen inseparables. El siguiente jueves por la tarde, mi hermana anuncia que va a salir con la chica que vive enfrente. Me espero una discusión, pero mamá responde simplemente que la quiere de vuelta a medianoche. Estoy sorprendida. Papá jamás lo habría permitido. Más tarde, cuando mi hermana vuelve, veo que ha sufrido una transformación completa. Ya no queda nada de su aspecto habitual, con el cabello en un moño, los vaqueros anchos y una sudadera con capucha. En su lugar, lleva un vestido prestado y unas sandalias, las uñas del mismo rojo chillón que el pintalabios y los ojos pintados con una raya gruesa y negra de kohl. También se ha alisado la larga melena oscura.

—Guau —digo—. Estás...

—Deberías salir con nosotras la semana que viene —me invita con una sonrisa—. Lin podría enseñarte muchas cosas.

El jueves siguiente, mi hermana y yo cruzamos la calle para ir más temprano a casa de Lin, que tiene en su habitación una fábrica entera de cosméticos y se muere de ganas de enseñarnos a utilizarlos. Pasamos horas escuchando música, perfeccionando nuestros atuendos y nuestro maquillaje. Sobre las ocho, nos recoge una amiga suya. Las cuatro pasamos la velada paseando con el coche por la ciudad, de punta en blanco, con las ventanillas bajadas y la música a todo volumen. Nunca me había divertido tanto.

Las noches de los jueves se convierten en un ritual. Nos

arreglamos en casa de Lin para que a mamá no le dé un ataque al corazón, y jamás repetimos modelito. Vamos en coche por ahí o pasamos el rato en los cafés de un distrito elegante llamado Malki, bebiendo café o paseándonos arriba y abajo. Cada semana, las calles están llenas de chicos y chicas que cotillean o flirtean, obsesionados con su último flechazo o drama adolescente. Mis primos están ahí, también mis amigos del colegio, e incluso algunos de los nadadores de la piscina. Cuando es el cumpleaños de alguno de ellos, a veces reservan un restaurante al completo y bailamos toda la noche. Sara y yo nunca habíamos sido tan felices. Los chicos de aquí no estuvieron en Daraya, ni tampoco en la calle de Baramkeh. Nadie ha visto su mundo partido en dos con proyectiles de morteros ni tanques, y nosotras fingimos que nada de eso ha sucedido. Nadie nos pregunta cuál es nuestra historia ni si hemos perdido nuestro hogar, solo hablan de adónde deberíamos ir esta noche.

Fuera de nuestra burbuja, la guerra continúa haciendo estragos. Un domingo de principios de mayo nos quedamos a dormir en casa de la abuela. Es tarde y estoy sentada en la cama, escuchando las fuertes explosiones que retumban en la distancia, como es habitual. Entonces, una fuerza invisible me golpea hacia un lado de forma inesperada. La casa entera tiembla. Unos segundos más tarde se oye un crujido, seguido de la explosión más estruendosa que he oído jamás.

—Pero ¿qué ha sido eso? —exclamo en voz alta. Me agarro a la sábana y me pregunto si estaré enferma, o a punto de sufrir uno de mis desmayos. La puerta se abre y mamá entra en la habitación.

—¿Tú también lo has sentido?

—Claro —respondo—. Pensaba que era cosa mía.

—No. Mira al cielo.

Me pongo de pie y me dirijo a la ventana. Levanto las persianas y oteo el cielo nocturno. Por encima de la montaña

Qasiun, el horizonte se ha convertido en una mancha de luz carmesí, de un color tan intenso como el del atardecer. Nubes de polvo rojo y chispas se elevan para encontrarse con las estrellas. Es como si la montaña estuviese en llamas.

Mamá y yo vamos al salón. La abuela y mi tío Adnán ya están reunidos junto a la televisión. La agencia de noticias estatal informa de que la explosión ha sido un ataque aéreo extranjero contra el almacén de armas de Jamraya, que está al otro lado de la montaña. Las llamas naranjas ondean sobre la oscura ladera, y una bola de fuego colosal se eleva hacia la noche como una nube en forma de hongo. Se difumina, dejando tras de sí una lluvia de chispas y cenizas. Es la mayor explosión que he visto nunca, es aún mayor que la de las películas americanas.

La abuela ahoga un grito.

—Que Dios nos proteja —susurra.

El ataque al almacén de armas es tan brutal y la destrucción, tan terrorífica, que hace que vea todo lo demás desde otra perspectiva. Incluso consigue que los proyectiles de mortero parezcan un problema menor.

Un día, mientras bajo la colina hacia Malki desde nuestro apartamento, oigo que un proyectil impacta en la calle que tengo detrás. El suelo empieza a temblar y me agazapo en el portal de una farmacia cercana. Me asomo para echar un vistazo a la calle mientras las ventanas se rompen y los cristales caen sobre la acera. Dos minutos antes me habría matado. Apenas asimilo el peligro. Espero cinco minutos y luego continúo andando y me reúno con mis amigos como si nada hubiese pasado. Cuando vuelvo a casa, le cuento a mamá lo del proyectil y se pone como loca.

—¿Qué? —grita—. ¿Estás mal de la cabeza? ¿Por qué no has vuelto a casa?

Me encojo de hombros.

—No ha pasado nada, mamá. Solo quería ver a mis amigos.

Ella suspira. No puede hacer gran cosa para protegernos de un ataque aleatorio como ese. Está muy ocupada trabajando, cocinando y ocupándose de la casa y de Shahed. A veces no nos deja salir, pero, sin papá, le cuesta mucho controlarnos. Hace lo que puede: quiere saber dónde y con quién estamos. Pero todo se está desmoronando por todas partes y es difícil mantener una sensación de orden en nuestras vidas. Entretanto, Sara y yo tenemos una relación más íntima que nunca. Estamos contentas de no tener que hablar sobre el futuro, o preguntarnos qué pasará si perdemos nuestro piso. Si me asusto, lidio con mis sentimientos a mi manera. Prefiero retraerme, escapar, olvidar.

Tanto mi hermana como yo tenemos exámenes importantes en verano. Ella terminará el instituto y yo tengo los finales del noveno grado, pero a ambas nos cuesta tomárnoslos en serio. Algunos días ni siquiera nos molestamos en ir a clase. Mamá intenta obligarnos a estudiar, pero es difícil concentrarse en nuestro futuro con todo lo que está sucediendo.

—¿No deberías estar estudiando? —pregunta mamá mientras me dirijo a la puerta.

—Eso estoy haciendo —respondo con una sonrisa mientras me pongo los zapatos.

—Bueno, al menos llévate a tu hermana contigo —me pide.

Shahed levanta la vista, expectante.

—Venga, pues vamos —accedo.

Me llevo a Shahed a comprarle un helado. Uno de nuestros lugares preferidos es Bakdash, que está en la ciudad vieja. La tienda tiene alrededor de un centenar de años y es famosa en todo el mundo árabe por su buza. El buza no es como los demás helados: se hace con almáciga, una resina que hace que el helado sea elástico y algo gomoso. Se derrite muy despacio y en tiras, como la mozzarella caliente.

Una de las cosas más divertidas de Bakdash es que puedes ver cómo lo hacen. Shahed observa embelesada cómo los chefs vierten leche y pasta de almáciga en los enormes congeladores abiertos. Lo baten y lo extienden en el metal frío y luego lo golpean con largas mazas de madera hasta que se convierte en una pasta congelada. El buza se sirve en pequeños cuencos de metal y se espolvorea con pistachos troceados. Shahed me mira sonriente mientras se lo come. Todo el mundo la malcría. Nos sentimos mal por ella, que tiene que crecer durante una guerra, sin su padre y mudándose de una casa a otra.

Todos nos concentramos en seguir adelante. No hay demasiado sitio para nada más. Ese verano, en los exámenes no me va tan bien como debería, pero ni siquiera eso parece importar. Escapamos a nuestra burbuja.

En otoño, cuando me faltan tres años para graduarme en el instituto, empiezo a estudiar en una escuela de negocios. De vez en cuando pienso en ir a la universidad, pero eso parece estar todavía muy lejos. Podría pasar cualquier cosa. Sara se acaba de graduar y se inscribe en la Universidad de Damasco para estudiar Derecho, pero no va a clase. Siente que no es el momento de estudiar, así que trabaja como entrenadora y socorrista a tiempo completo para mantener a la familia. La vida es dura, así que nos divertimos siempre que podemos.

En invierno, ya estamos tan acostumbradas a arreglarnos y salir que bajamos la guardia con mamá y, a veces, Lin viene a casa a arreglarse en lugar de ir nosotras a la suya. Un jueves, mamá llega temprano y nos sorprende a las tres a punto de salir a una gran fiesta de cumpleaños. Llevo puestos unos zapatos de tacón muy altos.

—¿Adónde vas con eso? —pregunta, mirándome con los ojos muy abiertos—. ¿Cómo piensas bajar la colina?

—Mamá, voy bien —respondo, mientras me dirijo a la puerta con pasos tambaleantes.

—Y ¿qué te has hecho en la cara? —insiste—. ¿Y si alguien te ve con esas pintas? ¿Qué pensarán de nosotros?

Hago un mohín.

—Relájate. Tampoco es que lleve unos pantalones cortos o una minifalda.

—Faltaría más —replica ella—. Tú tienes más sentido común. Tu cuerpo es lo único que tienes.

—No te preocupes, Mervat —interviene Lin amablemente—. Nosotras cuidaremos de ella.

Mamá le sonríe.

—Ya lo sé, *habibti*, ya lo sé.

Cuando me vuelve a mirar a mí, su expresión se endurece.

—Tú misma, por supuesto —me dice—. Tú eres la que tiene que entrar en el paraíso, no yo.

Pongo los ojos en blanco y salimos tambaleándonos, pero Sara y yo tenemos cuidado de no pasarnos. Ninguna de las dos quiere que mamá tenga problemas con sus amigos por culpa de la ropa que nos ponemos. No todo el mundo es tan tolerante como ella. Ahora que ya no nado y que se acerca mi decimosexto cumpleaños, Mamá saca el tema del hiyab de vez en cuando. Me pregunta con dulzura si he pensado en ponerme el velo, pero yo me encojo de hombros. Sara no se tapa el pelo ni observa el hiyab, así que no siento ninguna presión para hacerlo. Para nosotros, no es un requisito para ser una buena musulmana. A veces pienso que un día, quizá cuando me case, me pondré el velo, pero mamá nos deja claro que nunca nos obligará a nada. Es nuestra decisión.

Una tarde, en primavera, Sara y yo estamos sentadas en el balcón, contemplando cómo se va oscureciendo el cielo. Bajo nosotras, centellean las encantadoras luces de Damasco. Suspiro y pienso en todas las personas que pueblan la ciudad, en la gente que trabaja, que vive, que ama, que intenta buscar la normalidad en un lugar en el que caen bombas del cielo. Mamá sale y se une a nosotras. Está pálida y demacrada.

—Traigo noticias —dice.

Ambas nos incorporamos.

—¿Qué? —pregunta Sara—. ¿No será el piso?

Mamá le pone una mano en el brazo.

—Me temo que sí —responde—. La propietaria quiere dárselo a la familia de su hermana.

Se me cae el alma a los pies y ahogo un grito. Este piso es nuestra burbuja, nuestra seguridad, nuestra escapatoria de la muerte y la destrucción. Mi mente va a toda velocidad. ¿Adónde iremos si no podemos quedarnos aquí?

—No —digo—. Tiene que haber algo que podamos hacer. ¿No podemos ofrecerle más dinero?

Mamá niega con la cabeza con tristeza.

—Lo he intentado todo. No sirve de nada. La propietaria nos quiere fuera en abril. Tendremos que buscar otro lugar para vivir. Lo siento mucho.

El pánico se me agolpa en el pecho mientras mi mundo se desmorona por cuarta vez en tres años. La soga está cada vez más tirante.

6

Sara y yo miramos por la ventana cómo cae la suave lluvia primaveral. Nuestro nuevo apartamento está solo a veinte minutos andando del anterior, pero la mudanza nos ha arrebatado toda la alegría de la vida. Estamos más lejos de nuestros amigos y más cerca de los enfrentamientos. De repente, la vida parece más fría. Sara suspira y dice por tercera vez ese día que quiere marcharse de Siria. Todos sus amigos se están yendo, al Líbano, a Turquía e incluso a Europa. Siempre que oigo hablar a mi hermana así, me angustio. Admitir que los enfrentamientos no van a terminar pronto, que un futuro sin guerra solo es posible si abandonamos el país, parece una derrota. Mamá entra en la habitación con Shahed agarrada a sus faldas, igual que solía hacer yo.

—No me gusta este piso —protesto—. Echo de menos el balcón.

—Ya lo sé, *habibti* —responde ella—. A mí también me gustaba, pero no hay nada que podamos hacer al respecto.

Empuja a Shahed hacia delante con delicadeza. La pequeña nos mira con sus ojazos azules.

—Llevaos a vuestra hermana cuando salgáis —nos pide.

Sara y yo salimos bajo la lluvia, con Shahed trotando junto a nosotras. En Malki nos encontramos con algunos de nuestros viejos amigos de natación. Nos cuentan que ha muerto otro nadador durante un bombardeo en algún lugar del norte. Nos quedamos por ahí sentadas, apáticas. La guerra, las muertes y los morteros. Todo se ha convertido en algo normal. Pienso en la conmoción que supuso para mí dejar Daraya, y me parece que aquello le sucedió a otra chica, a otra Yusra. Ahora, cuando oigo los bombardeos de la artillería, aguanto la respiración durante cinco segundos y luego continúo con lo que estoy haciendo. Solo reparo en ello cuando dejan de disparar. Cuando los aviones dejan de volar por encima de mi cabeza.

En verano, de lo único de lo que habla todo el mundo en los cafés de Malki es de las últimas desapariciones entre nuestros amigos. Estoy con mis compañeras del colegio Hadil y Alaa, haciendo una lista de las personas que se han marchado. A algunas de ellas no volvemos a verlas nunca. Otras aparecen unas semanas más tarde en Alemania, Bélgica, Suecia o Francia. Los detalles son siempre vagos y nunca nos queda del todo claro cómo han llegado hasta allí.

A principios de otoño, una de las mejores amigas de Sara, Hala, se las arregla para marcharse a Alemania con un visado de estudiante. Escribe a mi hermana para contarle que está en Hannover, y le asegura que Alemania es un buen lugar para estudiar. Sara está fascinada con la idea. Hannover. Alemania. Un buen lugar para estudiar. Un buen lugar para tener un futuro.

—Me voy —anuncia una noche, durante la cena.

Hace meses que no habla de otra cosa. Pongo los ojos en blanco.

—¿Qué? —me espeta—. Lo digo en serio. Me marcho a Alemania.

—Y tu padre ¿qué dice? —pregunta mamá.

—Todos mis amigos se están yendo —insiste Sara—. Mamá, tengo que irme.

Bajo la vista hacia mi plato y me pregunto qué pasaría si mi hermana realmente se fuese a Europa. ¿Iría yo con ella? ¿Querría ir? No estoy del todo segura. Dejar Siria parece un gran paso.

—Tu padre es el único que puede permitirse mandarte fuera —le recuerda mamá a Sara—. Sabes que depende de él.

Mi hermana suspira. Ya ha hablado con papá acerca de marcharse, pero él le pide que espere a ver qué pasa. No puede irse sin su aprobación, ya que es él quien pagará el viaje. La idea se queda en el aire, y Sara tiene que conformarse con soñar con Hannover y planear su huida.

Un jueves por la noche, a principios de octubre, me encuentro con mis amigos del equipo nacional de natación en Malki. Están emocionados; acaban de llegar de la Copa del Mundo de Dubái, donde han ganado el bronce en los relevos de 200 metros estilo libre. Mientras hablamos, uno de mis antiguos colegas me enseña una foto de la ceremonia de entrega de medallas. Miro las caras orgullosas y sonrientes y las medallas brillantes que cuelgan de sus cuellos, y se me llenan los ojos de lágrimas. Por primera vez me doy cuenta de lo que tiré por la borda, y la pérdida me golpea como un puñetazo en el estómago. Toda la pasión, la determinación y la ambición vuelven a mí de golpe. Me pongo de pie. No tengo tiempo que perder. Tengo que volver a la piscina. Un escalofrío de emoción me recorre la espalda, y corro a casa a contarle a mamá y a Sara lo que he decidido. Quiero volver a entrenar. Mamá suspira.

—Pero ir a la piscina es peligroso —me advierte.

—No tanto como antes —repongo—. Estoy dispuesta a arriesgarme. No puedo quedarme aquí de brazos cruzados toda mi vida. Quiero hacer algo.

—Y ¿de qué te servirá? —interviene Sara—. De todos modos, ya eres demasiado mayor. No merece la pena, no hay futuro.

Fulmino a mi hermana con la mirada y dirijo a mamá una

mirada suplicante. Ella se encoge de hombros y me dice que debería hablar con papá. Lo llamo al día siguiente y le comunico que voy a volver a entrenar. Tengo la esperanza de que él, al menos, esté de mi parte, pero no está tan entusiasmado como yo esperaba.

—Si quieres nadar, lo comprendo —dice—. Pero no esperes que yo te ayude en nada. Abandonaste tú sola, así que ahora tendrás que volver a empezar tú sola.

Le cuelgo. No estoy decepcionada, sino más decidida que nunca. Voy a volver y voy a nadar. Mejoraré y volveré a estar en la cima, con el apoyo de mi familia o sin él. Esta vez no me obligará nadie, será una elección exclusivamente mía. Elijo nadar.

Algunos entrenadores me miran con desconfianza cuando me presento en la piscina la semana siguiente, pero nadie dice nada. He vuelto, y ya está. El parón de casi un año ha hecho estragos en mi velocidad. Todas las niñitas del grupo son más rápidas que yo, pero lo acepto como un desafío. Dejo de salir con mis amigos y todas las noches entreno durante dos horas después del colegio. Luego voy al gimnasio durante otra hora. Tras cada sesión, de camino a casa, me recuerdo lo que significa la natación. Ahora puedo sacrificar toda esa diversión propia de los adolescentes, ya tendré tiempo para ello cuando tenga treinta años, cuando mi carrera en la natación haya terminado. Algunas noches llego a casa con la cara morada después de un duro entrenamiento, ceno algo y me voy directa a la cama. Mamá parece preocupada y me dice que no me pase, pero de ningún modo voy a rendirme ahora. Tengo que recuperar el nivel que tenía antes de dejarlo. Mi hermana tampoco me ayuda.

En marzo cumplo diecisiete años y Sara reserva un restaurante entero para la fiesta. Quizá pretenda persuadirme para que deje de nadar y vuelva a disfrutar de la vida, o tal vez se sienta mal por no haberme apoyado. Sea como sea, nos lo pasamos de maravilla. Lin viene a casa con su cajita mágica y nos vestimos como estrellas de cine para la ocasión, como en los viejos tiempos. Mamá frunce el ceño cuando me ve salir a la calle tambaleándome, con los tacones más altos que me he puesto nunca. Le digo adiós alegremente con la mano y me dispongo a bajar la colina. Los hombres nos miran durante todo el camino al restaurante; uno incluso parece estar a punto de caerse cuando pasamos por su lado. Nos reímos, bailamos y lo celebramos. La guerra nunca me había parecido tan lejana. Entonces no lo sabía, pero esa sería una de nuestras últimas noches de fiesta en Damasco.

La vida sigue. Entreno, voy a la escuela, vuelvo a entrenar. Intento no meterme en líos y superar mis últimos dos años de instituto, pero la guerra siempre está ahí para interrumpirme y distraerme. Algunas noches, los cortes de electricidad sumen a zonas enteras de Damasco en largas horas de oscuridad. En algunos lugares la energía se raciona, de forma que solo disponen de ella de cuatro a seis horas al día. Algunos damascenos combaten los apagones con grandes baterías de coche o, si se lo pueden permitir, con un generador diésel. Nos vamos acostumbrando hasta que también eso se convierte en una parte de nuestro día a día.

La muerte es aleatoria y siempre está presente. Cae sobre la calle desde el cielo, en medio del tráfico, a pleno día y sin avisar, y luego nos recomponemos en un santiamén y seguimos con lo nuestro.

En primavera vuelven a empezar los ataques en Baramkeh, cerca del estadio de Tishrín. La zona está llena de objetivos: la universidad, la agencia estatal de noticias, los hospitales, las escuelas, el estadio. La preocupación atormenta a mamá. Algunas noches me llama cuando estoy de camino a la piscina. La conversación es siempre la misma.

—Vuelve a casa —me ordena.

—¿Por qué? —pregunto—. Voy a nadar.

—¡Cállate y vuelve a casa! —insiste—. Ahora mismo.

Me apresuro a ir a casa con mamá, que me espera con noticias de más ataques de morteros y misiles. Sé que quiere protegerme, pero en el fondo ambas sabemos que en esta ciudad ya no estoy a salvo en ningún sitio. Podrían matarme con la misma facilidad en la piscina que fuera, en la calle, o en casa, en mi cama. Conocemos a mucha gente que ha muerto en su casa, por un incendio, una bomba o un pedacito perdido de metralla.

A menudo, mientras entreno oigo los proyectiles que caen alrededor de Tishrín. Una tarde estoy en la piscina, esforzándome al máximo. Me arde la cara incluso sumergida en el agua fría, y lucho contra la necesidad de parar y descansar. Otro largo, otra vuelta y otro impulso, solo unos metros más. Alargo una mano y me agarro al borde de la piscina para descansar unos segundos. Mis hombros se disparan hacia mis orejas en señal de alarma cuando una explosión atronadora retumba en la piscina. Hay un momento de silencio. Luego, los nadadores entran en acción de repente; chillan y gritan mientras chapotean, pasando los unos por encima de los otros para llegar al borde de la piscina.

—¡Fuera! ¡Todo el mundo fuera! —grita el entrenador, mientras mueve los brazos señalando la salida, alarmado.

No hay tiempo de asimilar lo que está sucediendo. Salgo del agua a toda prisa con la mente en blanco. Una multitud de nadadores me adelanta a empujones; tiemblan conmocionados, presas del pánico, y se apresuran hacia la puerta. Al llegar a la salida, me vuelvo. Miro al techo y descubro un agujero rodeado de escombros que muestra una motita de cielo abierto. Bajo la vista hacia el agua. Allí, brillando al fondo de la piscina, hay un objeto delgado y verde de un metro de largo, con una cabeza que se estrecha hasta acabar en punta. Es una granada RPG propulsada por un lanzacohetes. No ha estallado. Me quedo mirando la bomba fijamente, incapaz de despegar mis ojos de ella. De algún modo, ha penetrado el techo y ha caído en el agua sin explotar. Unos pocos metros más allá en cualquier dirección y habría impactado sobre los azulejos, matando a todo el mundo en un radio de diez metros. Tardo unos segundos en asimilarlo. Tengo suerte de seguir con vida. Otra vez.

Me doy la vuelta y corro por el pasillo para alcanzar a los demás nadadores. Bajamos al gimnasio subterráneo mientras oímos más explosiones que resuenan en las calles de alrededor. Esperamos. El entrenador se pasea arriba y abajo, preocupado. Desde aquí los ataques suenan amortiguados, y me digo que estamos a salvo. Con manos temblorosas, escribo un mensaje a mamá para contarle lo sucedido. Está muy alterada. Espera a que el ataque termine y viene a buscarme al estadio.

—Por favor, Yusra, es demasiado peligroso. Deja de nadar —me pide mientras conduce—. Estarás mucho más segura lejos de la piscina.

Niego con la cabeza. De ningún modo pienso abandonar la natación. Solo hay una forma de que pueda seguir entrenando: tendré que irme a algún lugar donde no caigan bombas en la piscina.

—No voy a dejarlo —respondo—. La natación es mi vida. Tendré que irme a Europa.

Mamá suspira y se queda mirando por la ventanilla unos minutos. Ahora las calles están tranquilas. Luego coge el volante con más fuerza y se sienta recta, como si acabase de tomar una decisión.

—Volveré a hablar con tu padre —afirma.

Uno a uno, amigos y vecinos se van marchando. Hermanos, grupos de amigos y familias enteras desaparecen. La mayoría ponen rumbo al Líbano o a Turquía y se quedan allí cuando expiran sus visados de turistas, y otros terminan en Europa. La mayoría de los chicos de mi edad están planeando su marcha o ya se han ido. En cuanto cumplen los dieciocho, ya son aptos para hacer el servicio militar obligatorio en el ejército; solo los estudiantes o los hombres que no tienen hermanos están exentos. En circunstancias normales, solo era parte de la vida en Siria, pero ahora ya no cabe duda: entrar en el ejército significa matar o morir.

Sara ya tiene un plan formado en su mente. Sueña con viajar a Hannover y reencontrarse con su amiga Hala. Allí estudiará, empezará una nueva vida y trabajará para labrarse un nuevo futuro. Papá todavía alberga dudas. Algunos días dice que el viaje no es seguro, y otros, que hará las gestiones necesarias para que vayamos a Jordania con él. De vez en cuando propone que nos marchemos a Europa, pero el dinero no se materializa. El plan sigue en el aire.

Una noche de principios del verano, mientras Sara y yo vamos a casa de Lin, me cuenta que unos cuantos amigos suyos se marchan la semana que viene. Cada vez que un grupo se va, le ofrecen unirse a ellos y le aseguran que la cuidarán durante el viaje. Le resulta tentador, pero está claro que, sin el apoyo de papá, no se va a ir a ninguna parte.

—Mis amigos me están volviendo loca diciéndome que vaya con ellos —reconoce mi hermana—. Y, bueno, de todos modos, tú no quieres ir, así que...

La miro perpleja.

—Pero ¿qué dices? —respondo—. Pues claro que quiero ir. Si nos vamos a Europa podré seguir nadando. Todos los nadadores se están yendo, a Suecia, Rusia o Alemania.

Sara frunce el ceño.

—¿Tú también irías?

Mi respuesta me sorprende incluso a mí. Sí, me iría. Para escapar de la muerte que cae del cielo, para volver a tener un futuro. Para tener un lugar donde poder nadar en paz, o simplemente un lugar donde alguien como yo pueda continuar nadando. No le veo el sentido a quedarme de brazos cruzados, limpiando, cocinando y criando niños. Soy nadadora. Se lo voy a demostrar a todos. Y solo podré hacerlo si me marcho de Siria.

—De acuerdo —dice Sara—. Entonces ayúdame a convencer a papá. Él preferirá que nos vayamos juntas.

Mi mente trabaja con rapidez. Convencer a papá es lo más difícil. Al no estar aquí, en Damasco, no sabe cuántos chicos se están marchando. Necesitamos hacerle entender lo mal que están las cosas, y la mejor manera es encontrar a alguien en quien él confíe que haya decidido irse y persuadirle para que nos permita acompañarlo. Me sorprende lo decidida que estoy de repente a dejar Damasco, a dejar Siria. A abandonar mi hogar. ¿Cómo he llegado a esto? Los cuatro años de guerra se suceden ante mis ojos. Los tanques, las bombas, los morteros y los disparos. Me quedaría si todo terminase mañana. Ojalá terminase todo.

De una cosa estoy segura. Si me marcho, lo primero que haré será demostrar mi valía como nadadora. Tengo que convencerles a todos que no es una pérdida de tiempo. Los nadadores siguen desapareciendo, y cada vez me quedan menos amigos en la piscina. Casi nunca se despiden. Simplemente, de pronto veo en Facebook que están en Turquía, en Francia, o en Alemania.

Un día, a mediados de junio, justo antes de que empiece el Ramadán, recibo un mensaje de Rose, una nadadora amiga mía. Me dice que está en Turquía. Consiguió salir del país junto a su primo, pero su madre se quedó en Damasco. Estoy anonadada. La madre de Rose la adora, es su única hija y lo único que tiene. Además, solo tiene quince años. Es imposible que su madre la enviase a Turquía, a no ser que creyera que la situación era realmente desesperada. Quizá si le hablo a papá de ella entienda lo que está pasando. Lo llamo y le digo que la madre de Rose la ha mandado a Turquía. Al otro lado de la línea se hace el silencio.

—¿Rose? —responde al fin—. ¿De verdad? ¿Su madre la ha dejado irse sola?

—Sí. Con su primo.

—¿Por qué no nos lo dijo? —pregunta—. Podrías haberte ido con ella.

—¿Qué? ¿Me habrías dejado ir con Rose?

—Sí —contesta—. Si te enteras de alguien más que se vaya a ir, dímelo. Alguien que yo conozca y en quien confíe. Te mandaré con ellos.

Me late el corazón a toda prisa.

—¿Y a Sara también? —Me esfuerzo para que mi voz no delate la emoción descontrolada que siento.

—Sí, si quiere ir.

Cuelgo y respiro hondo. Una sensación de aventura, de posibilidades infinitas, me colma el pecho. No tengo ni idea de lo que implica el viaje. Lo único que he oído son relatos vagos sobre barcos y fronteras. No le doy muchas vueltas y me imagino nadando en Alemania. Sin bombas. Con un futuro.

Papá empieza a investigar para ver cuáles son nuestras opciones. Llama a la madre de Rose para averiguar más sobre el viaje, y habla de ello con mamá. Se ha producido un cambio: ahora, ambos piensan que lo mejor para nosotras es que nos marchemos. Nos hablan sobre la situación legal en Europa. Yo todavía soy menor de dieciocho, así que si voy sola puedo solicitar a las autoridades que mamá y Shahed vengan conmigo después. Legalmente, a salvo, en un avión. Mamá y papá están de acuerdo en que Sara y yo deberíamos ir juntas, y en que debería ser pronto. Tengo que llegar a Alemania antes de cumplir los dieciocho el próximo año si queremos solicitar la reagrupación familiar. Lo único que tenemos que hacer ahora es encontrar a alguien en quien papá confíe.

Es el Ramadán, el mes sagrado de los musulmanes. Sara está trabajando mucho con el objetivo de ahorrar para el Eid, el festival de tres días que marca su final, cuando es tradición que los mayores regalen a sus hermanos menores pequeñas cantidades de dinero. Los días de Sara están repletos; tiene dos trabajos como entrenadora y uno como socorrista. Además, durante el Ramadán trabaja todas las tardes en una tienda de ropa. Cuando ya ha anochecido, las calles están abarrotadas de gente que se reúne para romper el ayuno. Una noche, a mediados de julio, justo antes del Eid, Sara llega a casa más tarde de lo habitual. Entra corriendo en nuestra habitación y se pone a bailar.

—¡Lo he conseguido! —exclama.

—¿El qué? —pregunto.

—He encontrado la forma de salir. Nabih.

Nabih es nuestro primo segundo. Su padre es primo del nuestro, y tiene más o menos mi edad. Cuando éramos niños solíamos verle en reuniones familiares en Damasco. Su colegio no está lejos y a menudo nos lo cruzamos por Malki. Tiene una barba corta y ojos oscuros y lleva el pelo engominado hacia delante. Es el típico adolescente chalado.

—¿Nabih? —repito—. ¿Nuestro primo Nabih?

—Sí —responde Sara—. Me lo he encontrado esta noche en la calle. Dice que se va a Alemania, creo que con uno de sus tíos. Tiene que marcharse pronto porque está a punto de cumplir los dieciocho. No quiere ir a la guerra. Somos familia, podríamos ir todos juntos. Ya le he escrito a papá para decírselo.

La adrenalina me invade las entrañas. Me pongo de pie y abrazo a mi hermana. Ya está. Lo ha conseguido. Marcharnos con alguien de la familia es perfecto; papá no podrá negarse.

Durante los días siguientes se suceden muchas conversaciones sobre el plan. Papá habla con el padre de Nabih y luego me llama para confirmármelo: nos dejará ir. No me parece real. Mamá nos sienta para hablar con nosotras esa misma noche, con expresión triste y pensativa.

—Vuestro padre me ha preguntado si quiero ir a Europa con vosotras.

Sara frunce el ceño y niega con la cabeza.

—Ni hablar —dice—. ¿Qué pasa con Shahed? Solo tiene siete años. ¿Y el mar?

—Pero no me gusta la idea de estar separada de vosotras —protesta mamá—. Y Shahed os echará muchísimo de menos. Y yo también, por supuesto.

Me siento dividida. Yo tampoco quiero separarme de mamá, pero no soporto la idea de ver a Shahed en una embarcación endeble. Es demasiado peligroso. Ella no es nadadora.

—No pasa nada —intervengo—. Haremos la solicitud para que vengáis en cuanto lleguemos a Alemania. —Mamá se queda en silencio durante un minuto, intentando contener las lágrimas—. No llores, muy pronto estaremos todos juntos otra vez.

Mamá respira hondo y alarga una mano por encima de la mesa para coger la mía.

—Está bien —accede—. Lo más importante es que vosotras consigáis salir. Esperaremos e iremos más tarde.

Todo sucede muy rápido. Papá llama al tío de Nabih, Majed, que también vendrá con nosotras. Alguien tiene que sacar a mi primo de Siria, y él es todavía lo bastante joven y está dispuesto a marcharse. Lo he visto un par de veces en reuniones familiares. Está cerca de la treintena, es serio y algo nervioso, con el pelo corto y oscuro y rasgos delicados.

Majed conoce bien el plan. Ha encontrado una página web llena de consejos para el viaje que han publicado otros que ya están de camino. No es barato, pero la forma más segura y fiable de salir de Siria en este momento es en avión. Hasta ahora, los sirios no necesitamos visados para ir a Turquía. Solo hace falta reunir el dinero para reservar los vuelos a Estambul y no hay ninguna ley que impida comprar un vuelo solo de ida. La parte peligrosa del viaje empezará en Turquía, donde contactaremos con los traficantes de personas para conseguir una embarcación con la que llegar a una de las islas griegas. Una vez en Grecia ya habremos entrado en Europa. Entonces recorreremos los dos mil quinientos kilómetros que nos separarán de Alemania en autobús, coche o tren. Estoy dispuesta a llegar hasta allí caminando si es necesario.

Voy a la agencia de viajes con Majed y Nabih. Papá reúne el dinero y reservamos billetes a Estambul con escala en Beirut para el siguiente vuelo, el miércoles 12 de agosto. Es real. Va a suceder. Papá nos llama para hablar sobre el plan y dice que nos irá transfiriendo dinero por Western Union para que lo vayamos recogiendo en diferentes momentos durante el viaje.

—Esconded el dinero en cuanto lo recojáis —nos indica papá por teléfono—. Deberéis tener muchísimo cuidado. No dejéis que nadie sepa que lo tenéis. No se lo enseñéis a nadie.

No hay tiempo de pensar en lo que está sucediendo. Pasamos todas las tardes de nuestra última semana con nuestros amigos para despedirnos. Sabemos que es para siempre. Todos damos por hecho que nunca nos volveremos a ver o, al menos, no durante muchos años. Nadie piensa que la guerra vaya a terminar, y podría ocurrirme cualquier cosa durante el viaje. Y también a los que se quedan en Damasco. Intentamos no llorar, pero siempre estamos al borde de las lágrimas. En cada ocasión, me levanto y me voy de repente. Lo peor es despedirme de mis mejores amigas, Hadil, Alaa y las demás. Me regalan una foto de todas enmarcada en la que han escrito sus recuerdos de nuestros mejores momentos juntas. La dejo en casa. Quizá pueda volver a buscarla algún día. La abuela viene al piso a despedirse junto a una ristra de primos, tíos y tías.

Mamá nos compra ropa de abrigo, mochilas y botas para el viaje. Compramos una mochila grande cada una y una más pequeña para las cosas de valor. Descargamos una aplicación de rastreo para nuestros móviles que envía una señal GPS aunque estén apagados. De este modo, mamá y papá podrán saber en todo momento dónde estamos. Hacemos un grupo de WhatsApp con nuestros parientes más cercanos, para que puedan contactar con nosotras fácilmente. Sara y yo ponemos el piso patas arriba mientras intentamos decidir qué llevarnos, ya que tenemos muy poco espacio. Mi hermana mete todas sus joyas y antigüedades en una caja grande y se la da a una amiga para que se las cuide. Nos llevamos solo algo de ropa, nuestros teléfonos y los pasaportes.

La mañana de nuestra partida, mamá recibe una llamada de Majed que le anuncia que han retrasado el vuelo tres horas. Se me cae el alma a los pies. Me aterra el momento de la despedida, y esto no hace más que alargarla. Estoy impaciente por irme. Todo el mundo está nervioso; nadie quiere perder el avión. Majed y Nabih van a ir al aeropuerto pronto solo para comprobarlo. Le digo a mamá que quiero ir con ellos y que ella puede traer a Sara más tarde.

Majed y Nabih me recogen en un taxi. El vehículo es más grande de lo que esperaba, es un monovolumen más que un coche, y está lleno de gente. En la parte de atrás, al lado de Majed y Nabih, hay un hombre que nunca había visto, y el asiento del copiloto está ocupado por otro desconocido. Meto mi mochila en el maletero y entro en el vehículo. El hombre de atrás tendrá cuarenta y pocos años y una expresión traviesa que me recuerda a papá.

—Me llamo Muhanad —se presenta—. Soy un viejo amigo de vuestro padre, nos criamos en el mismo barrio. Voy con vosotros a Turquía.

Sonrío. Incluso habla un poco como papá. Permanecemos en silencio mientras el taxi circula por el casco antiguo y yo contemplo las calurosas calles de Damasco por la ventanilla. Miro las antiguas mezquitas, las tiendas, las cafeterías y el ruidoso tráfico. Me empapo de todas esas cosas que he visto un millón de veces, intento retenerlas y encerrarlas en mi recuerdo. Pasamos junto a lugares que conozco, a lugares en los que he trabajado, he reído, he perdido y ganado. Pasamos por la piscina. Pienso en todas esas horas de sudor, humillación y triunfos.

Las casas escasean cada vez más hasta que llegamos a la carretera del aeropuerto. Miro hacia atrás. El monte Qasiun se erige a nuestra espalda, imponente por encima de los edificios de la ciudad. Soy la primera en salir del taxi cuando llegamos al aeropuerto. Observo cómo los demás se enjugan las lágrimas de las mejillas mientras bajan detrás de mí. Estoy perpleja. Nunca había visto llorar a hombres adultos.

Ya dentro de la terminal, le pregunto a Nabih sobre el segundo desconocido de nuestro grupo. Me dice que ese hombre es el marido de su tía, Ahmad. Él también quiere salir de Siria.

—No sabía que vendría tanta gente con nosotros —comento.

Nabih se encoge de hombros.

—Todo el mundo se va.

Los demás tardan otras tres horas en llegar. Estoy aburrida, en el limbo, pero contenta por no tener que alargar la despedida en casa. Nada de esto parece real. Al final, Sara, mamá y Shahed entran en la terminal. Mamá viene hacia mí parpadeando para contener las lágrimas.

—Adiós, *habibti* —se despide, y me abraza con fuerza durante un minuto entero.

Me vuelvo hacia Shahed, que me mira con ojos muy abiertos y curiosos.

—¿Cuándo vas a volver? —pregunta.

La atraigo hacia mí para abrazarla y le doy un beso en la cabeza.

—No, *habibti* —le contesto con gentileza—. Esta vez no vamos a volver.

La suelto. Al final, Shahed entiende lo que está pasando. Esta vez no es como cuando nos vamos para participar en competiciones de natación. Esto es distinto. Empieza a llorar.

—No —protesta, y se agarra a la cintura de Sara. Las lágrimas corren por sus mejillas.

—Por favor, no os vayáis —insiste—. No os vayáis.

Todo su cuerpecito tiembla mientras solloza.

—No... os... vayáis —tartamudea.

Se me parte el corazón al verla. Sara la aparta con suavidad, se agacha y la coge de los hombros.

—Escúchame —dice. Shahed se seca las lágrimas de las mejillas y la mira—. Muy pronto volveremos a estar juntas —continúa mi hermana—. Os traeremos con nosotras. Mamá, Yusra, tú y yo, pero en un país diferente. Solo tienes que esperar unos días, quizá algunas semanas.

Sara abraza a la pequeña. Luego, sin decir nada más, se dirige hacia el control de seguridad. Mamá me mira, pálida, con los ojos muy abiertos y húmedos por las lágrimas. La vuelvo a abrazar y me doy la vuelta. La promesa que Sara le ha hecho a Shahed resuena en mis oídos. No sé cuándo volveremos a vernos, pero rezo para que mi hermana pequeña no recuerde que empezamos nuestro viaje con una mentira.

CUARTA PARTE

El mar

7

Las humillaciones empiezan en cuanto abandonamos el espacio aéreo sirio. Mientras esperamos en Beirut durante la escala hacia Estambul, no encontramos ningún lugar donde comer o sentarnos. Nos acomodamos en el suelo y aguantamos las miradas de desprecio de los libaneses. Nos miran como si no tuviésemos ropa, dinero ni hogar. Nos hacen sentir como la escoria del mundo árabe. Las ofensas aumentan durante el vuelo de dos horas entre Beirut y Estambul. Al iniciar el descenso, una azafata libanesa dice por el interfono:

—Por favor, tengan en cuenta que cualquier pasajero que intente sustraer chalecos salvavidas del avión será detenido y procesado. El personal de seguridad registrará sus pertenencias a su salida del avión.

Tardamos un momento en asimilar sus palabras. Miro a Sara, que está perpleja y ha abierto los ojos como platos. Ambas estamos demasiado asombradas como para hablar; nos sentimos demasiado humilladas como para enojarnos.

En Estambul, al menos tenemos amigos. Contacto con Rami, mi colega nadador, que lleva viviendo allí con su hermano desde que empezó el conflicto en Siria. Rami puede quedar conmigo mientras estoy aquí, pero no ayudarnos con la siguiente parte del viaje. Sin embargo, gracias a su trabajo como guía turístico, Ahmad conoce a un chico, un sirio que vive en la ciudad. Le avisa de que vamos hacia allá y juntos encuentran un lugar en el que podemos quedarnos hasta que decidamos cuál será el siguiente paso. El hombre viene a nuestro encuentro en el aeropuerto, nos lleva al piso en su coche y luego nos deja para que podamos dormir. Regresa a la mañana siguiente y nos reunimos allí para debatir sobre nuestras opciones.

Nos explica que tenemos dos posibilidades. Podemos cruzar a Europa por mar o caminando, que es la forma más barata. Tendríamos que pagar a un traficante de personas para que nos llevase al norte, a la frontera entre Turquía y Bulgaria, por carretera. Desde allí tendríamos que continuar a pie y caminar durante unos dos días hasta llegar a Bulgaria. Sin embargo, la frontera no es segura. Los búlgaros están construyendo una valla gigantesca, como la que hay en la frontera con Grecia, más al sur. Tendríamos que rodearla a través de las montañas. La policía búlgara patrulla los caminos día y noche. La gente dice que pegan a cualquiera que atrapen: mujeres, niños, inválidos... Se rumorea que rompen brazos e incluso piernas y que dejan a la gente tirada en el bosque para que vuelvan arrastrándose hasta la civilización. Si tienes suerte, según dicen las historias, tal vez solo te roben el móvil, el dinero o el pasaporte. Miro horrorizada al amigo de Ahmad mientras habla. Eso no suena nada bien.

La segunda opción es ir por mar en una embarcación clandestina que nos llevará de la costa turca a una de las islas griegas. Primero contactaremos con un traficante de personas aquí, en Estambul, que se encargará de llevarnos hasta Grecia. Nos meterán en un autobús que irá desde aquí hasta la costa, a algún lugar cercano a Esmirna. Allí aguardaremos nuestro turno para coger el barco. Ir por mar es más caro: nos costará mil quinientos dólares a cada uno.

Nuestro grupo está dividido. Ahmad no está conforme con gastar todo ese dinero para cruzar el mar. Además, teme ahogarse, como muchos otros sirios. El resto, Majed, Nabih y Muhanad, tampoco dan saltos de alegría ante esa idea. Solo Sara y yo sabemos nadar de verdad. Los demás quizá puedan mantenerse a flote unos minutos, pero no tendrían ninguna oportunidad sin un chaleco salvavidas. Y, aun así, nos han llegado historias sobre chalecos falsos rellenos de papel que arrastran a la gente hacia el fondo cuando se mojan. Hemos oído todo tipo de historias, y a todo el mundo le aterroriza el mar.

—No os ahogaréis si estamos nosotras allí —asegura Sara.

La miro.

—Lo digo en serio —insiste—. Somos nadadoras; yo soy socorrista. No os dejaremos morir.

Nabih está sentado en una esquina mirando su teléfono. Levanta la vista hacia Majed.

—Somos chicas —continúa Sara—. No podemos ir a hurtadillas por las montañas, con la policía persiguiéndonos, y esperando a que nos rompan las piernas. Sabemos nadar; vayamos por mar.

Me mira. Imagino los peores desenlaces posibles. El mar no es una piscina, incluso los nadadores mueren ahí. ¿Qué pasa si te haces daño o si por alguna razón te quedas inconsciente? Una batalla, un ataque, un accidente... Puede pasar cualquier cosa. Pero no parece haber otra opción; caminar suena horroroso, y nosotras sabemos nadar. Decido tener fe en Dios. Y en mi hermana.

Nabih y Majed asienten, y Muhanad se encoge de hombros. Finalmente, Ahmad suspira y cede.

—Está bien —acepta, aunque no suena en absoluto convencido—. Iremos en barco. Y las nadadoras nos salvarán, por supuesto.

El amigo de Ahmad se levanta del sofá. Dice que contactará con los traficantes de nuestra parte y les pedirá que nos llamen para acordar la siguiente fase del viaje. Tendremos que entregarle el dinero a un intermediario en una oficina de Estambul. Cuando lleguemos a Grecia, el intermediario nos llamará para comprobar que estamos bien. Si hemos llegado a Europa a salvo, ese hombre entregará el dinero a los traficantes.

Majed se encarga del dinero. Le cuenta a papá nuestro plan y quedan en que este último le transferirá nuestra parte, que recoge más tarde en un Western Union. Cuando vuelve al piso, abre un bolsillo que hay en el interior de su cinturón y saca un fajo de dólares estadounidenses. Los extiende sobre la mesa y empieza a separarlos en montones. Lo observo con los ojos como platos: nunca había visto tanto dinero junto. Majed vuelve a meterse el fajo de billetes en el cinturón y dice que lo guardará él hasta que llegue el momento de dárselo al intermediario. Luego nos da a cada uno un billete de quinientos euros y doscientas liras turcas.

—Es mucho dinero —nos advierte con una expresión muy seria—. Tenedlo a buen recaudo.

Me quedo mirando los billetes. Nunca había tenido tanto dinero en la mano. Sara se ríe por la nariz y ondea el billete rosa ante la cara de Majed.

—Un momento —dice mi hermana—. ¿Significa esto que es hora de salir de fiesta?

Nabih y yo nos reímos, pero Majed frunce el ceño, aunque no dice nada.

Sara y yo pasamos el día siguiente explorando el casco antiguo de Estambul. Me gusta la ciudad, con sus mercados repletos de antigüedades, la muchedumbre, su línea del horizonte plagada de cúpulas y minaretes. Me recuerda a mi hogar. Paseamos por Aksaray, un barrio al que los lugareños llaman «Pequeña Siria» porque muchos de nuestros compatriotas se han instalado allí desde que empezó la guerra.

Por la calle oímos a gente que habla árabe con acento sirio. Por encima de los escaparates, una escritura familiar anuncia restaurantes sirios y de kebab de Damasco, Alepo y Homs.

Pasamos por delante de panaderías que venden montones de pastas pegajosas espolvoreadas con verdes pistachos y tiendas de comestibles bien provistas de montones de mezcla de especias *zataar*, tarros de yerba mate y de café con cardamomo. Las paredes y las farolas están recubiertas de carteles en árabe que anuncian pisos en alquiler.

Es fácil comprender por qué tantos sirios han terminado en Turquía. En primer lugar, es la vía de escape más sencilla. En este momento, la larga frontera de tierra entre Siria y Turquía sigue abierta y los sirios no necesitamos un visado para cruzarla. Cuando la cruzo yo, ya hay dos millones de sirios viviendo en Turquía. Algunos viven en campos de refugiados temporales a lo largo de la frontera, pero la mayoría ya han iniciado una nueva vida en las ciudades. Quizá estén a salvo de la violencia que reina en nuestro hogar, pero la vida aquí es dura. Turquía solo garantiza a los sirios una protección temporal y no se les permite trabajar. Aquellos que lo hacen de manera ilegal son a menudo explotados y suelen estar mal pagados.

Muchos de mis compatriotas que viven en Turquía huyeron al principio del conflicto y pensaron que solo estarían fuera unas semanas. Cuatro años más tarde, muchos de ellos se encuentran con que deben plantearse qué hacer con su futuro. Quizá se les esté acabando el dinero, puede que no les quede nada de los ahorros que tenían. Nadie quiere depender de la caridad para siempre, sobre todo los sirios más jóvenes que sueñan con estudiar, ganar dinero y formar una familia. Buscan un futuro más prometedor en Europa y, si pueden permitírselo, se arriesgan a cruzar el mar.

Más tarde, ese mismo día, Sara y yo nos reunimos con Rami en un bar de narguiles, donde los clientes fuman tabaco de diferentes sabores en pipas de cristal. Han pasado cuatro años desde la última vez que lo vi; parece mucho mayor, y no está en tan buena forma como antes. Se sienta frente a mí en la mesa, donde las brasas del narguile, rojas y negras, brillan en el papel de aluminio que hay entre nosotros.

—Así pues, ¿sigues nadando? —le pregunto.

—Entreno con el Galatasaray —responde, soplando las cenizas y azuzando una lluvia de chispas rojas al aire—. Pero no me permiten participar en las competiciones. Son las normas. Tienes que ser turco.

Rami coge la pipa de agua, desenvuelve una punta de plástico nueva y la coloca en el extremo. Da varias caladas profundas y burbujeantes y exhala una fina nube de humo blanco.

—Entonces... ¿qué estás haciendo aquí, Rami? —pregunto—. Quiero decir... ¿Cuánto tiempo vas a seguir viviendo aquí así? —Él frunce el ceño y estudia mi expresión—. Lo digo en serio —insisto—. Aquí no hay futuro para ti. Vente a Europa con nosotras.

—No —Rami succiona la pipa y el agua burbujea todavía más. Exhala el humo, esta vez una nube, más gruesa y grande—. Aquí se está bien —responde—. Ahora hablo turco, tengo amigos y mi hermano me apoya. Puedo nadar.

Lo miro con el ceño fruncido.

—Tienes un lugar donde entrenar, sí —replico—. Pero ¿qué hay de tu sueño? ¿Cuánto tiempo vas a entrenar sin más, sin competir? ¿Adónde te llevará eso? —Él se queda mirando la mesa, escuchándome con atención—. Y, de todos modos, tú vales más —insisto—. Puedes llegar muy lejos si te lo permiten. Y en Europa te lo permitirán.

Rami se remueve en su asiento y me pasa la pipa. Succiono, las brasas resplandecen y el agua burbujea. Exhalo el humo en la cara de Sara, que levanta la vista. Estaba mirando fotos en su móvil.

—Vente a Europa con nosotras —repito—. Podemos hacerlo juntos. Podemos nadar, entrenaremos duro y volveremos a ser buenos. Podemos llegar hasta el final.

—Me lo pensaré —murmura Rami, y se acaba el resto de

su zumo—. Id vosotras. Cuando llegues, cuéntame como es. Quizá cambie de idea.

Esa misma tarde, Majed habla por teléfono con el traficante. En dos días saldrá un autobús de Estambul hacia la costa. Tenemos veinticuatro horas para decidir si lo tomamos. Mientras lo discutimos, Ahmad anuncia abruptamente que él prefiere ir hacia la frontera con Bulgaria. Le da demasiado miedo meterse en el mar en un bote inflable y dice que prefiere probar suerte caminando entre las montañas. Cuando nos levantamos a la mañana siguiente ya se ha marchado, y nunca volvemos a verlo. Mucho después, al llegar a Alemania, nos enteramos de que no le dejaron cruzar la frontera con Bulgaria y acabó de nuevo en Siria.

En ese momento no discutimos más. Ya hemos tomado la decisión. Majed llama al traficante para decirle que cinco de nosotros queremos un asiento en el autobús hacia Esmirna y un lugar en una embarcación con destino a Grecia. El hombre del teléfono nos indica que nos encontremos con él al día siguiente por la tarde en una plaza del centro de la ciudad. Dice que tendremos que llevar nuestros propios chalecos salvavidas. Es obligatorio: si no hay chaleco, no habrá autobús, ni embarcación, ni Europa.

El día señalado nos levantamos temprano. Majed nos cuenta que hay un sitio en el mercado de Malta, en Aksaray, donde venden chalecos salvavidas. Sara y yo esperamos fuera, en la calle adoquinada, mientras los hombres entran para comprarlos. Nabih es el primero en salir, sonriente, con una enorme bolsa de plástico. La abre para enseñarme su contenido. Dentro hay dos objetos verdes y voluminosos. Me sorprende ver que no son naranjas, como los de las fotografías.

—Son militares —explica Nabih.

—¿Quiere decir eso que es menos probable que sean falsos? —pregunto.

Mi primo se encoge de hombros. Muhanad es el siguiente

en salir de la tienda. Se le ilumina la cara al ver a alguien detrás de nosotros y abre los brazos para saludarlo. Me doy la vuelta y veo a un hombre con el cabello rubio oscuro y unas gafas de montura fina. El hombre abraza a Muhanad con afecto y se marchan juntos, absortos en su conversación.

—¿Quién es? —pregunto a Majed.

—Es un amigo suyo de Damasco —responde, mientras intenta arreglárselas con otras dos enormes bolsas de plástico—. Creo que lleva un tiempo aquí, en Estambul, pero que ahora quiere marcharse. Va a venir a Grecia con nosotros.

Me encojo de hombros y no hago más preguntas. Nunca sabremos mucho de ese hombre, ni siquiera su nombre verdadero. Nos reímos y lo bautizamos como Rubito a sus espaldas. Los cuatro paseamos entre la multitud mientras debatimos sobre qué más necesitaremos para cruzar a Grecia. Muhanad y Rubito nos siguen a cierta distancia.

—¿Y uno de esos para los móviles? —sugiere Nabih, mientras señala un paquete de bolsas de plástico con cierre hermético que hay entre un montón de objetos para el hogar—. ¿Para protegerlos del agua?

Majed coge el paquete y lo inspecciona. Las bolsas parecen grandes y resistentes, y podremos meter algo más que los móviles, quizá también los pasaportes y el dinero. Nos compra una a cada uno. Sara me coge del brazo y me arrastra hacia una tiendecita donde venden teléfonos y accesorios. Quiere comprar tarjetas SIM turcas para que podamos enviar fotos y mensajes a mamá. Mientras Sara observa las ofertas y regatea con el vendedor, me pregunto qué estará haciendo y si ella también estará pensando en nosotras. Me prometo que le escribiré en cuanto lleguemos al piso donde dormimos.

Una vez en nuestra habitación, Sara y yo volvemos a hacer la maleta. Majed nos da una de las bolsas herméticas a cada una y nos dice que guardemos en ella nuestros objetos de valor. Nos advierte de que deberíamos tener cada una nuestra bolsa a buen recaudo por si nos separamos. Sara cierra la puerta de nuestro cuarto y nos metemos las bolsas en el lugar más seguro que se nos ocurre: dentro del sujetador.

Esa tarde, cuando llegamos a la plaza, el sol ya acaricia las azoteas de los edificios. Nos damos cuenta de que estamos en el lugar correcto por toda la gente que hay. Están de pie o sentados en el suelo en grupos, charlando. La mayoría habla en árabe y oigo muchos acentos sirios. Hemos llegado a la hora acordada, pero no sucede nada, así que nos sentamos en el suelo con el resto, a esperar. Todo el mundo parece tranquilo. Me sorprende ver que no hay policía.

A medida que el sol se pone y las tenues nubes del cielo se tornan primero de color naranja y luego, rojo, la multitud se hace cada vez mayor. Familias enteras, con padres, hijos y abuelos, se acurrucan en el cemento bajo el atardecer. Hombres jóvenes holgazanean en grupos de dos y de tres, fumando un cigarrillo detrás de otro. Miro la hora en el móvil: ya son más de las nueve, dos horas más tarde de lo acordado, y sigue sin haber ni rastro de los traficantes. La luz desaparece con rapidez. Vuelvo a observar la multitud y detengo la mirada sobre un grupo de tres mujeres. Llevan el cabello tapado con hiyabs y lucen *abayas*, una túnica que llega hasta el suelo. Una de ellas sostiene un bebé diminuto envuelto en un chal. Están sentadas en el pavimento a unos metros de nosotras; susurran entre ellas y nos miran.

Le doy un codazo a Sara.

—Sí, ya las he visto —responde con una sonrisa—. Pobres señoras. No se pueden creer que unas chicas como nosotras vayan a ir con ellas.

Justo en ese momento, un hombre con la espalda ancha se abre paso entre el gentío. Lleva unos vaqueros y una camiseta oscura y luce una barba frondosa y negra como el azabache. Sobre su frente se balancea un par de gafas de sol de marca. Se detiene frente a nosotros con los pies separados.

Da una palmada.

—Muy bien, *yalla* —dice—. Vámonos.

La cháchara de nuestro alrededor se apaga poco a poco, hasta convertirse en un murmullo.

—*Yalla* —repite. Todo el mundo se vuelve para mirarlo y se hace el silencio—. El autobús llegará en un minuto, pero antes quiero ver los chalecos salvavidas de todo el mundo.

El hombre habla en árabe, pero tiene un acento raro. Quizá sea kurdo, probablemente del norte de Irak. Sara me sonríe y lo señala con el pulgar mientras nos ponemos de pie.

—Es un hombre grande y fuerte, ¿eh? —susurra—. Oh, ¡mira qué músculos! Menudo tiarrón.

Me río con disimulo y Sara sonríe todavía más. Levanto la vista y descubro que Tiarrón me está observando. Bajo la cabeza y miro al suelo.

—¿Qué os hace tanta gracia? —pregunta.

—Nada —responde mi hermana—. ¿Es que reírse va contra las normas, o algo así?

Tiarrón se vuelve para mirarla fijamente, repara en el moño despeinado, la sudadera con capucha, los pantalones de chándal y las deportivas. Dos hombres más jóvenes aparecen entre el gentío. Uno de ellos es alto y lleva la melena larga y negra recogida en una coleta. El otro es más bajo y luce una melena castaña y ondulada que le cae hasta los hombros. Tiene la piel más clara que los otros dos y está muy delgado. Ninguno de ellos tiene pinta de haber dormido en una cama o haber comido un plato caliente en días.

—Ya están aquí —anuncia el más bajo.

Señala por encima de su hombro con el pulgar. Tras él, una flota de seis autocares desvencijados se acerca pesadamente por la plaza. Aparcan uno tras otro junto a la multitud.

—Y este pequeñito es clavado a Mowgli, de *El libro de la selva* —me susurra mi hermana al oído.

Resoplo, intentando reprimir otra carcajada.

—Huy, hola —dice Mowgli cuando repara en nosotras por primera vez.

Tiene el mismo acento que Tiarrón.

—Huy, hola —lo imita Sara.

—¡Eh! —le digo en voz muy baja—. Para.

—¿Quéee? —replica ella en voz alta.

—¡Chis! —la reprendo—. Deja de comportarte como si estuvieras de vuelta de todo. Mira a los demás, les tienen miedo.

—Yo no tengo miedo —repone ella sin molestarse en bajar la voz.

Los traficantes están demasiado ocupados como para hacernos caso. El hombre de la coleta se dirige a las puertas de los autocares y la gente empieza a mostrarse inquieta. Hay quien ya está empujando, preparándose para coger los mejores asientos. Tiarrón y Coleta nos empujan hacia el autobús como si fuésemos ganado. Dentro está oscuro, hace calor y huele a moho, como a moqueta vieja. Todas las ventanas están cerradas y las cortinas corridas para taparlas. Metemos nuestras mochilas en los portaequipajes, encima de nuestros asientos. Se enciende el motor y todo el mundo se apresura a sentarse. Tiarrón aparece al principio del autobús.

—Muy bien, todo el mundo, móviles apagados —ordena por encima del traqueteo del motor—. De ahora en adelante, ni llamadas, ni mensajes, ni internet, ni GPS. Vendré a comprobar que no haya ninguno encendido. Y dejad las cortinas corridas.

Sara y yo apagamos los móviles. Pienso en la aplicación de rastreo que descargué, que envía una señal incluso cuando el teléfono está apagado. Me reconforta que mamá y papá puedan comprobar dónde estamos, que puedan ver cómo nos desplazamos sobre el mapa.

Se vuelve a hacer el silencio cuando el autocar emprende el camino en la oscuridad. Nuestros primos Majed y Nabih están sentados delante de nosotras, mientras que los otros,

Muhanad y Rubito, se han acomodado al otro lado del pasillo. La mayoría de los pasajeros se duerme enseguida, pero yo permanezco en silencio y me pregunto por qué situaciones habrán pasado, qué horrores los habrán obligado a recurrir a esta ruta desesperada a través del mar.

Poco después, una joven sentada detrás de nosotras empieza a charlar con su compañera de asiento en susurros, pero sin bajar demasiado la voz. La oigo decir que es sirio-libanesa, y que ha estado viviendo en Beirut antes de emigrar a Europa. Su compañera, una mujer con la cabeza cubierta con el hiyab, dice que viene de Irak y que viaja con sus dos hijos para encontrarse con su marido, que está en Alemania.

Giro el cuello para mirar al otro lado del pasillo. Un niño pequeño y una niña un poco mayor duermen en los asientos de enfrente. La mujer más joven me descubre mirándolos. Tiene el pelo muy corto y lleva ropa de estilo occidental. Me sonríe y se presenta; se llama Coco. Ojalá yo no fuese tan tímida. Se hace el silencio mientras intento pensar en algo que decir.

—¿Crees que pararemos en algún momento del camino? —pregunto al fin.

—No —susurra Coco por el espacio que hay entre los asientos—. He oído que alguien se lo preguntaba a los traficantes. Han dicho que nada de paradas, ni para ir al baño, ni para beber, ni comer, ni nada. Vamos directos hasta allí.

—Ah, vale —respondo—. Muchas gracias.

La conversación parece haber terminado, así que me doy la vuelta y me hundo en mi asiento. Me pongo la capucha y me la bajo bien. Duermo varias horas hasta que el autocar se detiene de repente y el motor se apaga. El cambio de ritmo me despierta. Los demás pasajeros se mueven, se estiran y empiezan a murmurar. Un bebé llora en algún lugar, por la parte delantera del autocar.

Sara está dormida como un tronco; su cabeza se balancea

sobre mi hombro. Veo a Nabih en el asiento de delante; está despierto. Aparta la cortina y mira al exterior; yo hago lo mismo. Quizá ya hayamos llegado, aunque no tenemos forma de saberlo. Por primera vez soy consciente del escaso control que tenemos sobre lo que está sucediendo.

Unas luces naranjas iluminan la ventana y se oye un pitido mientras un camión gigantesco cargado con un contenedor pasa muy despacio por nuestro lado, marcha atrás. Cuando está despejado, el autobús arranca, avanza un poco y se coloca junto a un camión idéntico que hay delante. Entonces mete marcha atrás y se coloca en el hueco que ha dejado el primer camión. Miro a mi izquierda. Al otro lado del pasillo, Muhanad también ha apartado su cortina. Observo cómo el primer camión se pone al mismo nivel que el del lado izquierdo del autocar. Estamos rodeados. Escondidos.

—¡Eh! ¡Corred las cortinas! —grita Tiarrón desde el principio del pasillo.

Dejo que la cortina caiga sobre la ventana y vuelvo a hundirme en mi asiento mientras intento comprender lo que acabo de ver. Oigo una serie de sonidos fuertes y metálicos que repiquetean, y luego el ruido de más vehículos que se desplazan hacia atrás y aparcan alrededor del autocar. El suelo empieza a vibrar de repente y luego oigo el grave traqueteo de un motor mucho más grande. Un poco después, siento una ligera sensación de balanceo.

¿Estaremos en un ferry? Nadie dijo nada sobre subir a ningún barco. Miro a Sara, pero sigue dormida. Alargo una mano por encima del asiento de delante y le doy un golpecito en el hombro a Nabih, que asoma por encima del respaldo.

—¿Qué está pasando? —le pregunto moviendo solo los labios.

Mi primo se encoge de hombros. En el pasillo, Tiarrón está de pie y nos mira fijamente, así que Nabih vuelve a sentarse. Veinte minutos después, el ruido del motor del ferry disminuye. Luego oímos más pitidos y ruidos de marcha atrás. Nuestro conductor arranca el motor y baja del barco despacio. Estoy demasiado nerviosa para dormir. Alrededor de una hora más tarde, el autocar vuelve a detenerse. Echo un vistazo fuera. Pinos. Debemos de haber llegado.

Tiarrón aparece de nuevo al principio del pasillo y nos dice que desde aquí tendremos que caminar. Debemos recoger nuestras propias embarcaciones del portaequipajes que hay en los bajos del autobús y seguir a los traficantes.

—No habléis, ni fuméis; no quiero luces ni ruidos —ordena Tiarrón—. Quedaos cerca y no os vayáis por ahí.

Sara se frota los ojos, se despereza y se pone de pie en el pasillo. Coge mi mochila del portaequipajes que hay sobre los asientos y me la pasa.

—¿Ha dicho que vamos directamente a las embarcaciones? —pregunta Sara—. Si es así deberíamos cambiarnos de zapatos. Ponte las chanclas. No querrás llevar estas botas tan pesadas en el bote, ¿no?

Nos cambiamos las botas por las chanclas y bajamos del autobús junto a los demás. Estamos en una serpenteante carretera de montaña. Más gente baja de los otros autocares aparcados delante y detrás de nosotras. Parece que vamos todos al mismo sitio. Majed me dice que espere mientras él y los demás se ponen a la cola del portaequipajes. Levanto la vista. En el cielo brillan cientos de estrellas, muchas más de las que nunca vi en Damasco. Una empinada cuesta nace de la carretera de mi derecha y, al otro lado, el terreno desciende abruptamente hacia un denso bosque. Entre los pinos, en el horizonte, se atisba una mancha naranja. El alba.

Cerca de mí está la mujer que lleva el pequeño bebé que vi en la plaza. Observa a la gente mientras pasan a su lado en grupos de dos y de tres. Cada pareja lleva una caja de cartón larga y rectangular. El rostro de la mujer se relaja. Un hombre con la cara en forma de corazón aparece entre la gente. Deja la caja en el suelo y luego, con cuidado, coge al bebé de los brazos de la mujer. De cerca me parece todavía más pequeño; no tendrá más de unos meses. Ondea y mueve sus bracitos, con su carita redonda y pálida todavía arrugada de dormir. Entonces abre los ojos. Son enormes, azul pálido, y brillan como dos lunas gemelas. Levanto la vista. Tiarrón también está observando.

—Tened cuidado durante el descenso —le dice en voz baja al hombre que sostiene al bebé.

Este lo mira, sorprendido. Tiarrón se aclara la garganta, mueve sus anchos hombros hacia atrás y se va caminando hacia Mowgli, que ya está guiando a una larga fila de gente hacia el bosque.

8

—Podríamos cruzar a nado —comenta Sara.

—No seas estúpida —replico.

Estamos de pie en un afloramiento rocoso bajo el abrasador sol del mediodía. A nuestros pies, el mar Egeo brilla amenazante. El sol arroja una franja cegadora de color dorado sobre el agua y tras él se erigen las formas borrosas de unas colinas verdes y marrones. La isla. Grecia. Europa. Tan cerca, tan prometedora.

—Bueno, yo sí que podría cruzar a nado —insiste Sara—. Si tuviera las aletas, claro.

—¿Cómo dices? —pregunta Mowgli, el traficante más bajito, que vuelve de hacer pis en el bosque—. ¿Puedes nadar hasta la isla?

Una sensación de pánico me oprime el pecho.

—No —respondo de inmediato—. Está de broma.

Sara se vuelve para mirarlo.

—Y si pudiéramos, ¿qué? —replica—. Habría menos gente en el bote. ¿Nos dejaríais ir sin pagar?

—Estás loca —le espeta Mowgli. Da media vuelta y se dirige hacia la sombra de los pinos, encorvado.

El calor es insoportable. Lo seguimos por la empinada ladera, zigzagueando entre los árboles hacia el campamento. El canto de las cigarras, como el zumbido de una sierra, suena en las copas de los pinos. Vamos en fila india; camino con cuidado por entre las rocas y los arbustos llenos de espinas. Miro mis pies descalzos y llenos de arañazos. Solo ha pasado una semana desde que le di a mamá un beso de despedida en Damasco. Me pregunto qué diría si supiese que estamos durmiendo a la intemperie en un bosque, sin comida, a merced de unos criminales.

Llegamos al claro donde cientos de personas aguardan sentadas a que salgan las embarcaciones. Hemos estado todo el día esperando a que los traficantes nos digan que es hora de partir. Mowgli nos guía hasta donde los otros dos, Tiarrón y Coleta, pasan el rato bajo la sombra de un pino. Junto a ellos hay otros tres hombres y un niño de unos seis años que juega con las piñas: las amontona una encima de otra y deja que rueden entre sus piernas estiradas.

—Estas dos creen que pueden cruzar a nado —anuncia Mowgli—. Dicen que son nadadoras.

Tiarrón levanta la cabeza con las cejas arqueadas y una expresión escéptica. No me sorprende. Desde aquí, hay unos diez kilómetros hasta Grecia. No creo que le preocupe nuestra seguridad, es más bien una cuestión de bravuconería. No le gusta la idea de que alguien pueda cruzar a Europa sin su ayuda. Yo también tengo mis dudas.

—Diez kilómetros es mucho para cruzar a nado —comenta uno de los tres hombres, colocando una mano sobre la cabeza del niño con gesto protector. Largas arrugas de preocupación le surcan el rostro. Echa un vistazo a Tiarrón, que nos mira y se ríe.

—Bueno, este es el trato —dice el traficante—. Yo mando un bote con vosotras y vais nadando al lado. Si sois capaces de cruzar a nado, no tendréis que pagar.

Todas las miradas están fijas en Sara.

—Está bien —accede—. Pero si lo conseguimos, todo nuestro grupo va gratis. En el bote, quiero decir. Somos cuatro más.

A Tiarrón se le congela la sonrisa en la cara. La mira fijamente, intentando adivinar si habla en serio. Al final se encoge de hombros.

—Me parece bien —accede.

Se me hace un nudo en el estómago. Agarro a Sara del brazo. ¿De verdad vamos a cruzar a nado? ¿Sin neopreno? ¿Con la ropa puesta? Diez kilómetros es mucha distancia para nadar sin aletas. Sara debe de haberse vuelto loca. Me lee la mente.

—Tendréis que conseguirnos las cosas para nadar —añade.

Tiarrón se ríe y hace un gesto con la mano. Yo suspiro aliviada. Por ahora, el tema está zanjado.

Los dos hombres más jóvenes que están sentados en el suelo no dejan de mirarnos. Tienen los mismos ojos. El mayor tiene la cara redonda y amable, con una frondosa barba y bigote. Me sonríe, mostrando una hilera de dientes blancos y perfectos.

—Me llamo Aiham —se presenta, llevándose la mano derecha al pecho—. Y este es mi hermano Basem.

—Yusra —respondo—. Y esta es mi hermana Sara.

—Juraría que te conozco —dice Aiham—. ¿No eres de Damasco?

—Bueno, yo no te conozco a ti —respondo alarmada.

Estamos muy lejos de las cafeterías de Malki. Pongo la mano sobre el brazo de Sara.

—Vamos a buscar a los demás —sugiero.

Nos abrimos paso entre la muchedumbre, que está sentada en el claro dividida en pequeños grupos. Esta parte del bosque le pertenece a Tiarrón, pero la suya es solo una de las cientos de bandas de traficantes de personas que copan este estrecho de la costa egea turca. Los traficantes se están forrando. Entre todos, cada día mandan a cientos de personas a Grecia en pequeñas barcas hinchables. Unos cientos de metros más allá, en la costa, hay otro campamento, en este caso controlado por unos traficantes afganos. Ambas bandas pactan entre ellas y hacen turnos para enviar las embarcaciones, tras esperar a que el mar esté en calma y que no haya rastro de la guardia costera turca. Tampoco es que la policía les preocupe demasiado. A veces se producen algunas detenciones, pero en esta parte de la costa hay demasiados buenos escondites y no es posible detener a los traficantes durante mucho tiempo.

Llegamos al otro lado de nuestro campamento y encontramos a Nabih y a Majed tumbados en el extremo de una gran tienda improvisada que han construido colocando mantas entre los árboles. Es lo bastante alta como para poder permanecer de pie debajo. Me dejo caer en el suelo junto a Nabih. Me muero de hambre. Lo único que he comido desde que salimos de Estambul son dos chocolatinas Snickers. Le pregunto a Majed si nos queda algo de comer, pero frunce el ceño y niega con la cabeza. Los dos jóvenes de antes, Aiham y Basem, nos han seguido. Se sientan bajo las mantas e inician una conversación con un hombre de unos veinte años con barba oscura y gruesas cejas al que acompañan dos mujeres, ambas con hiyab.

El hombre de las cejas gruesas dice que se llama Ahmad y que es sirio, de Latakia. Sonrío e imagino las palmeras y los altos hoteles que hay junto a sus playas. Ahmad señala al resto de su grupo y nos cuenta que viaja con sus dos hermanas y algunos amigos. Las mujeres sonríen con timidez y bajan la vista. Ahmad señala a un chico de mi edad y dice que es su amigo Bashar.

Nos sentamos y charlamos con ellos para matar el tiempo. Los traficantes nos aseguran que partiremos de un momento a otro, pero van pasando las horas y no sale ninguna embarcación. Intento ignorar el rugido de mi estómago. Aunque quedase chocolate, no sé si sería capaz de comerme otra barrita de Snickers derretida. El chocolate era una solución a corto plazo: la idea era que nos sintiésemos llenos sin necesidad de ir al baño, ya que no había ningún sitio adonde ir. Miro con el ceño fruncido la botella medio vacía que tengo en los pies. El agua también está a punto de acabarse.

Nabih me lee el pensamiento y se pone de pie.

—¿No hay ninguna tienda o algo así por aquí cerca? —pregunta—. También podríamos cargar los teléfonos. Voy a preguntárselo al jefe.

Se dirige hacia los traficantes y vuelve al cabo de un momento. Tiarrón le ha dicho que hay una tienda subiendo la colina y siguiendo la carretera. Nabih coge el teléfono de Majed y dice que vuelve enseguida. Durante unos instantes me pregunto si deberíamos ir con él. Miro a Sara. Se está hurgando en las uñas con la navaja de Majed.

—Puaj, Sara, ¿sabes qué pareces? —le digo.

—¿Qué? —pregunta.

—La mujer de un traficante —respondo.

—¡Cállate! —me espeta, y me da un golpe en el brazo.

Levanto la vista, pero Nabih ya ha desaparecido por el bosque.

Cuando vuelve, los árboles ya arrojan sobre el suelo las largas sombras típicas del ocaso. Tiene la cara roja y sudada y lleva tres bolsas de plástico llenas. Se sienta junto a nosotras en la tienda y yo me lanzo directa a por una de las bolsas. Saco seis tristes bocadillos envueltos en plástico y varios paquetes de palitos de sésamo. Las otras bolsas están llenas de botellas de agua.

Nabih parece exhausto. Ha tenido que caminar más de una hora para llegar a la tienda y, una vez allí, se ha encontrado con que solo era una gasolinera. La buena noticia es que ha conseguido cargar el móvil de Majed. Lo saca del bolsillo y se lo da.

—No lo pasees de esa manera —le advierte Majed, y señala a Tiarrón y a Mowgli, que están sentados en un extremo de la tienda charlando con los hermanos Aiham y Basem—. Podrían verlo.

Majed se esconde el móvil bajo el brazo y escribe un mensaje a mamá y a papá para decirles que estamos bien y que todavía seguimos en Turquía. Desenvuelvo mi bocadillo y lo olisqueo. Entre las dos rebanadas de pan húmedo hay un pedazo de queso blanco y salado y algunas rodajas chafadas de tomate. No es una maravilla, pero prefiero cualquier cosa antes que otra barrita de chocolate derretida.

Mientras mastico el primer bocado, levanto la vista y veo a la pequeña iraquí del autobús. Está de pie a menos de medio metro de mí con sus grandes ojos marrones clavados en el bocadillo que tengo en la mano. Tendrá unos nueve años, la piel oscura y un bonito rostro de expresión inocente. Lleva una *abaya* azul claro y un hiyab a juego. Ladea la cabeza y se retuerce los dedos sobre la barriga.

Le sonrío y le tiendo el bocadillo. La niña se da la vuelta y corre hacia su madre, que está sentada bajo la tienda un poco más atrás, junto a un niño tumbado con la cabeza en su regazo. La mujer me mira y sonríe. La niña sigue mirando el bocadillo. Sonrío y le tiendo uno de los paquetes de palitos de sésamo. Los coge y esboza una sonrisa nerviosa.

—Espero que no te estuviese molestando —dice la mujer.

—No, no pasa nada —respondo—. Me llamo Yusra.

—Yo soy Um Muqtada —se presenta ella. Luego señala a la niña y al niño tumbado a sus pies—. Mi hija y mi hijo.

Um Muqtada acaricia el grueso pelo negro de su hijo hacia atrás. Tiene los ojos vidriosos y la mirada perdida; no parece encontrarse bien. Lo señalo y pregunto:

—¿Está bien?

—Está enfermo —responde Um Muqtada—. Necesita ver a un médico especialista. En Europa puede conseguir un tratamiento mejor. Su padre, mi marido, está en Alemania con mi hijo pequeño.

Um Muqtada señala a Coco, la chica sirio-libanesa del autobús, que está al otro lado del claro, y a un grupo de hombres que hay cerca y me cuenta que viajan todos juntos en un grupo hacia Budapest, donde se encontrarán con el hermano de su marido, Alí, un traficante que los llevará hasta Alemania.

Todo el mundo dice que Hungría será la peor parte del viaje, después de cruzar el mar. Las fronteras están muy vigiladas y quizá tengamos que pagar a otro traficante de personas para que nos ayude a cruzar. Además, muchos húngaros temen a los musulmanes. Tendremos que tener mucho cuidado.

Oigo un gorjeo que viene desde el centro de la tienda y miro hacia allí. Es el bebé. El hombre con el rostro en forma de corazón está sentado junto a su joven esposa, que no parece mucho mayor que yo. Entre ellos descansa una cuna improvisada hecha con un flotador cubierto por un chal. Puedo ver dos piernecitas gruesas y pálidas y dos piececitos que patalean en el aire sobre el borde. La joven madre está inclinada sobre el flotador y arrulla al bebé en voz baja. Me meto el resto del bocadillo en la boca y, todavía masticando, me levanto para ver mejor y me acerco a ellos.

—¿Cuánto tiempo tiene? —pregunto.

—Cuatro meses y medio —responde el hombre.

Me observa con atención. Junto al matrimonio están las dos mujeres que nos miraban en la plaza de Estambul. Una de ellas es mayor, tendrá más de sesenta años, mientras que la otra tendrá la misma edad que la madre del bebé, unos dieciocho. A su lado hay otro hombre que reconozco vagamente del autocar. Por primera vez, me doy cuenta de que todos ellos son parte de la misma gran familia.

—Es preciosa —digo, volviéndome de nuevo hacia la bebé.

Ahora todas las mujeres me están mirando y me empiezan a arder las mejillas. Se hace un silencio incómodo. Tengo que decir algo más, así que me presento. El hombre del rostro en forma de corazón se lleva la mano al pecho y dice que se llama Zaher. Luego señala a sus compañeros y los presenta. Son su esposa, su hermana, su madre y su hermano.

—¿Y la pequeña?

—Se llama Kamar.

Kamar. «Luna». La miro de nuevo. Mueve las piernas y los pies y me mira con esos ojos enormes y claros. Kamar le queda bien. Una pequeña cuerda roja con una cartera de plástico le cuelga del cuello.

—¿Qué es eso? —pregunto, señalándola.

—Solo es información sobre quién es —responde Zaher—. Y nombres y números de teléfono de personas a quien llamar si la encuentran. —Hace una pausa—. Ya sabes, por si pasa algo.

Lucho contra la imagen repentina de esta bebé transformada en parte de una estadística, otro cuerpo sin identificar arrastrado hasta una orilla desconocida.

—No pasará nada si nosotras vamos en vuestro barco —le aseguro. Se me escapa antes de que sea consciente de lo que estoy diciendo—. Mi hermana y yo somos nadadoras.

Las mujeres se miran entre ellas y yo miro hacia Sara, que se ríe sentada junto a Bashar. Dibuja círculos en la tierra con una rama. Abandono mi intento de ser agradable y vuelvo con los demás.

Los dos hermanos, Aiham y Basem, vienen a sentarse con nosotros mientras el sol se pone con rapidez tras los árboles que bordean el claro. Están con otro hombre que lleva un diamante tatuado en la muñeca y que se presenta como Abdulah.

—Así que vosotras sois las famosas nadadoras —dice.

Lo miro a los ojos y me sonrojo.

—Sí, esas somos nosotras —responde Sara—. Podríamos ganaros a cualquiera de vosotros en una carrera.

Abdulah se echa a reír.

—Pero no en tierra.

—Ponme a prueba —lo desafía mi hermana.

Mis mejillas se vuelven a sonrojar y aparto la vista. Bajo un árbol, un poco más lejos, hay una pareja sentada. Los miro a través del crepúsculo. Están cogidos en la mano y se besan en los labios. Estoy perpleja. Bashar sigue mi mirada.

—Es mi hermano —aclara y, al ver mi expresión, añade—: y su mujer.

—Lo siento, es que... —empiezo a decir.

Él se ríe.

—Ya lo sé —dice Bashar—. Están siempre igual. Solo llevan unas semanas casados.

—Romeo y Julieta —bromea Sara—. Menuda luna de miel.

Los traficantes, Mowgli y Coleta, oyen el final de la conversación cuando aparecen bajo la luz mortecina para unirse al grupo.

—¿Estás casada? —me pregunta Coleta mientras se sienta a mi lado.

—No —respondo con firmeza, y mi rostro se ensombrece de nuevo—. Soy nadadora.

El grupo de debajo de la tienda empieza a prepararse para la noche. Me siento aliviada cuando la madre de Zaher toma el mando. Nos hace señas para que nos acerquemos y nos unamos a las demás mujeres en el centro de la tienda.

—Sí, Mama —se ríe Sara.

Yo no me río. Cuando la luz desaparece por completo, me alegro de que Mama esté aquí. Quizá nos mire con malos ojos, pero tiene mucho sentido común. Me levanto y echo un vistazo a la noche oscura que rodea la tienda. Junto al campamento afgano, en este trecho de costa debemos de ser al menos un millar de desconocidos. Me uno a Mama y a las demás mujeres, que se acuestan todas juntas. Kamar está en el centro, acostada en su flotador al lado de su madre. Um Muqtada está cerca, tumbada con sus dos hijos. Los hombres forman un círculo a nuestro alrededor.

Mama me pasa un saco de dormir. La chica libanesa, Coco, coge el otro extremo, así que decidimos compartirlo. Antes de que me meta, Sara, Majed y los demás me dan sus bolsas de plástico con sus objetos de valor. Los meto en el fondo del saco, al lado de mis pies. Sara se queda levantada con Bashar y algunos de los otros en el borde de la tienda, tapando los cigarrillos con las manos para esconder la luz. Oigo la risa de mi hermana mientras intento encontrar una postura confortable en el incómodo suelo.

Duermo mal, el terreno es duro y desigual, y está plagado de rocas y ramas. Formamos una maraña de brazos y piernas. Hemos asentado el campamento en una ligera pendiente, así que me resbalo en cuanto me quedo dormida. Cuando las primeras luces despiertan en el cielo oriental, llegan los helicópteros. Me despierta un ruido que parece un insecto gigantesco zumbando sobre nuestras cabezas. El corazón me late con fuerza, pero de algún modo, tras todos los bombardeos que vi en Siria, el peligro parece lejano y leve. Siento más curiosidad que otra cosa.

Me arrastro fuera del saco, con cuidado de no despertar a Coco. Salgo agachada de debajo de la tienda y veo un halo de luz blanca que se desliza e ilumina a través de los árboles. La manta que hace de tejado de la tienda ondea al viento. El helicóptero está justo sobre nosotros. Una voz distorsionada emite un mensaje en turco por un altavoz. Sara aparece a mi lado, frotándose la cara y protegiéndose los ojos del rayo de luz cegadora. El viento nos aplasta el pelo mientras observamos la noche junto a la tienda, indefensas y congeladas. Los altavoces vuelven a sonar, pero esta vez emiten el mensaje en árabe.

—Salid, sabemos que estáis ahí.

Miro a Sara y me pregunto si deberíamos huir. Ella tiene la mirada fija en el foco de búsqueda que barre las copas de los árboles que se erigen sobre nosotras, fascinada. Tiarrón se acerca corriendo. Parece tranquilo, pero lleva un pequeño revólver en la mano.

—¿Qué está pasando? —pregunta Sara.

—Nada, nada —responde—. No hagáis caso. Aquí mandamos nosotros. Sentaos y esperad, no tardarán en irse.

Tiene razón. Treinta segundos más tarde el viento amaina, el helicóptero se eleva y se dirige hacia el interior. El zumbido disminuye, y Sara y yo esperamos en silencio hasta que desaparece por completo. Me desperezo, bostezo, vuelvo a mi cama improvisada y me meto de nuevo en el saco de dormir. Coco se agita, rueda y retoma sus respiraciones profundas y regulares. Observo la manta que hace de techo de la tienda. Estoy muy despejada, y mi mente da vueltas sin parar hasta que la luz del día se abre paso en el campamento.

Zaher, Mama y el resto de la familia se levantan en silencio al amanecer y salen de la tienda para rezar. Yo también me levanto, pero no hay mucho que hacer. Holgazaneo por el campamento casi toda la mañana mientras intento no fantasear con el Burger King. Charlo con los chicos para distraerme y no pensar en los rugidos de mi estómago. Cuando el sol está en lo alto del cielo y la familia de Zaher está rezando por segunda vez, Coleta entra en la tienda y nos comunica que ya tienen un bote listo. Debemos decidir entre nosotros quién irá primero. Zaher se pone de pie tras rezar y levanta la mano. Miro a Mama y a la pequeña Kamar. No pueden quedarse aquí para siempre, sin comida ni cobijo. Tiene sentido; Zaher y su familia deberían ir primero.

Um Muqtada, la mujer iraquí con los dos hijos pequeños, levanta la mano después. Miro a su hijo, con la tez pálida y solemne. Parece necesitar ayuda urgente. Ojalá pudiese chasquear los dedos y llevarlo directo a los médicos de Alemania. Coleta asiente mirando a ambas familias y echa una ojeada a su alrededor, en busca de más voluntarios para la primera embarcación. Observo el claro. No hay ni rastro del resto de nuestro grupo; nuestros primos Nabih y Majed no están, ni tampoco los otros, Muhanad y Rubito. Los hermanos Basem y Aiham parecen inquietos y nos miran a Sara y a mí. Me encojo de hombros. No podemos irnos sin los demás.

Coco se pone de pie y se presta voluntaria. Abdulah, el chico del tatuaje, también se levanta, seguido por Bashar y otros tres hombres. Con ellos ya son quince. Coleta sale de la tienda y hace señas a los voluntarios para que lo sigan. Se suceden unos minutos de caos mientras el grupo recoge algunas de sus pertenencias y decide qué debe abandonar en el bosque. Cada uno de ellos deja un montón de ropa bajo los árboles y coge solo una bolsa de plástico con los objetos de valor. La esposa de Zaher envuelve a la pequeña Kamar en un chal y la sujeta contra su hombro. La familia se marcha antes de que pueda despedirme. Murmuro una oración silenciosa por la bebé.

Sara se levanta de un brinco.

—Vamos —dice—. Vayamos a verlos partir.

Subimos por el escarpado bosque hasta el afloramiento rocoso, desde donde podremos ver el mar. El coro de cigarras es ensordecedor. Llegamos empapadas en sudor, justo a tiempo para ver aparecer un bote gris repleto de pequeñas figuras desde debajo de la línea que dibujan los árboles. Una diminuta nube de humo blanco se eleva desde el extremo posterior cuando el motor se enciende traqueteando. El agua está tan quieta como un espejo. Observamos en silencio cómo el barquito se desliza por el mar bajo el implacable sol del mediodía. Entorno los ojos para protegerme del resplandor y me seco el sudor de la frente.

Es Sara quien interrumpe el silencio.

—Si algo sucede mientras estamos en alta mar, ya sabes lo que tienes que hacer, ¿verdad?

No le contesto.

—¿Yusra? Sabes lo que tienes que hacer, ¿verdad?

Observo cómo el bote dibuja una estela en el agua cristalina en su camino hacia Europa. Pienso en los ojos grandes como la luna de Kamar, en el carnet de identidad atado a su cuello.

—¿Qué quieres decir? —pregunto.

Sara se vuelve, me agarra de ambos hombros y me da la vuelta para que la mire.

—Si el bote se hunde, nada —me ordena—. ¿Me has oído? Olvídate de todos los demás y nada. Tú y yo nadaremos, ¿de acuerdo? Estaremos bien.

Tengo que entrecerrar los ojos para poder ver su expresión contra la luz cegadora. Habla en serio.

—Yusra, ¿me has oído?

Asiento, me doy la vuelta y me cobijo entre las sombras de los árboles.

9

—Malas noticias —dice Mowgli, que se ha agachado en la tienda frente a lo que queda de nuestro grupo—. Vuestro bote se ha roto.

Se me cae el alma a los pies. Hoy tampoco podremos cruzar, y eso quiere decir que pasaremos otra noche en este bosque, a la intemperie. Tendremos que esperar a que encuentren uno de repuesto, y nadie sabe decirnos cuánto tardarán. Tal vez mañana; tal vez el día después. Me ruge el estómago en señal de protesta. Ya llevamos aquí dos días.

—Pero nos estamos muriendo de hambre —se queja Muhanad—. No nos podéis tener aquí eternamente, hay mujeres y niños. O nos lleváis mañana o volvemos a Estambul. No nos sacaréis ni un céntimo más.

Se oyen murmullos de aprobación entre la gente que queda en la tienda. Una mujer iraquí que no había visto antes se une al grupo mientras discutimos. Lleva un bebé en brazos y la siguen sus otros dos hijos, una niña y un niño pequeños. El grupo deja de murmurar cuando Tiarrón aparece bajo la manta.

—Partiréis mañana —afirma con decisión—. Conseguiremos una embarcación y todos podréis iros mañana.

Miro a mi alrededor. Esta misma tarde han salido más botes y el campamento está casi vacío, pero todavía quedamos más de veinte personas. No puede pretender que vayamos todos en el mismo. Tiarrón hace un gesto con la mano y se aleja. Mowgli nos mira a Sara y a mí, se da la vuelta y desaparece en el bosque de pinos. Vuelve media hora más tarde con una larga bolsa de lona.

—Un palacio para las princesas —anuncia con una sonrisa, y tira la tienda de campaña al suelo frente a mis pies—. Para ti, *habibti*.

El niño y el hombre mayor que vi sentados junto a Tiarrón el primer día se acercan para inspeccionarla. El padre del chico, que se presenta como Idris, nos ayuda a montarla al lado de la tienda improvisada con la manta y los árboles. Su hijo, Mustafá, nos observa con sus grandes y serios ojos. Esa noche me acuesto en la tienda junto a mi hermana y me quedo mirando el techo de lona. Mi mente viaja de vuelta a Damasco, al bullicio del casco viejo. Imagino a mamá y a Shahed comprando víveres en el mercado y me duermo deseando estar con ellas.

A la mañana siguiente me levanto en cuanto despuntan las primeras luces. Paseo por el campamento; me ruge el estómago. Subo yo sola hasta las rocas; quiero ver el mar. La neblina de la mañana se disipa, revelando las colinas verdes y marrones de la isla. Parece estar más cerca que nunca. Me siento como si pudiera alargar una mano y tocarla.

Regreso al campamento justo a tiempo para ver a Tiarrón dando tumbos, agarrándose el brazo. Está sangrando. Aiham le da una camiseta para que la use como venda. El traficante nos cuenta que se han peleado con los afganos que están en la misma costa. Cree que fueron ellos quienes rajaron nuestro bote. Los miembros de la otra banda están furiosos; dicen que el grupo de Tiarrón se ha saltado las reglas al mandar demasiadas embarcaciones al mismo tiempo.

Mowgli entra corriendo en el campamento y le hace señas a su jefe. Este le devuelve a Aiham la camiseta ensangrentada y sigue a Mowgli por el camino que lleva a la costa. Tiarrón, Mowgli y Coleta regresan a mediodía. Están colorados y sudan bajo el sol abrasador.

—*Yalla* —vocea Tiarrón, de pie con las piernas separadas. Da una palmada, igual que hizo en aquella plaza en Estambul—. Es hora de irse. Todos vosotros venís conmigo ahora mismo. Poneos los chalecos salvavidas. Y espabilad, no tenemos mucho tiempo.

Una ráfaga de miedo y emoción se instala en mi estómago vacío. Ya está, nos vamos. Me pongo de pie y vuelvo a la tienda de campaña a recoger nuestras cosas. Cuando llego, Sara ya está saliendo cargada con nuestras mochilas. Se agacha para volver a entrar y me lanza la bolsa con los chalecos salvavidas.

—¡Dejadlo todo aquí! —me grita Mowgli—. No hay sitio para mochilas.

Sara se encoge de hombros, las deja ahí y se da la vuelta para seguir a Mowgli. Salimos del campamento por la izquierda y bajamos por un escarpado camino de piedras hacia la orilla. Solo tengo lo que llevo puesto y la bolsa con los objetos de valor. Me coloco el chaleco caqui y me miro las botas. No tengo tiempo de cambiarme para ponerme las chanclas. Me deslizo cuesta abajo detrás de Sara y Mowgli hasta una pequeña cala de piedras escondida de la vista por ambos lados gracias a unas altas rocas.

Uno a uno, el grupo baja por el camino hacia la playa. Idris aparece con su hijo Mustafá a hombros. Luego llega la mujer iraquí con su bebé en brazos, seguida por su hija y su hijo, que van cogidos de la mano. Tras ella aparece una mujer somalí que no había visto antes. Después, los hermanos, Basem y Aiham, seguidos por dos afganos, dos chicos iraquís y cinco hombres sudaneses que no conozco. El resto de nuestro grupo, Muhanad, Nabih, Rubito y Majed, van a la retaguardia. Los cuento a medida que llegan. Somos veinticuatro, incluidas Sara y yo.

Tiarrón no está, pero Coleta nos espera con los pantalones arremangados, de pie en las aguas verdes, que le llegan hasta las rodillas. Se detiene y se agarra a un bote inflable de color gris que sube y baja en el agua a su espalda. De cerca, tiene un tamaño ridículo. Tendrá unos cuatro metros de largo y parece un juguete para turistas. Los bordes están hechos de un grueso tubo hinchable que se une en la proa, con una cuerdecita que lo rodea por encima. No hay asientos en medio, solo un fondo llano. La popa está formada por una barrera de plástico que llega a la altura de las rodillas. Encima hay un pequeño motor fueraborda blanco, de los que funcionan con una cuerda de arranque. No hay tiempo de preguntarse cómo vamos a caber todos.

—Vamos, vamos —nos apremia Coleta, moviendo el brazo izquierdo—. Subid.

Mowgli empuja a Aiham por la parte baja de la espalda y lo manda tambaleándose hacia el bote. Todo el mundo intenta subir a la vez y se desencadena una avalancha. Mowgli nos conduce a nosotras, a las demás mujeres y a los niños hacia la parte delantera de la embarcación, y aparta a uno de los chicos sudaneses de un golpe. Sara coge a la niña en brazos mientras la madre iraquí intenta subir con el bebé.

El bote da violentos bandazos y Coleta trata de estabilizarlo. Me apoyo en la proa, en el lugar donde se unen los dos lados del tubo hinchable, e intento hacerme lo más pequeña posible. Está demasiado lleno, y se hunde tanto que el agua está a punto de sobrepasar el borde. Si apretara el tubo, entraría y lo inundaría.

—Que todo el mundo se quede tan quieto como pueda —nos pide Muhanad desde la parte de atrás, donde está sentado y encorvado.

Coleta y Mowgli empujan el bote hasta que el agua les llega a los hombros. Entonces Mowgli se impulsa para subir, hunde uno de los lados y el agua del mar salpica el suelo.

—¡Cuidado! —le advierte Muhanad mientras el bote se balancea. La proa en forma de cuña se hunde detrás de mí y el agua me empapa la parte trasera de los vaqueros.

Miro a los niños. Esto no está bien; no cabemos todos. Mowgli planta los pies en los espacios diminutos que quedan entre la maraña de piernas en la parte trasera y tira de la cuerda del motor. No sucede nada. Al tercer intento, el motor arranca y traquetea, soltando una pequeña nube de humo blanco, y nos alejamos poco a poco de la orilla. Unos segundos más tarde, el rugido de un motor mucho más grande resuena detrás de nosotros. Por encima de mi hombro veo aparecer una lancha motora blanca.

—¡Eh! —grita Mowgli, y detiene el motor—. Vale, todos fuera, ¡ahora mismo!

En el mar, la lancha motora ralentiza la velocidad y se da la vuelta dibujando un círculo para colocarse de cara a nosotros. Distingo una franja roja en la proa y unas letras negras en un lado. Es la guardia costera turca. La lancha aguarda, nos bloquea el camino e impide que nos marchemos. Coleta grita algo desde la orilla y viene hacia nosotros chapoteando. Bajo de la proa y ayudo a los demás a arrastrar el bote. La mayoría de los pasajeros siguen a bordo. Poco después nos llega un mensaje desde la lancha motora a través de un altavoz.

—¡Mis hijos no saben nadar! —grita la mujer iraquí desde el bote.

Sara se impulsa dentro de la embarcación, coge en brazos a la hija de la mujer y la lleva a tierra firme. El niño lloriquea mientras Sara vuelve al agua a buscarlo.

Cuando intento dar el siguiente paso, siento un tirón en la pierna derecha. No la puedo mover. Tiro, pero no consigo sacarla: está atrapada entre dos grandes rocas en el fondo. Ahora, los hombres están bajando del bote y pasan junto a mí a toda prisa, empujándome por ambos lados mientras se apresuran para lograr volver a la orilla.

—¡Eh, cuidado! —grito—. ¡Estoy atrapada! ¡Ayuda!

Nadie me oye, todos son presa del pánico. Mi pie no se mueve. Alguien me empuja por la espalda y me caigo hacia adelante. Extiendo las manos para detener el golpe y me doy contra el suelo; me araño las palmas en un lecho de piedras afiladas. Al caer, sumerjo la cabeza y los hombros en el agua del mar y la sal me sube por la nariz. Siento un pinchazo de dolor en el pie, que se ha retorcido con la caída. Me enderezo y abro la boca para respirar.

Mowgli y Coleta ya están sacando el bote del agua. Tras ellos, veo cómo los demás desaparecen en el bosque. Levanto la vista y veo a Sara, que lleva a la niña cargada a la espalda y arrastra al niño lloroso de la mano. Se mete entre los pinos.

—¡Eh, espera! —grito entre jadeos.

Respiro de forma entrecortada. Tiro de mi pie con ambas manos, pero no se mueve ni un centímetro. Mi hermana sigue adelante sin mirar atrás.

—¡Sara! ¡Espérame!

Los traficantes son los últimos en subir la pendiente pedregosa, con la embarcación a cuestas. En pocos segundos, la pequeña cala se queda desierta. Estoy sola. Detrás de mí, en aguas abiertas, la lancha de la guardia costera revoluciona el motor. Sollozando, presa del pánico, meto las manos bajo el agua y me peleo con los cordones de mi bota derecha. Deshago el nudo, la sostengo con ambas manos e intento subir la pierna con todas mis fuerzas. Apenas se mueve.

—Vamos, vamos, por favor —gimo. Agarro la bota por el talón y tiro del pie.

Por fin se suelta. Soy libre. Jadeo y sollozo, abandono mi bota derecha y corro chapoteando hasta la orilla, renqueando sobre las piedras afiladas con el calcetín mojado. Subo hacia el bosque y salto por el camino hacia el campamento. Sara me está esperando en el borde del claro. Tropiezo al entrar, jadeante y llorosa, me dejo caer al suelo, me abrazo las rodillas contra el pecho y apoyo la frente en los antebrazos. Estoy hiperventilando.

—¿Yusra? —Sara se arrodilla delante de mí—. ¿Qué ha pasado? ¿Qué tienes?

Estoy demasiado asustada para responder. A poca distancia, oigo a la mujer iraquí gritando a los demás.

—¡Habéis abandonado a mis hijos! ¡Se habrían ahogado! —chilla—. No pienso volver a ese bote. Sois todos unos asesinos. ¡No me toquéis!

Intento aislarme y me concentro en mi respiración. Cuando consigo volver a hablar, la mujer y sus hijos ya no están. No la culpo. La tensión es casi insoportable; todo el mundo está al límite, a punto de perder la paciencia. Todos queremos abandonar el campamento, pero ahora ya hemos visto el bote inflable. Hemos oído cómo fallaba el motor y sabemos lo mucho que se hunde en el agua.

Durante la tarde, el ambiente es tenso y lúgubre. Majed se pasea arriba y abajo, inquieto. Está impaciente por marcharse. O subimos al bote o volvemos a Estambul. Es evidente que no podemos pasar otra noche aquí. En ese momento Tiarrón cruza el claro a grandes zancadas, con aspecto agitado. Dice que podremos marcharnos cuando la guardia costera se haya ido.

Me quito la bota inservible y la tiro a los arbustos. La ropa se me seca deprisa gracias al calor de la tarde. Sara extiende algunas de nuestras prendas en el suelo y me tumbo sobre ellas. Se levanta el viento, que susurra apaciblemente entre las copas de los pinos, tranquilizando mi agitado estómago. Me duermo.

—Venga, ¡vamos! ¡Vamos! —oigo gritar a Tiarrón.

Abro los ojos y me siento de golpe. El traficante entra corriendo al claro y nos ordena que nos pongamos los chalecos salvavidas. De pie junto a mí veo a Majed, que está pálido.

Despacio y con decisión, saca su móvil de la bolsa de plástico y escribe algo, lo apaga y lo guarda. Mete un brazo en su chaleco salvavidas y baja la vista para mirarme. Miro a mi alrededor, desconcertada.

—¿Qué hora es? —pregunto.

—Alrededor de las seis. Vamos, Yusra, levántate —me anima mientras se pasa las cuerdas alrededor de la cintura—. Acabo de avisar a tus padres de que estamos en camino.

Saco mis chanclas y el chaleco salvavidas. Esta vez, los traficantes no consiguen que nos demos prisa. Bajamos a la playa pesadamente y en silencio. El viento sopla con fuerza, me suelta mechones de pelo del moño y los azota alrededor de mi cara. Pienso en mamá, en papá y en Shahed. Me pregunto dónde se encontrarán, con quién estarán, qué harán. Me pregunto si alguna vez volveré a verlos.

Llegamos al lugar en el que se acaban los árboles, donde el camino desciende hasta la playa. La imagen del océano hace que me detenga en seco. En la cala, el agua verde se mueve con violencia y rompe contra las rocas. Más allá se encuentra el mar abierto y oscuro, salpicado de las hileras blancas que forman las afiladas crestas de las olas.

Coleta está de pie dentro del agua, como antes, solo que esta vez le llega hasta la cintura. Sin embargo, ahora debe prepararse cada pocos segundos para enfrentarse a una nueva ola, y la crecida del mar azota el barquito que hay tras él. El viento me echa el pelo hacia atrás y me aplasta los vaqueros contra las piernas. Se oye un crujido cuando subimos a bordo. El bote cabecea de forma precaria.

Coleta y Mowgli tiran de la embarcación hacia dentro, donde las olas ya no rompen. Sin el peso de la mujer iraquí y sus hijos se hunde menos en el mar. Mowgli se impulsa para subirse y tira de la cuerda del motor cuatro o cinco veces antes de que empiece a traquetear y arranque. La proa se eleva y nos alejamos de la cala dando tumbos.

Mowgli le hace señas a uno de los afganos, que está sentado cerca de él en la parte trasera. Se inclinan juntos sobre el motor durante alrededor de un minuto. Luego, sin decir una palabra, Mowgli pasa las piernas por el borde del bote y se lanza al agua. Se aleja a través de las olas hacia la orilla, nadando torpemente a crol. Lo observo boquiabierta. Nadie nos ha avisado de que uno de nosotros tendría que conducir el bote. Le doy a Sara un golpecito en el hombro y ella se vuelve hacia mí. Señalo al lugar donde Mowgli estaba de pie unos segundos antes.

—¿No viene con nosotros?

Ella se encoge de hombros y niega con la cabeza.

Sin el cobijo de la cala, las olas que nos acechan se tornan más grandes y oscuras. Marchan hacia nosotros y reflejan el brillo metálico del sol. El bote golpea la primera de frente, surfea sobre la cresta y cae de nuevo hacia el fondo. Una barrera de agua fría y salada me empapa la espalda; pasa por encima de mí y cae al suelo del bote, donde se desliza cuando este se levanta de nuevo para trepar la siguiente ola. Caemos tras pasar la cresta una vez más y el mar inunda la embarcación, pasa sobre la proa y me golpea de nuevo en la espalda.

Me aparto el pelo de la frente y me quito las gafas para no perderlas en el oleaje. Veo sin ellas, aunque los detalles quedan algo más borrosos. No contaba con esto. Estamos en un bote y estoy empapada. El afgano subestima la siguiente ola y nos golpea de lado, arrojándonos hacia la derecha mientras la cresta nos pasa por debajo. Es entonces cuando empiezan los primeros rezos.

—¡*Ya Allah*! —clama Idris—. No hay más Dios que Alá.

Repito la oración en silencio, solo con los labios, mientras descendemos otra ola. El agua espumosa se eleva y me golpea en la espalda y el brazo. Se levanta viento y tirito de frío.

—Alá es grande, a él la Gloria y la alabanza —reza Muhanad.

Los demás se unen a él y repiten la oración una y otra vez mientras nos elevamos hacia la siguiente ola. Los pasajeros corean las palabras al unísono por encima del traqueteo del motor, pronunciando las conocidas frases, mientras el afgano se enfrenta a las olas una a una. Mustafá mira a su alrededor y sonríe, feliz, mientras los adultos rezan por sus vidas.

—*Astagh-Ferulah* —murmuro, mirándolo—. Perdóname, Alá. Oh, Dios, ayúdanos, por favor.

Cuando llevamos quince minutos en mar abierto, el motor se atasca y deja de funcionar. Nuestra velocidad disminuye y la proa del bote se hunde en el agua. Los rezos se acallan y todo el mundo se queda mudo. Todos los ojos están sobre el afgano, que tira de la cuerda. Escuchamos con toda nuestra atención, el bote gira, sube y baja, pero el motor sigue en silencio.

Una enorme ola se levanta desde atrás y el bote se sube en ella del revés. Nabih se agarra de la cuerda que hay al lado del bote, y yo lo imito. Trepamos por la cresta de la ola y nos estrellamos contra el mar. El bote gira y gira mientras una lengua de agua blanca golpea la espalda del afgano. Un charco profundo me lame los pies desde el suelo del bote. El pánico aumenta y los rezos se vuelven a oír, más altos que nunca.

—Arrojad por la borda todo lo que podáis—ordena Muhanad, que se ha puesto de pie y se sujeta al tubo hinchable.

Arrojamos las mochilas y los zapatos al mar. Intentamos achicar agua con las manos, pero no sirve de nada. Cada vez que nos hundimos detrás de una ola entra más y más agua. Damos vueltas y chocamos de lado contra las olas, que amenazan con volcar el bote. Sin el motor, no cabe duda de que vamos a naufragar. Observo horrorizada la espuma blanca y burbujeante que hay bajo la embarcación. Los demás no sobrevivirán si nos arroja contra estas olas.

—Tenemos que hacer algo —dice Muhanad por encima de los rezos.

Mira a su alrededor como un loco, y entonces su expresión se endurece. Ya ha tomado una decisión.

—No hay poder ni fuerza, salvo en Alá —sentencia.

Se agacha para coger la cuerda que recorre los lados del bote. Pasa una pierna por encima del tubo y se sube a horcajadas, y luego se inclina hacia delante y desliza su otra pierna en el agua. Sin soltar la cuerda, desciende hasta que está metido hasta el pecho en las olas salvajes. Tiene los ojos muy abiertos y está muy pálido. Lo observo con admiración. Este hombre no sabe nadar. Bajo la vista hacia el agua que hay detrás de mí. Sin el peso de Muhanad, la embarcación se ha elevado un poco.

Sara se pone de pie con esfuerzo. Le da su bolsa de plástico con sus objetos de valor a la mujer somalí y se da la vuelta para mirar el mar.

—De Alá somos y a Él hemos de volver —dice mi hermana. Se agarra de la cuerda del lado contrario del bote, se sube al tubo y desaparece en el agua. Yo la observo boquiabierta.

Con Sara en el agua, la embarcación se hunde todavía menos. La idea de Muhanad funciona, pero el bote necesita elevarse más. Observo cómo el afgano tira de la cuerda del motor y escucho los rezos desesperados.

El corazón me late con fuerza. Soy nadadora. No me voy a quedar aquí de brazos cruzados, llorando como un bebé. Tengo que ayudar. Si algo les pasara a estas personas no me lo perdonaría jamás. Miro las caras que hay a mi alrededor. Mustafá todavía me sonríe, como si todo esto fuese un juego fantástico. Nabih está pálido y tembloroso, y Majed parece a punto de vomitar. La mujer somalí me observa con cautela.

Me levanto y lanzo mis gafas al regazo de Majed. Me agarro de la cuerda y contemplo la crecida del mar. Siento que el terror se adueña de mí durante un segundo y vacilo. Nunca he estado en una masa de agua como esta. Me inclino hacia el lado y observo a Sara. Mientras patalea para mantenerse a flote, observa fijamente cómo se levanta una ola. Se vuelve hacia mí.

—¡Que ni se te ocurra, Yusra! —grita—. ¡Quédate en el bote!

Frunzo el ceño y niego con la cabeza.

—¿Me has oído? —grita ella—. ¡Te lo digo en serio! ¡Siéntate en el maldito bote!

Me agarro a la cuerda, paso las piernas sobre el tubo y me deslizo entre las olas.

10

La voz de Sara se alza sobre los rezos desesperados.

—¡Yusra! Pero ¿qué narices haces?

La ignoro. La marea sube y baja y el incómodo chaleco salvavidas se me pega a las orejas. Ahora que estoy dentro, noto que el agua está más caliente de lo que imaginaba, al menos cerca de la superficie. Me enrollo la cuerda con fuerza a una de las muñecas y la sujeto entre los dedos.

—¡Yusra! —vuelve a gritar—. ¡Súbete al bote!

—¡No! —respondo—. Yo también sé nadar. ¿Por qué no me voy a meter en el agua?

—Pero ¿sin tus gafas? —pregunta Sara—. Podrías marearte y desmayarte. Ya sabes que no lo puedes controlar, y si pasa, ¿qué? Soltarías la cuerda y...

La interrumpo.

—Si tan peligroso es, ¿qué haces tú en el agua? —grito—. ¡No exageres! Soy nadadora y puedo hacerlo.

La miro con gesto desafiante. No me pienso ir a ningún sitio. El afgano sigue tirando de la cuerda del motor. Cada vez que tira unas cuantas veces el motor resopla, pero no acaba de arrancar. Esto es un mal sueño, una verdadera pesadilla. Y las pesadillas tienen que acabar en algún momento. Me agarro a la cuerda con más fuerza.

Atisbo la isla entre las olas, las colinas verdes borrosas moteadas de piedras grises. Está muy cerca, pero podríamos morir fácilmente sin perderla de vista. Quizá esté a una media hora. Solo tengo que aguantar media hora. Seguir con vida. Mantener la calma. Sara está conmigo. Los demás no saben nadar. Nosotras podemos salvarlos.

El frágil bote sube y baja, da vueltas a la deriva. El afgano tira de la cuerda, pero el motor ya ni siquiera resopla. Uno de los sudaneses se mete en el agua junto a Muhanad. Funciona. Sin nosotros, el bote está menos hundido, pero sin el motor, el timón no tiene nada que hacer contra las olas, que hacen girar la embarcación como si fuese un juguete en una bañera.

Se levanta otra ola y el agua oscura cae sobre nosotros. Damos una vuelta completa y de pronto estamos en dirección hacia donde hemos venido. Si la próxima ola nos golpea desde el ángulo equivocado, podría hacernos volcar con facilidad.

—¡Dadle la vuelta! —grita Muhanad.

Hasta ese momento nos hemos limitado a mantenernos a flote, pero ahora empezamos a patalear, empujando la proa hacia la izquierda, de cara a la isla. El bote golpea la cresta de la ola y se sube encima de ella, desplomándose contra el valle que hay detrás.

La piscina no es el mar. En la piscina, el agua es limitada, mansa, cognoscible. Hay paredes a los lados, hay un fondo. Nadar en estas condiciones es como carecer de memoria muscular, como si fuese la primera vez que nado en mi vida.

Pataleamos, tiramos y empujamos, pero no sirve de nada. Somos nadadoras, pero con estas olas no es posible mover la embarcación con unas simples brazadas. Sin el motor no podemos avanzar.

Me concentro en lo que sí podemos hacer. Podemos quedarnos sumergidas en el agua, hacer que la embarcación pese menos, levantarla más por encima de las olas. Podemos ser un apoyo para el bote desde fuera, darle la vuelta para encajar las olas de cara y evitar así que vuelque. Y podemos asegurarnos de que apunte a la dirección correcta: hacia la isla. Podemos cabalgar las olas, cerciorarnos de que nos arrastren hacia nuestro destino. Sara y yo tiramos del bote ayudándonos de brazos y piernas, pero no sirve de nada. Por mucho que lo intentemos, no conseguimos moverlo. Quizá nuestros esfuerzos nos acerquen a la isla, pero no más de unos pocos metros.

Aiham y Basem están sentados en el borde del bote, justo sobre nosotras. Ambos nos miran con admiración.

—Oye, Aiham —le dice Sara después de unos veinte minutos—. ¿Puedes hacer algo con mis pantalones de chándal? —le pregunta—. Se me caen todo el rato.

—Tengo una navaja —responde él—. Podemos cortarlos. Acércame la pierna.

Sara se da la vuelta y se coloca de cara al mar. Saca la pierna derecha del agua. Se le han caído los pantalones hasta las caderas y se le ven las bragas. Pese a todo, Basem y yo no podemos evitar reírnos. Ella también se ríe. Alargo la mano que tengo libre y le subo la cintura de los pantalones para ahorrarle la vergüenza.

Aiham le coge la pierna por debajo de la rodilla con ambas manos y la sube hasta que se puede apoyar la pantorrilla de mi hermana en el muslo. En el bote, los demás estiran el cuello para ver. Detrás de Aiham se levantan los dos iraquís y uno de los sudaneses, navaja en mano, dispuestos a ayudar.

—Uf —advierte Aiham—. Cuidado. Tened cuidado con el bote. Y ahí dentro hay una pierna, no lo olvidéis.

Les hace un gesto para que se aparten y empieza a cortar la tela empapada en un círculo irregular justo por encima de la rodilla. Sara cambia de pierna y él repite la operación con la otra. Los dos lados están desigualados y hechos jirones, pero los pantalones pesan menos y la goma le aguanta en la cintura.

—¿Mejor? —pregunta Aiham.

—Mejor —responde Sara, y recupera su posición inicial.

Aiham mira su móvil. Tiene cobertura. Basem se mete la mano en el bolsillo y le pasa un pedazo de papel. El primero teclea el número de la guardia costera griega y se lleva el teléfono a la oreja. Espera. Las oraciones que se oían en el bote se han apagado: todo el mundo escucha.

—¡Nos estamos hundiendo! —grita en inglés al teléfono—. Somos veinte personas. También mujeres y niños, un niño muy pequeño. El motor está roto y el bote se hunde.

Se hace un silencio mientras Aiham escucha la respuesta de su interlocutor.

—¡No, no lo entiende! —exclama—. No podemos volver, el motor está roto. Nos vamos a morir. Por favor, tienen que salvarnos.

Se aparta el móvil de la oreja y se queda mirando la pantalla con una expresión de incredulidad. Empieza a teclear frenéticamente más números en el teléfono, pero no consigue contactar con nadie más.

—Los griegos solo nos han dicho que demos la vuelta. No consigo comunicarme con la guardia costera turca.

Ninguno tenemos el número de Tiarrón, Mowgli o Coleta, así que Aiham llama al intermediario de Estambul. El hombre le dice que no hay nada que pueda hacer. Finalmente, llama a sus padres.

—¿Papá? —dice—. No te asustes. Necesito tu ayuda. Estamos en medio del mar y nuestro bote se ha roto. ¿Puedes publicar en ese grupo de Facebook para emergencias marítimas? Ahora te mando nuestra ubicación.

Pienso en mamá e intento contener las lágrimas. ¿Qué hará si ve esa publicación en Facebook? ¿Pensará que hemos muerto? ¿O esperará que nademos, que salvemos a los demás?

—Nosotros también os queremos —se despide Aiham—. Ahora tengo que colgar, para ahorrar batería.

Cuelga y se guarda el teléfono. Nadie habla mientras las olas golpean contra el bote. El afgano tira de la cuerda, pero el motor sigue sin funcionar. Los pasajeros están débiles, tienen hambre y miedo. Empiezan de nuevo a rezar; todos corean las oraciones al unísono.

Yo lucho contra las olas. Cada vez que se alzan, una cresta de agua me empuja la cabeza contra el bote. El agua salada se me mete en los ojos, la nariz y la boca. Cada vez que una ola sube y baja, los vaqueros tiran de mí hacia el fondo, el chaleco salvavidas se levanta alrededor de mis orejas y el material áspero me araña el cuello.

Muhanad grita desde el otro lado del bote que ha tenido suficiente. Le toca a otro meterse en el mar. Idris se inclina por la borda y ayuda a Muhanad y al hombre sudanés a salir del agua. Cuando caen dentro del bote, este se balancea de forma amenazadora. Muhanad se pone de pie, mira a su alrededor y señala a Nabih y Majed.

—Es vuestro turno —dice.

Majed se pone de pie y mira al mar, intranquilo.

—Pero yo no sé nadar —protesta.

—No hay tiempo de discutir —insiste el primero—. Yo tampoco sé nadar. Agárrate a la cuerda y ya está.

—No veo nada sin gafas —repone Majed—. Me moriré.

—Sí, bueno, la situación es la que es —contesta Muhanad—. Probablemente sea lo peor que puede pasar. Pero entonces se habrá terminado todo y no habrá nada de qué preocuparse, ¿no te parece?

Majed se cruza de brazos y niega con la cabeza. Con el peso extra, la embarcación se hunde más en el agua. Cada ola nos hace girar unos noventa grados. La proa coge la siguiente gran ola de cabeza y la cabalga por encima de la cresta. Se abalanza contra el valle y un montón de agua se cuela en el bote. Los pasajeros, presas del pánico, intentan sacarla con las manos.

—¡Estamos mirando en la dirección equivocada! —grita

Sara. Pataleamos y giramos la proa hasta ponerla de nuevo de cara la isla.

Nabih se levanta, mira por la borda y respira hondo. Se sube al tubo a horcajadas y desaparece en el agua. Majed también se levanta, pero parece a punto de vomitar. Aprieta los labios y se sumerge junto a Nabih. Diez minutos después dicen que quieren salir, y Rubito los ayuda a subir. Muhanad busca otro voluntario entre los desesperados pasajeros. Aiham y Basem se miran, y este último se pone de pie.

—Iré yo —se ofrece—. Peso más.

Basem se mete en el mar entre Sara y yo. Se agarra a la cuerda con fuerza con ambas manos, pálido y con los ojos muy abiertos.

—Agárrate bien —le dice Sara—. No te va a pasar nada.

Él se obliga a reírse.

—Si tú puedes hacerlo, yo también —responde, y le lanza un beso al aire.

Sin soltarme de la cuerda, me desplazo hasta el otro lado del bote para equilibrarlo. Idris se sumerge entre las olas a mi lado. El rostro de Mustafá aparece sobre nosotros, en el espacio vacío donde antes iba sentado su padre. Me mira con sus grandes y solemnes ojos. Me señala primero a mí, luego a su padre y luego a la fila de adultos encorvados que rezan en el bote. Ellos lo ignoran.

Mustafá nos mira de nuevo, da una palmada y grita. El rostro se le ilumina con una sonrisa. Le saco la lengua, pero acabo tragando un poco de agua salada. Arrugo el gesto, asqueada. El niño vuelve a aplaudir y se ríe. Me pongo bizca e hincho las mejillas. Él me señala de nuevo y grita alborozado.

El afgano sigue tirando de la cuerda. Vuelvo a mirar hacia la isla y lucho contra el pozo de desesperación que me envuelve. Parece estar más lejos que nunca. El motor no funciona y vamos a la deriva; no podemos hacer mucho más que aguantar y esperar. Cuando las olas nos hacen girar una vez más, entre los cuatro reconducimos la embarcación inflable en dirección a la isla.

Los rezos son cada vez más altos. El bote cabalga otra ola gigantesca y vira noventa grados hacia la derecha, mientras un chorro de agua salpica y se cuela dentro. Pataleamos y lo guiamos para encarar bien la siguiente ola. La cuerda me corta y me quema las palmas de las manos con el roce, así que me la envuelvo en sentido diagonal en las muñecas. Tengo las puntas de los dedos blancas y arrugadas.

El sol desciende en el cielo, se mueve despacio hacia la isla. La inclinación de los rayos cae directamente sobre mis ojos y me ciegan. Calculo que llevamos una hora y media en el agua. Una hora y media para cruzar diez kilómetros de mar. Quizá estaríamos llegando ahora si el motor no se hubiese estropeado. Desde el bote se oye un sonido agudo, alto y estridente. Mustafá ha encontrado el silbato de emergencias del bote y está soplando con todas sus fuerzas. Idris lo llama desde el agua.

—¡Para, Mustafá! —su voz suena débil y exhausta.

Muhanad se inclina hacia el niño con la mano tendida.

—Dámelo —le ordena.

—No —responde Mustafá.

El niño chilla entre risas, agarra el silbato con ambas manos y se lo lleva a la barriga. Muhanad se pone de pie y coge a Mustafá de los hombros, pero este se retuerce y se libera. El hombre se encoge de hombros y se sienta. El niño sonríe y sopla el silbato con aire triunfal. Todo el mundo hace una mueca al oír el estridente sonido, pero nadie tiene fuerzas para detenerle. El pequeño no se da cuenta del peligro que le rodea. Que juegue, que se divierta.

Un grito colectivo se oye desde el bote. El afgano está alterado, grita en farsi y señala algo detrás de mí. Giro el cuello y veo otro bote inflable que se desliza a través de las olas, a unos treinta metros de distancia.

—¡Ayuda! ¡Esperad! ¡Aquí! —me uno a los gritos, liberando una de mis muñecas de la cuerda. Levanto el brazo y lo muevo de un lado a otro en un amplio arco.

Es un bote gris oscuro, como el nuestro, pero mucho más largo. Unas cuarenta figuras vestidas con chalecos salvavidas de color naranja chillón están apiñadas, sentadas en los laterales de cara hacia el interior de la embarcación. Pese a su carga, la larga balsa no se hunde en exceso y surca las olas arriba y abajo, enfrentándose con valentía a sus arremetidas. Una estela orgullosa de espuma blanca rompe desde su popa.

Gritamos más alto. Mustafá se ríe y sopla el silbato. Dos de las figuras que están más cerca de nosotros giran sus cabezas, señalan nuestro bote y gritan algo al conductor, pero no cambian de rumbo. Su embarcación sigue navegando, surcando las olas. Tras unos momentos de agonía desaparece por completo. Volvemos a estar solos. Nosotros, el sol poniente y, entre el oleaje, la exasperante vista de la isla.

Me envuelvo la cuerda con más fuerza alrededor de las muñecas. Estoy perpleja. Había sitio para nosotros, ¿cómo es posible que nos hayan abandonado en el mar? La conmoción se transforma en ira, en una rabia cálida que me invade las entrañas. Ahora el sol desciende más deprisa para reunirse con las cumbres de la isla, que parece estar más lejos que nunca. Más cerca que nunca.

Cierro los ojos con fuerza. Somos nadadoras; los salvaremos. Podemos mantener el curso del bote, evitar que vuelque o se hunda. El viento sopla y el frío se me cuela dentro; en los pies, las pantorrillas y los músculos de los muslos. Siento que se me empiezan a agarrotar las piernas. Ojalá las olas se detuvieran aunque fuese solo un minuto.

La mente me da vueltas y vueltas. Tal vez nos arrastre la corriente. Tal vez las olas nos lleven hasta la orilla. Tal vez el motor vuelva a funcionar. Tal vez, después de todo, podamos cruzar a nado. ¿Qué era lo que había dicho Sara? Olvídate de todos los demás y nada. Podría ser una salida; podríamos nadar. Es como nuestra arma secreta. Podría rodear el bote e ir a por Sara, podríamos perdernos juntas entre las olas y abandonar a los demás a su suerte. Yo no tengo la culpa de que no sepan nadar. Pero ¿cómo podría seguir viviendo después de eso?

Mustafá me está mirando otra vez. Succiono mis mejillas para poner cara de pez y me pongo bizca. Él se ríe. Uno de los chicos sudaneses se vuelve para mirarme y me sonríe.

—Eres muy valiente —dice.

Me obligo a sonreír.

—Solo tenemos que llegar.

Aparto la vista del agua. En las olas se reflejan destellos violeta oscuro mientras se balancean; las crestas blancas se ven de un color amarillo cremoso bajo los últimos rayos de sol. No puedo más. «Déjame en paz», pienso. No es momento de hablar. La voz del hombre reverbera en mi mente. «Muy valiente».

Oigo las risas de Basem y Sara desde el otro lado del bote. Ella no se va a ir a ninguna parte. Junto a mí, Idris se agarra a la cuerda en un sombrío silencio. Ojalá tuviese a Basem conmigo para distraerme. Otra ola enorme se acerca desde delante a toda velocidad. Mientras volvemos a girar el bote de cara a la isla, me digo que probablemente estemos más seguras aquí agarradas. Dudo que ni siquiera los nadadores más fuertes pudieran sobrevivir solos en estas circunstancias. Y además, nosotras somos las únicas que sabemos nadar. Dijimos que los salvaríamos.

Los últimos destellos rojos del sol se deslizan tras la isla. Las cumbres de las colinas se ven de color rosa oscuro y, sobre ellas, el cielo adopta un tono amarillo pardo hasta que poco a poco se torna azul pastel. Un semicírculo apenas visible aparece en el cielo: la luna.

Tengo los ojos hinchados y me escuecen por culpa de la

sal. Los cierro y me concentro. Algunas escenas de mi vida se suceden ante el rojo de mis párpados cerrados. Papá me arroja al agua. El tanque nos apunta en nuestra calle, en Daraya. La bomba horada el techo y cae en la piscina. Nos acurrucamos en el sótano, escuchando cómo los escombros caen a nuestro alrededor.

Si me ahogo ahora todo habrá sido en vano. No me quedará tiempo para vivir; no me quedará tiempo para ganar. Estoy en mi cama, en Damasco. Formo las palabras en mi mente. No estoy aquí. Esto no está pasando. Ascendemos con otra gran ola y abro los ojos. Por encima de mí, las estrellas más brillantes agujerean el profundo azul de la noche. La luz está desapareciendo muy rápido y la marea es casi negra y más alta que nunca. Cierro los ojos de nuevo y lucho por aislarme de todo.

«¿Y si hay un pez?», dice una voz en mi cabeza. Una descarga de pánico me sacude hasta las entrañas. Un pez enorme surcando la negrura que hay bajo mis pies, una boca que nada, todo músculo y dientes gigantescos. Imagino mis piernas desde las profundidades, colgando indefensas en el mar. Una presa. Comida. Abro los ojos y aparto la voz. Mira, ahí está Mustafá, en el bote, todavía sonriente. Las olas oscuras continúan golpeando. Me esfuerzo por ver a través de la superficie del agua oscura como la tinta. Brilla bajo las últimas luces como si fuera pintura insoluble.

La voz no tarda en regresar. «Este lugar es un cementerio», me dice. «Piensa en todas las personas, exactamente iguales que tú, que se ahogaron aquí. Jóvenes, ancianos, madres y sus bebés; miles de vidas extinguidas en las olas. Seguro que hay restos de cuerpos en el fondo del mar, bajo tus pies. Cuerpos que nunca enterraron, que nunca llevaron a su hogar, junto a sus seres queridos. Cuerpos que ni siquiera fueron identificados. Que se convirtieron en una estadística más, olvidada por el mundo.

Le ordeno a la voz que se calle, pero es evidente que disfruta con la situación. «Sufrieron hora tras hora, como tú», continúa, «lucharon en vano para sobrevivir en el mar. El agua les arrebató todas sus fuerzas y luego se los llevó. Tantas muertes horribles, sin nadie que escuchase sus gritos de ayuda. Seguro que ahogarse duele», insiste la voz, que rezuma maldad. «¿Por qué no te rindes ya y te ahorras el resto?»

«¡Que se acabe ya!», le grito a la voz de mi cabeza. O nos ahogamos, o llegamos. Algo tiene que pasar. Me estremezco. Me duelen los músculos por culpa del implacable frío; tengo retortijones en el estómago por toda el agua de mar que he tragado. Lucho contra las lágrimas que me nublan la vista. Cinco minutos más y el motor funcionará. Cinco minutos más de dolor. Sobrevive, sigue con vida otros cinco minutos. Deja que tu cuerpo tome el control. Confía en él. No pienses en nada y déjalo trabajar.

Dejo la mente en blanco y consigo acallarla. Pasan los minutos y sigo agarrada de la cuerda, giro el bote, me mantengo a flote, sobrevivo. Entonces, de repente, me doy cuenta de lo absurdo de la situación y estoy a punto de echarme a reír a carcajadas. Quizá la voz me lo pueda explicar, así que le pregunto: «¿Qué hacemos aquí, enfrentándonos al mar embravecido en un juguetito endeble? ¿Cómo hemos llegado a esto? ¿Cuándo empezaron nuestras vidas a valer tan poco? ¿Era esta la única salida, la única forma de escapar de las bombas?».

La voz ya tiene su respuesta. «En eso consistía la apuesta», contesta. «¿O habrías preferido esperar a que una bomba cayese en tu casa y el techo se desplomase sobre tu cama mientras dormías? Esta fue tu elección. Este es el trato, estas son tus opciones, escapar o morir en el intento.» Con los ojos todavía cerrados, abro la boca y alzo la voz para unirme a los rezos.

—¡Dios, sálvanos! —clamo—. Dame fuerzas. Dame coraje. Haz que las olas se detengan, acaba con el viento, levanta el bote sobre el agua. *Ya Allah*. Haz que todo termine.

Abro los ojos y levanto la vista hacia el cielo, que está cada vez más oscuro. Allí, elevándose arriba y abajo sobre la proa del bote, hay una pequeña gaviota blanca con las puntas de las alas negras. Planea a nuestra altura y se queda en el aire como si quisiera mostrarnos el camino. «Mira —digo a la voz—, Dios está con nosotros. Ha oído nuestras plegarias.»

—No puedo más —dice Basem desde el otro lado del bote—. Subidme.

Aiham se inclina y saca a su hermano del mar. Basem tiene el cuerpo agarrotado y las extremidades rígidas. Aiham lo tumba en el suelo de la embarcación como si estuviese muerto. Él se queda allí tumbado, temblando, incapaz de hablar o de moverse. Idris levanta débilmente los brazos, indicando que él también ha tenido suficiente, así que Muhanad lo saca. Me doy cuenta de que tengo las piernas completamente agarrotadas. Llevo tres horas en el mar; la cuerda y el chaleco salvavidas son lo único que mantienen mi cabeza por encima de la superficie.

—Quiero salir —digo.

—Yo también. —Oigo la voz de Sara desde el otro lado del bote—. Le toca a otra persona.

Muhanad alarga las manos, se las cojo y tira de mí hasta subirme al bote. Caigo en el suelo, temblando de cansancio. Los dientes me castañetean de frío. Aiham saca a Sara del mar, y ella se deja caer al suelo junto a mí. Trepamos para sentarnos en el tubo; las olas golpean y giran el bote una vez más. El agua se cuela mientras las cabalgamos.

A mi lado, en la proa, Nabih tiembla con violencia, con la mirada perdida y tan pálido que parece muerto. Su respiración es superficial y acelerada. Intento llamar su atención, pero no parece comprender lo que sucede. Majed está junto a él, con la piel de un amarillo enfermizo y los ojos vidriosos. Se mira los pies con aire lúgubre. El afgano empieza a tirar de la cuerda otra vez y el motor resopla.

—¿Dónde están mis gafas? —pregunto a Majed.

No obtengo respuesta. Alargo una mano y la muevo delante de sus ojos. Él señala el agua. Las ha tirado por la borda.

—¿Qué? —grito—. ¡Majed! ¡Sin ellas no veo! ¡Te he pedido que las cuidaras!

Él me mira como si viese a través de mí, no comprende lo que le estoy diciendo. Está concentrado en el resoplido del motor. El afgano vuelve a tirar de la cuerda y el motor arranca con un traqueteo. La proa se eleva, sale del agua y empieza a avanzar. La estela de espuma blanca burbujea y contrasta con el profundo azul del agua.

—*Alhamdulillah* —susurra Muhanad, sin aliento—. Alabado sea Dios.

La esperanza, la alegría y el alivio devuelven la vida a los exhaustos pasajeros. Han aparecido más estrellas que contrastan con el oscuro azul del cielo, pese a que unas vetas naranjas todavía abrazan el horizonte por encima de las colinas que se ven a nuestra derecha, por donde se ha escondido el sol. Una hilera borrosa de luces blancas danza en la costa, más adelante, marcando el lugar donde termina el negro mar y comienza la negra isla. ¿Está más cerca que antes? Ahora el motor parece funcionar bien, pero a nadie le quedan energías para celebrarlo. Y, de todos modos, hemos aprendido que no podemos confiar en él.

—Llegaremos más rápido si alguien vuelve a meterse en el agua —propone Muhanad, mientras observa los rostros demacrados que hay a su alrededor.

Nadie dice nada. Todo el mundo mira a Sara, que está sentada a mi lado, temblando. Sus ojos se detienen sobre los fuertes hombros y las poderosas piernas de mi hermana. Algunos de ellos me miran también a mí. Me castañetean los dientes y los hombros me tiemblan sin control. Sus miradas vuelven hacia Sara.

«¿Acaso no era ella la gran nadadora?», parecen decir sus

ojos. «¿No era ella quién presumía de ser capaz de nadar hasta Grecia?» Sara mira sus rostros uno a uno, impregnándose de sus miradas suplicantes. Observo mi alrededor. No es justo. Alguien tiene que ofrecerse. El silencio se alarga y las miradas se intensifican. Todos los ojos están clavados en Sara; la apremian, la desafían a terminar lo que empezó.

Al final, Sara suspira y se pone de pie. Tiene una expresión de desesperación en el rostro demacrado, los ojos rojos y tan hinchados por culpa de la sal que están casi cerrados. Yo no digo nada, pero me siento colmada de piedad, orgullo y gratitud. Mi valiente hermana. Temblando, se agarra a la cuerda y vuelve a meterse en las negras aguas.

Aiham se vuelve para mirarla y se arrodilla en el suelo, inclinando la cabeza y los hombros hacia ella por encima del bote.

—Cógeme de las manos —le dice. Ella alarga una y sigue agarrada a la cuerda con la otra.

—Los hombros —gime por encima del ruido del motor—. Estíramelos.

Sara suelta la cuerda y coge la otra mano de Aiham. Él la sostiene fuera del agua, mientras su cuerpo cuelga como muerto. El agua le llega al pecho y la cabeza le cae hacia delante sobre un lado del bote. Nadie habla. Al fin estamos avanzando. Alzamos las miradas hacia la isla, que cada vez se ve más grande, más oscura contra el cielo azul marino.

Tras unos veinte minutos, Sara levanta la cabeza.

—Por favor —ruega—. Por favor. Tengo mucho frío. Dejadme subir.

Aiham la sube al bote. Ella se hunde en el suelo delante de mí y apoya la espalda en mis piernas. Oigo cómo le castañetean los dientes. Se abraza las rodillas contra el pecho y deja que le caiga la cabeza entre ellas.

A medida que nos acercamos a tierra, el viento disminuye y las olas se suavizan. El motor resopla mientras el bote se desliza con suavidad sobre la marea, cada vez más baja. A través de la oscura noche vemos una larga franja de playa gris.

—Estamos cerca —anuncia Muhanad—. Cuidado con las rocas.

Sara levanta la cabeza y se impulsa para sentarse en el tubo junto a mí. Se desabrocha el chaleco salvavidas y lo tira al suelo. Se sube a horcajadas en el tubo y se vuelve a deslizar en las aguas oscuras. Observo boquiabierta cómo se mantiene a flote, agarrándose a la cuerda con una mano y dando una especie de media brazada con el otro brazo. Se desliza por el bote pasándose la cuerda con las manos, lo aparta pataleando de las rocas sumergidas que encuentra y lo guía hacia la orilla.

Se sumerge en el agua para ver la profundidad. Unos segundos más tarde sale a la superficie. La observo y espero alguna señal. Se vuelve a sumergir, pero esta vez sale casi al instante, sonriente.

—Ya está —anuncia—. Estamos en tierra.

11

Salto al agua, que me llega por las rodillas. El resto de los pasajeros bajan del bote detrás de mí. Mustafá se sube a la espalda de Idris y rodea el cuello de su padre con los brazos. El afgano es el último en bajar. Deja el motor en marcha y el bote se estrella contra las rocas que hay al final de la playa. El grupo entero deja escapar un suspiro de alivio y resentimiento. Justicia para la embarcación que ha estado a punto de matarnos. Las plegarias de agradecimiento resuenan en mis oídos mientras camino por el agua hacia la orilla.

—Gracias a Dios —murmuro por lo bajo, demasiado exhausta como para sentir nada que no sea un alivio distante—. Gracias a Dios; gracias a Dios.

Piedras del tamaño de un puño se me clavan en los pies descalzos, y entonces me acuerdo de mis chanclas. La última vez que las he visto estaban en el bote. Me acerco cojeando a sus restos, que descansan en el agua entre unas rocas. La proa está casi destrozada, atascada entre dos peñascos desgastados por el agua. Lo único que encuentro es un par de deportivas negras de hombre flotando en el agua que anega el interior. Nada más. Ni rastro de mis chanclas ni de mis gafas. Me quito el chaleco salvavidas de un tirón y compruebo que mi pasaporte sigue en la cartera de plástico dentro de mi sujetador.

Algunos de los hombres se acercan al bote con los rostros

constreñidos por la ira. Llevan una navaja en la mano. Se abalanzan sobre él y destrozan el tubo hinchable en varios movimientos rápidos y furiosos. Expulsa el aire en un suspiro de protesta. Deshinchado parece muy pequeño, apenas unos jirones grises. Le doy la espalda.

Sara está de pie un poco más lejos, inmóvil, con las manos en las caderas. Otea las luces que se ven a lo lejos, tras la larga y recta playa. La mujer somalí corre hacia ella y la estrecha en un abrazo de oso. Luego se dirige hacia mí con los brazos abiertos. Está llorando. No siento nada cuando me abraza, solo frío, agotamiento y una sed terrible.

—Eres mi heroína —me susurra al oído, y me besa en la mejilla roja e hinchada.

Entonces lo comprendo. Hemos sobrevivido. Mis brazos y mis piernas son pesos muertos. Me doblo por la mitad, respiro hondo unas cuantas veces y dejo que me inunde una sensación de euforia. Lo hemos conseguido. Se acabó. Sin embargo, la felicidad apenas dura unos segundos. De inmediato pienso en la siguiente tanda de problemas urgentes. Necesito beber, comer y dormir.

Nuestros primos Nabih y Majed ya están recorriendo la rocosa playa. Tropiezan en la oscuridad con las piedras y con algunos trozos puntiagudos de madera que ha arrastrado la corriente. El resto de los pasajeros se quitan sus chalecos salvavidas y los arrojan sobre las rocas. Muchos han sacado ya sus móviles y las luces de las pantallas se extienden a lo largo de la playa como si fuesen luciérnagas.

La playa es estrecha. A la izquierda se erige un viejo muro de piedra recubierto de vides de costa. El grupo camina en fila, con Majed en cabeza, que va hablando por teléfono. Se detiene y espera junto a un edificio bajo de piedra. Sara es la primera en llegar hasta él, que le tiende el aparato. Cuando lo alcanza me lo pasa a mí. Es papá, pero no tengo muchas ganas de hablar. Las palabras de mi padre suenan muy lejanas, como si me estuviese llamando a través de la niebla. Me quedo mirando fijamente una puerta de hierro oxidada que hay en el muro de piedra e intento concentrarme en su voz. Mientras me habla, imagino el rostro de mamá. Me pregunto si sabrá que estamos vivas.

Le devuelvo el teléfono a Majed y echo un vistazo a la pantalla para ver la hora. Son las 9.38, todavía con el horario turco. Hace tres horas y media que nos adentramos entre las olas, pero me siento como si hubiesen pasado diez. Muerta de sed, retomo el camino por la playa, tras el resto, en dirección a las luces.

Llegamos a una serie de mesas de madera cubiertas con hules de cuadros azules. Un camino de adoquines conduce hasta un restaurante situado en un edificio bajo. A cada lado, unas bombillas desnudas cuelgan por entre los árboles frutales. No parece un negocio muy próspero; las mesas están desiertas. Me quedo de pie al final del camino y echo un vistazo. Hay un hombre mayor sentado a una de las mesas. Lleva una camisa de cuadros azules y blancos a juego con los manteles. Está inclinado hacia atrás con un brazo flexionado y apoyado en el respaldo de la silla y un cigarrillo encendido en la mano. Me observa en silencio. A su derecha hay otro hombre, este más joven, con una camiseta azul marino. Tiene las piernas abiertas y está inclinado hacia delante, con las manos juntas entre los muslos. Él también me observa.

Un perro labrador, grande y de pelaje claro, me mira desde debajo de la mesa. Doy un paso por el camino, y el perro se pone de pie de un salto y empieza a ladrar, echando las orejas hacia atrás y moviendo la cola de un lado a otro. Mueve las patas de delante y me mira de forma intimidante. Vacilo.

—Solo quiero comprar una botella de agua —les digo a los hombres en inglés.

El más viejo mascuela algo, pero no se mueve. El perro continúa ladrando fuera de sí.

—¿Hola? —intento de nuevo—. ¿Agua? ¿Zumo? ¿Coca-Cola? Tengo dinero.

Al final, el joven se levanta y coge al perro del collar.

—No —masculla, y hace un gesto con la mano como si quisiera ahuyentar a un gato callejero—. No hay agua.

Vuelvo hacia la playa con la sensación de haber recibido un puñetazo en el estómago, pero el dolor pronto se convierte en ira. Esos hombres han tenido que vernos llegar. Han visto mis ropas mojadas y han oído el temblor de mi voz. ¿Qué clase de ser humano se niega a vender agua a una chica a la que la corriente acaba de arrastrar hasta la orilla, frente a su restaurante?

Sara levanta las cejas mientras me ve volver tambaleándome hacia el grupo. Ya sabe que es mejor no preguntar.

—Vámonos de aquí —gruño.

Idris nos mira desde delante. Lleva a Mustafá a cuestas con un solo brazo. Cuando me ve, el niño se ríe e intenta desembarazarse de su padre, que lo deja en el suelo. El crío viene trotando por encima de las piedras y me abraza por la cintura. Le pongo un brazo sobre el hombro y nos deslizamos y patinamos juntos por la pedregosa playa.

Sigo al grupo fuera de la playa, hacia un camino de tierra limitado por una fila de edificios que parecen casas particulares. A Mustafá le castañetean los dientes; tiembla con violencia. Entro en un pequeño camino que lleva hacia la primera casa, con el niño todavía agarrado a mi cintura. Cuando nos acercamos, veo a una chica rubia más o menos de mi edad que nos observa desde detrás de una puerta y me detengo. Mustafá intenta esconderse detrás de mí.

—Hola —saludo en inglés.

—*Yasas* —responde.

Mira mis vaqueros empapados y mis pies descalzos y luego desvía la mirada hacia el pequeño, que tiembla a mi lado. Respiro hondo.

—¿Tienes algo de ropa seca para el niño? —pregunto.

—Claro —contesta—. Espera un momento.

Desaparece dentro de la casa y vuelve al cabo de poco con un par de deportivas desgastadas y un suéter enorme de color azul marino. Qué alivio. La chica me tiende las deportivas y aguanta el suéter con ambas manos. Le sonrío y me llevo la mano derecha al pecho.

—Gracias —digo. Dejo las deportivas en el suelo y cojo el suéter.

Me vuelvo hacia Mustafá.

—Brazos en alto.

Se lo paso por la cabeza. Es grueso y está seco, pero es demasiado grande para él. Le cuelgan las mangas, así que se las enrollo hasta las muñecas. Me agacho y me pongo las deportivas. Son demasiado grandes, pero aprieto bien los cordones y aguantan. Luego me incorporo y levanto los dos pulgares mirando a la chica.

—Espera un segundo —me pide, y sube trotando los escalones de nuevo.

Regresa con dos vasos de agua. Le sonrío, agradecida, y me termino todo el vaso. Mustafá hace lo mismo. Miro hacia la carretera oscura entre los árboles. Idris se pasea al final del camino, esperando a su hijo. Vuelvo a sonreír a la chica y regresamos junto a los demás. El niño echa a correr y se lanza a los brazos de su padre.

—Bonito suéter —dice Idris, alborotándole el pelo.

Seguimos al resto del grupo por la carretera. Mustafá camina entre nosotros. Reparo en que Idris no lleva zapatos.

—Oye, Mustafá —El niño levanta la mirada—. ¿Te lo has pasado bien en el viaje? —Él frunce el ceño—. En el bote ¿Te has divertido? ¿Quieres que lo hagamos otra vez?

—No —responde con firmeza, y mueve la cabeza a un lado y otro.

—¿Por qué no? —pregunto entre risas.

—Papi estaba en el agua.

Hago una mueca y aparto de mi mente la imagen de las agitadas olas. Tras unos cien metros, el camino de tierra se transforma en cemento y gira a la izquierda, hacia el interior de la isla. Sara nos está esperando en la esquina. Lleva puestos los zapatos negros que encontré flotando en el bote. Son varias tallas más grandes y chapotea con cada paso que da.

Caminamos como podemos hasta dejar atrás la última de las pequeñas granjas. A nuestra derecha, grupos de pinos crecen en una cuesta escarpada y rocosa. A medida que subimos, la ligera brisa amaina, el rugido del mar decrece y el canto de las cigarras se oye cada vez más alto. El paisaje negro se eleva abruptamente delante de nosotros. A lo lejos, solo las estrellas dibujan la línea que marca el lugar donde la colina termina y empieza la noche. No se ven luces eléctricas.

Sara rompe el silencio.

—¿Qué le pasó a su madre? —pregunta.

Idris levanta la vista. Se le ha ensombrecido el rostro.

—La mataron, a su madre y a toda su familia —responde—. En un ataque aéreo.

Me quedo sin aliento.

—Lo siento —murmura Sara.

—Ahora estamos nosotros solos —continúa al instante—. Si no fuera por él, me habría quedado en Irak. Tenía un buen trabajo y ganaba bastante dinero. Pero él necesita un futuro.

Avanzamos en silencio hasta encontrar a los demás, que nos están esperando en una bifurcación de la carretera. Uno de los caminos serpentea colina abajo a nuestra derecha, mientras que el otro gira abruptamente hacia la izquierda y sube por la montaña. Majed y Aiham miran sus móviles; a ambos se les está acabando la batería. Oteamos a nuestro alrededor, pero todavía no atisbamos ninguna luz. Echo un vistazo a la carretera por la que acabamos de subir. Dos hombres de piel oscura y con chalecos salvavidas de color naranja se nos acercan. Cuando pasan junto a nosotros, Muhanad les pregunta adónde van. Se encogen de hombros y contestan en un idioma que no entendemos. Giran a la izquierda y siguen subiendo la montaña.

—A la izquierda, pues —propone Muhanad, y emprende el camino cuesta arriba.

Suspiro y lo sigo, mientras los demás ríen de alivio. Los hermanos Aiham y Basem ríen entre ellos y bromean sobre los pantalones hechos jirones de Sara.

—Buen trabajo, Aiham —dice Basem—. Cuando lleguemos a Alemania puedes empezar una nueva vida como sastre. Aquí viene Sara con la última moda para este verano: los pantalones cortos de mar agitado.

Mientras subimos, dejo la mente en blanco. No pienso en el mar. Estoy tan exhausta que ni siquiera reparo en lo sedienta que estoy; solo quiero dormir. Me concentro en mi respiración y en seguir el ritmo de los demás, en dar pasos firmes y conscientes. Seguimos adelante; subimos la carretera llena de curvas bajo las estrellas. Alrededor de una hora después, oigo el suave murmullo de unas voces. Al pasar otra curva, levanto la vista y descubro un grupo de luces en la colina. Un pueblo.

Avanzamos por la carretera, doblamos la siguiente esquina y encontramos la fuente del ruido. Procede de un hueco alargado y plano en un lado del camino, una parada de autobús que esta noche se ha convertido en un campamento improvisado. Cientos de personas están tumbadas o sentadas en pequeños grupos sobre el cemento. Al pasar, algunos miran y señalan los pantalones de chándal masacrados de Sara, pero ella los ignora. Veo a los dos hombres farsi a los que hemos seguido por la colina. Están tumbados el uno junto al otro al borde de la carretera, con las cabezas apoyadas en los chalecos.

Continuamos caminando. Estamos muertos de hambre y

desesperados por encontrar un lugar donde sentarnos, comer y descansar. La carretera se bifurca y doblamos hacia la derecha, siguiendo una hilera de gente acurrucada a lo largo de un alto muro de piedra. A medida que vamos dejando curvas atrás y el camino se adentra en la montaña, encontramos cada vez menos personas. A nuestra derecha, el terreno escarpado desciende hacia la playa de la que venimos, mientras que a nuestra izquierda, un pueblo se erige sobre la pendiente.

Por fin damos con lo que estábamos buscando. Una terraza abarrotada a nuestra derecha, bordeada por un enrejado cubierto de vides. Al otro lado de la carretera hay un humilde edificio de una sola planta. Sobre la puerta, un cartel reza: Η Ρεματιά. BAR. TABERNA.

Entramos en la terraza. Estamos demasiado cansados para reparar en las miradas que nos echan las familias griegas que están terminando de cenar en la cálida noche. Los veinte que somos nos sentamos alrededor de unas mesas largas y bajas en la esquina más alejada de la entrada. Me acomodo en un banco desde el que se ve el valle ensombrecido. Por encima, las estrellas; por debajo, el azul oscuro del mar.

Se nos acerca una mujer de mediana edad con el pelo castaño rizado y nos pregunta qué queremos tomar. Nos sonríe. Sara pide agua y patatas fritas y sigue a la mujer al interior para buscar un enchufe en el que cargar nuestros móviles. Yo también me pongo de pie, cruzo la carretera y subo unos escalones para llegar al baño, un cobertizo de piedra en la azotea plana del edificio. Enciendo la bombilla desnuda y los mosquitos y otros insectos de patas largas empiezan a revolotear cerca de las paredes blancas. Me miro al espejo.

Tengo los dos hombros llenos de rozaduras del chaleco salvavidas. Un largo arañazo rojo nace en un extremo de mi ceja izquierda y me recorre la mejilla, mientras que un moratón violeta ha empezado a despuntar en mi sien izquierda. Tengo todo el cuello rojo e hinchado por culpa de la sal. Estoy mareada; necesito mis gafas. Me apoyo en el lavamanos y cierro los ojos. Veo las olas subir y bajar detrás de mis párpados. Siento náuseas, abro los ojos, respiro hondo e intento calmarme.

Cuando vuelvo a la mesa, ya hay varias botellas grandes de agua. Cojo una y me bebo la mitad de un solo trago. La mujer trae cuencos de pan, aceitunas y patatas fritas. Comemos en silencio como si fuésemos máquinas. Todos estamos demasiado cansados para hablar. La mujer vuelve a recoger los platos. Me mira, y luego mira a Sara. Después ve a Mustafá y sonríe de nuevo.

—¿Sois refugiados? —pregunta.

Esa palabra. Se me hace extraño oírla al fin en voz alta.

—Acabamos de llegar en un bote —responde Sara.

—¿Tenéis dónde dormir? —continúa la mujer, y Sara niega con la cabeza—. Seguid la carretera colina abajo. Allí encontraréis una pequeña iglesia. Está abierta, podéis dormir dentro.

Sara parece sorprendida.

—Pero somos musulmanes.

La mujer enarca las cejas y pone su mano sobre el antebrazo de mi hermana.

—¿Creéis que me importa eso? —dice. Parece casi ofendida—. Nadie os molestará.

Nos indica que a la mañana siguiente deberíamos ir a la parada de autobús que hay a la vuelta de la esquina. Algunos voluntarios gestionan un autobús que sale de allí cada mañana a las siete y que nos llevará donde tenemos que ir. Sara le da las gracias y le tiende dos billetes de cincuenta euros. La mujer pone unos ojos como platos, coge uno de los billetes y entra.

—¿Cómo te llamas? —le pregunta Sara cuando vuelve con el cambio.

—Nicki —responde ella—. ¿Y tú?

—Sara —dice, y me señala—. Esta es mi hermana pequeña, Yusra. Gracias por tu ayuda, Nicki.

Nos ponemos de pie y caminamos otros diez minutos con las fuerzas que nos quedan. Por fin llegamos a una pequeña capilla blanca que hay en una plataforma esculpida en la misma ladera de la montaña. No es mucho más grande que un establo. A cada lado del tejado se erige una cruz de hierro. La puerta de la iglesia, que está de espaldas a la carretera, se abre sin dificultad cuando la empujo. La mujer somalí mira a su alrededor, nerviosa. Se ha tapado el pelo y observa el hiyab, no puede dormir con hombres que no sean sus parientes en una misma habitación.

Muhanad se pone al mando. Decide que Sara, Mustafá, la mujer somalí y yo dormiremos dentro, y los hombres lo harán en la larga mesa de piedra y los bancos que hay en el empedrado a la izquierda de la puerta. Hace mucho frío y todos seguimos mojados. Me siento mal por los demás, pero es la única manera.

—¿De quién son estos zapatos? —pregunta Sara mientras se desata los cordones de las deportivas negras.

—Míos —responde Idris. Se dirige a ella y le coge la mano entre las suyas, la levanta y se la roza contra la mejilla—. Pero, después de lo que has hecho, puedes quedártelos.

—No seas bobo —responde Sara—. Ahora somos familia.

Empujo la puerta de madera y entro en la diminuta iglesia. La única iluminación proviene de tres velas encendidas que están clavadas en la arena sobre una plataforma de metal que hay en una esquina. La luz de las velas arroja unas sombras que se mueven sobre las paredes desnudas de piedra. Miro las imágenes marrones y doradas que cuelgan de ellas. Una muestra una mujer con un bebé en brazos. Otra, tres hombres con los rostros planos y círculos alrededor de sus cabezas.

Mustafá se hace un ovillo en una vieja alfombra estampada que hay junto a la pared del fondo y la mujer somalí se quita el pañuelo de la cabeza para usarlo como almohada. Yo me tumbo junto a Sara, espalda contra espalda, para darnos calor. Noto cómo tiembla.

Cierro los ojos y vuelvo a ver las olas, subiendo y bajando tras mis párpados. Se levantan una y otra vez y siento que la marea me eleva y me arrastra hacia el fondo. Me tumbo boca arriba y abro los ojos para no marearme. Vuelvo a cerrarlos y veo hileras de luces que bailan en la orilla. Luego, el rostro de Mustafá esboza una sonrisa de oreja a oreja.

QUINTA PARTE

La trampa

12

Abro los ojos. Siento una punzada en los músculos al ponerme de lado. El pequeño Mustafá está sentado en el suelo de la iglesia, mirándome. Me pongo de pie y me apoyo en la pared encalada. Hemos conseguido cruzar la barrera; hemos cruzado el mar. Estamos en Europa. Y estamos vivos.

La puerta de madera emite un quejido cuando la empujo. Salgo y entorno los ojos para protegerme de la luz. Ya ha salido el sol y tenemos que coger un autobús. Majed está cerca, mirando el móvil. Dice que estamos en las afueras de un pueblo llamado Skalas Sikamineas. Pronuncia el nombre sílaba a sílaba mientras lo lee con cuidado de la pantalla. Echo un vistazo al mapa por encima de su hombro. Estamos en la costa norte de una isla llamada Lesbos. Tendríamos que andar un día entero en dirección al sur para llegar a Mitilini, su capital. Todos los recién llegados tienen que ir allí a registrarse ante las autoridades y comprar un billete de ferry para el siguiente viaje hasta la Grecia continental.

No somos los únicos recién llegados. Durante años, los isleños han visto cómo un torrente constante de sirios y personas de otros lugares llegaban en embarcaciones ilegales desde Turquía. Sin embargo, este verano es diferente: nadie esperaba a tantos de nosotros. Solo en agosto de 2015, el mes de nuestro viaje, más de ochenta mil recién llegados alcanzan la isla por mar. Las autoridades griegas tienen problemas para lidiar con todos y recurren sobre todo al apoyo de los voluntarios. Lesbos no es una comunidad acaudalada, pero los lugareños son generosos. Los pescadores dirigen sus barcos a alta mar para misiones de rescate improvisadas y otros donan comida, medicinas y ropa, e incluso abren la puerta de sus casas a aquellos que necesitan cobijo.

Meto las manos en la vieja fuente que hay frente a la puerta de la iglesia y me empapo con agua fresca la cara hinchada y el cuello enrojecido. Luego me vuelvo hacia los demás. Basem y su hermano Aiham ya están despiertos y se preparan para marcharse. Sara sale de la iglesia y reprimo una carcajada al verla.

—¡Dios mío! —exclamo—. ¿Qué te ha pasado?

Tiene la cara roja, llena de arañazos y moratones azules. El pelo se le ha escapado del moño y lo tiene de punta, con mechones tiesos alrededor de toda la cabeza. Los jirones que quedan de sus pantalones están llenos de manchas blancas de sal seca.

—Cállate —me espeta, somnolienta—. Deberías ver la pinta que tienes tú.

Majed encabeza el grupo por la carretera hacia el aparcamiento donde tiene que parar el autobús, pasando por el restaurante en el que cenamos la noche anterior. Nos detenemos en seco al doblar la esquina. Allí reina el caos. Una muchedumbre empuja y se abre paso a codazos para intentar desesperadamente meterse en un vehículo diminuto. Es el único transporte de voluntarios que saldrá de este pueblo hoy y todo el mundo quiere subir. Estudio a la multitud. Hay una mujer rubia con una chaqueta reflectante en la puerta del autobús que parece estar al mando. Sara se dirige a ella, le explica que queremos ir a Mitilini y le pregunta si podemos subir al autobús.

—¿No tenéis el sello? —quiere saber la mujer, y señala el dorso de la mano de mi hermana.

Sara niega con la cabeza y la mujer señala la multitud. Dice que los demás llevan días esperando para poder subir a un autobús, y que el sello de sus manos indica cuál es su lugar en la cola. Suspiro desesperanzada. Estamos todos exhaustos, necesitamos una ducha y una cama. Ninguno de nosotros está en condiciones de caminar los cuarenta y cinco kilómetros que nos separan de Mitilini. Quizá no lleguemos antes de que se ponga el sol, lo que significaría pasar otra noche a la intemperie. Me estremezco solo de pensarlo. La mujer se compadece de nosotros y nos dice que caminemos hacia el interior de la isla, hasta un pueblo llamado Mantamados, de donde partirá otro autobús al mediodía. Allí llega menos gente y tendremos más oportunidades de conseguir una plaza.

Majed busca el pueblo en el mapa. Tendremos que caminar tres horas para llegar. Se me cae el alma a los pies y me ruge el estómago. Me duele todo, me muero de hambre y todavía sigo cubierta de la sal del mar, pero no tengo elección. Debemos movernos. Seguimos a Majed por la serpenteante carretera de montaña. Vemos terrazas de olivares que se extienden hacia nuestra derecha desde la pendiente rocosa. A la izquierda, un valle reseco baja hasta el mar resplandeciente. Solo verlo me pone enferma, así que evito mirarlo y me concentro en el cemento ardiente bajo mis pies. Cuando doblamos una esquina y atisbamos un grupo de tejados rojos entre las montañas, el sol ya brilla en lo alto del cielo. La aguja rosa oscuro de una iglesia se erige entre los edificios.

—Ya estamos —anuncia Majed tras consultar el móvil—. Man-ta-ma-dos.

La carretera baja de forma abrupta por la colina y da la vuelta de nuevo hacia arriba a través del pueblo. Subimos la empinada colina hasta llegar a una parada de autobús, donde una multitud de sirios y afganos que aguarda nos indica que estamos en el lugar correcto. Nos sentamos junto a ellos bajo el sol para esperar el autobús. Por encima de los edificios, el repiqueteo de la campana de la iglesia nos informa de que son las once y media. Tras unos minutos, Sara se pone de pie con dificultad y dice que va a buscar unos pantalones nuevos. Me tiende la mano para ayudarme a levantarme. La acompaño por una calle hasta una tienda de ropa pequeña y oscura. Una mujer levanta la vista desde el fondo cuando entramos.

—*Yasas* —nos saluda, y sonríe.

Sara le devuelve la sonrisa y señala los jirones que le cuelgan de los muslos. La mujer enarca las cejas, se da la vuelta y se va a la trastienda. Elige unos pantalones de chándal negros para Sara y se los ofrece. Mi hermana le da las gracias y le paga con un billete de color rosa. La vendedora pone unos ojos como platos al verlo. Es una pequeña fortuna.

—Quinientos —dice, señalando el número de la esquina superior—. Quinientos euros.

—Lo siento —responde Sara—. ¿Es demasiado?

La mujer suspira, nos dice que esperemos y sale de la tienda con el billete de Sara. Unos minutos después vuelve con un fajo de billetes amarillos y empieza a contarlos muy despacio sobre la mesa. En ese momento, nuestro primo Nabih asoma por la puerta, detrás de nosotras.

—Ya está aquí —anuncia.

Sara coge los billetes y sus nuevos pantalones y salimos corriendo de la tienda. En la parada encontramos un viejo minibús de color azul marino esperando entre resoplidos del motor. Los demás están apelotonados frente a la puerta. A la cabeza de la multitud hay un voluntario.

—¡Familias primero! —grita.

El voluntario señala a Mustafá.

—¿Dónde está la madre de este niño?

Sara no se lo piensa dos veces y levanta la mano.

—Soy yo —dice, y me señala a mí y a los demás.

—Esta es mi hermana. Y estos, mis primos.

El voluntario nos pone un sello en el dorso de la mano mientras subimos a bordo. ¿Qué más da que no estemos emparentados de verdad? Después de lo que hemos pasado juntos nos sentimos como si fuésemos familia.

Apoyo la cabeza en la ventanilla del minibús y contemplo el paisaje mientras nos desplazamos por carretera hacia el sur a través de la isla, subiendo y bajando por el litoral. Una hora después, el vehículo nos deja en un gran aparcamiento al lado del puerto de la ciudad de Mitilini. Miro a mi alrededor. Cientos de personas han acampado sobre el cemento. Muchos de ellos esperan para registrarse ante las autoridades. Otros ya lo han hecho y aguardan para comprar un billete de ferry hacia el continente. Una cola desordenada conduce al edificio destartalado de la autoridad portuaria, donde se encargan de los registros. Nos sentamos a esperar en el asfalto, pero pasan varias horas hasta que entramos en el edificio. Un hombre uniformado nos hace una foto y nos pregunta en inglés de dónde somos y adónde vamos. Sara traduce para los demás.

—Alemania —anuncia mi hermana con determinación—. Vamos a reunirnos con mi amiga Hala en Hannover.

El funcionario nos dice que volvamos a la oficina en dos días para recoger un permiso de residencia temporal. En la Unión Europea hay un acuerdo que dicta que debemos pedir asilo en el primer país en el que entramos. En circunstancias normales, los otros países europeos pueden enviar a la gente de vuelta a pedir asilo en las fronteras de la Unión Europea, pero estas no son circunstancias normales. Ahora nadie manda a quienes solicitan asilo de vuelta a Grecia, porque el país está atestado de gente. Y, de todos modos, tampoco queremos quedarnos aquí; nosotras vamos a Alemania. Sin embargo, solo podremos comprar pasajes para el ferry nocturno hacia Grecia continental una vez tengamos los papeles. En la práctica, este pedazo de papel, este permiso de residencia, es un documento legal que nos permite internarnos más en Europa.

Volvemos bajo el sol cegador y buscamos entre la multitud. El grupo que partimos de Damasco, Muhanad, Rubito y nuestros primos Majed y Nabih, seguimos juntos, así como los hermanos Aiham y Basem, pero hemos perdido a Idris, a su hijo Mustafá y a los demás pasajeros de nuestro bote en la cola. Miro a mi alrededor. Necesitamos una ducha y un lugar para descansar, un sitio para digerir la horrible experiencia de la noche anterior.

Sara y Basem se ofrecen voluntarios para buscar un hotel. Los seguimos a un lado del aparcamiento. Hay gente por todas partes, algunos incluso han montado tiendas de campaña sobre el asfalto. Aunque ya no queda mucho para la puesta de sol, el calor sigue siendo insoportable. Encontramos un lugar a la sombra donde esperar y Sara y Basem se adentran en el pueblo. Vuelven una hora después. Sara tiene aspecto de haber llorado.

—No nos aceptan en ningún hotel porque somos sirios —dice Sara, que se desploma en el escalón, a mi lado.

—Todos quieren ver antes el papel del registro —añade Basem, que se sienta junto a ella—. El papel, el papel, el papel... Lo hemos intentado en toda la ciudad.

Un hombre con una chaqueta reflectante pasa junto a nosotros. Me levanto de un brinco, lo saludo con la mano y le pregunto dónde podemos dormir. Nos explica que debemos dirigirnos a un campo temporal que han instalado para los solicitantes de asilo. Señala a la vuelta de la esquina, hacia donde se dirige un autobús gratuito. Justo cuando nos estamos poniendo de pie, oímos una voz conocida.

—¡Yusra! ¡Sara! ¡Estáis vivas! Gracias a Dios.

Levantamos la vista y vemos a Zaher, el padre de la bebé que conocí en el campamento de los traficantes. Se dirige hacia nosotras con los brazos abiertos y el rostro en forma de corazón se le ilumina con una sonrisa.

—*Alhamdulillah* —exclama, y nos da a cada una varios besos en ambas mejillas—. Anoche pensamos... Pensamos que no lo habíais conseguido.

Zaher no quiere ni oír hablar de que vayamos a dormir al campo de refugiados. Le han dicho que ya está tan abarrotado que la gente tiene que dormir fuera, en el suelo, así que nos invita a que vayamos con él a un parque cercano donde ha estado durmiendo a la intemperie con su familia y el resto de las personas que conocimos en el campamento de los traficantes. Han estado utilizando las duchas y los baños que hay en una playa privada cercana. Miro a Sara y me encojo de hombros. Sería agradable estar entre amigos, y parece que dormir al raso es la única opción en esta isla atestada de gente. Zaher se ofrece a mostrarnos una tienda cercana donde podemos comprar sacos de dormir. Le seguimos fuera del aparcamiento, cruzamos la calle y giramos a la derecha en una esquina. Un gran puerto aparece frente a nosotros. Forma tres de los lados de una plaza y, en el centro, el mar verde y calmo lame de forma inocente el muro que lo contiene.

—Anoche vimos una publicación en Facebook sobre vuestro bote —le comenta Zaher a Muhanad—. Llamamos a la policía griega para que fuese a por vosotros. Pero cuando vimos que no llegabais... Bueno, nos temimos lo peor.

El pánico me retuerce el estómago al recordar las llamadas desesperadas de Aiham desde el bote. Todos nos quedamos mirando fijamente el suelo y caminamos en silencio. Ninguno está preparado aún para hablar sobre la travesía. Zaher se detiene ante una tienda del puerto que tiene muchísimas cosas expuestas en la entrada: del toldo cuelga una mezcla extraña de souvenirs horteras y objetos de acampada. Compramos un saco de dormir cada uno y después Zaher nos lleva hasta el parque. Doblamos la esquina, pasamos el puerto y nos dirigimos hacia el final del pueblo. A la derecha, junto al mar, veo una estatua de bronce encima de un pedestal de piedra, la efigie de una mujer con una túnica larga y vaporosa que mira al mar con un pie hacia delante. Tiene la mano derecha en alto y sostiene una antorcha encendida.

—Eh, ¿no es esa la estatua de la libertad? —pregunto.

—Sí —responde Aiham con una sonrisa—. Ese bote nos debe de haber llevado más lejos de lo que pensábamos.

Le doy un golpe en el brazo.

—¡Venga ya! —respondo—. ¿A eso lo llamas chiste?

Doblamos la esquina por la carretera y nos damos de bruces con algunos perros de pelo largo y aspecto sarnoso que se rascan y holgazanean, perezosos, sobre el abrasador asfalto. A nuestra derecha, unas barandillas de hierro oxidado suben por la pared hasta llegar a un torno. En el cartel que hay en la puerta se lee: PLAYA TSAMAKIA. Detrás de ella, una extensión de arena sucia desciende hasta el mar. Al otro lado de la carretera, una pendiente llena de hierba se erige bajo un pinar poco denso. Sobre la hierba descansan familias y pequeños grupos de gente que pasan el rato sentados, paseando o durmiendo a la sombra. Como nosotros, esperan a obtener sus papeles para poder viajar hasta el continente y continuar la ruta hacia el norte, hacia Europa.

Seguimos a Zaher por unos empinados escalones. La hierba que hay a los lados del camino está cubierta de ropa, basura desparramada y mantas. En la cima, los escalones desembocan en un aparcamiento sucio donde, bordeado por un pequeño muro de ladrillos, hay un pequeño parque infantil.

—Mirad a quién me he encontrado —anuncia Zaher con una sonrisa mientras nos acercamos.

Un grupo de caras conocidas levanta la vista. Son todos los que estaban en el campamento de los traficantes. La mujer mayor, Mama, está sentada en el suelo junto a un tobogán repleto de grafitis, con la pequeña Kamar dormida plácidamente en su regazo. El rostro de la mujer se ilumina con una sonrisa de oreja a oreja.

—Alabado sea Dios —exclama. Le pasa la bebé a Zaher y se pone de pie con dificultad—. Gracias a Dios que estáis a salvo.

Mama nos da a Sara y a mí un abrazo de oso. Um Muqtada y sus dos hijos esperan detrás con los brazos abiertos.

—Pensábamos que... —murmura la mujer mientras me estrecha entre sus brazos.

La chica libanesa, Coco, es la siguiente en venir, y me da un beso en ambas mejillas. Ahmad, el hombre de Latakia que viajaba con un amigo y sus dos hermanas, da un cálido apretón de mano a los hombres. Estoy emocionada. Hemos pasado muy poco tiempo juntos, pero es evidente que para estas personas somos como de la familia.

—Uf, necesito una ducha más que respirar —comenta Sara una vez hemos terminado con los abrazos y los saludos.

Coco se ofrece a enseñarnos el camino hacia las duchas. La seguimos colina abajo hasta el torno oxidado y señala un edificio que hay más allá de la barandilla. Solo tenemos que entrar y decir que queremos nadar: es gratis. Sonrío, le doy las gracias y empujo la puerta herrumbrosa. Es la primera ducha que me doy desde que salimos de Estambul hace cinco días. El agua cae negra de la suciedad. Permanezco inmóvil durante veinte minutos con la mirada fija en los azulejos mientras dejo que el agua se deslice por mi cuello. Cuando salgo, me encuentro a Sara, Coco, mi primo Nabih y los hermanos Aiham y Basem, que me esperan junto al torno. Coco nos guía alrededor del puerto y nos lleva por un laberinto de callejones. Se detiene frente a un restaurante con mesas blancas en la calle. DAMAS, reza el cartel que hay sobre la puerta. Damasco.

—Bueno, pues hemos llegado al sitio adecuado —exclama Sara, sonriente.

El restaurante está lleno de sirios que comen, charlan en voz alta o cargan sus móviles agazapados junto a los enchufes que hay entre los cables enredados, sobre las mesas. Oigo un chillido desde el fondo del restaurante y cuando levanto la cabeza veo a Mustafá sentado con su padre, Idris. El pequeño suelta el teléfono, viene corriendo y me rodea la cintura con los brazos.

—Aquí están —saluda Idris, sonriendo—. Nuestras heroínas nadadoras.

Los clientes que están a nuestro alrededor levantan la vista y empiezan a darse codazos y señalarnos. Al cabo de unos instantes, todos los presentes nos están mirando con una sonrisa y murmuran entre ellos.

—¿Qué pasa? —le pregunto a Sara en voz baja.

Ella se encoge de hombros.

—Supongo que se han enterado de lo sucedido —responde.

Las olas resplandecen y vuelven a alzarse. Se me encoge el estómago.

—Parece que ahora también sois famosas en Grecia —dice Aiham, dándome un empujoncito.

—Cállate —le espeto, con las mejillas ardiendo.

Cogemos platos con arroz y carne y salimos a la terraza a sentarnos a una mesa. Estamos famélicos, así que comemos en silencio durante unos minutos. Después, entre bocado y bocado, le hablamos a Idris sobre el lugar que Zaher ha elegido para acampar en el parque y decide unirse a nosotros. Mustafá sonríe y golpea la mesa con ambos puños. Terminamos de comer y regresamos paseando por la ciudad; rodeamos el puerto y subimos por la colina hasta el campamento en el parque infantil. Por el camino vemos a cientos de recién llegados acostándose al raso bajo la noche estival. Me meto en mi nuevo saco de dormir entre Coco y Sara. Me quedo un rato despierta y escucho el coro de ladridos y la música que sube desde las tabernas y los bares. Las cigarras cantan y chillan rítmicamente en los árboles y las motos petardean por las calles. Cierro los ojos; me siento segura por primera vez en días. Por fin, mientras me dejo arrastrar por el sueño, pienso en lo mucho que me alegra haberme reencontrado con Mama y Kamar. La vieja mujer y la bebé nos protegerán.

A la mañana siguiente, Zaher y Majed discuten sobre cuál debe ser nuestro siguiente paso. Zaher y los demás llegaron antes que nosotros, así que nos llevan algunos días de ventaja en el proceso de registro. Se supone que van a obtener sus papeles ese mismo día, mientras que los nuestros no estarán listos hasta mañana. Zaher dice que nos esperarán para que todos podamos continuar el viaje juntos. Es muy generoso por su parte y me siento aliviada. Prefiero viajar en un grupo más grande, es mucho más seguro.

Majed se vuelve hacia mí. Tenemos bastante tiempo libre, así que se ofrece a conseguirme unas gafas nuevas. Lo sigo por el puerto hasta las callejuelas que hay más allá y pasamos por tabernas, panaderías y tiendas de recuerdos para los turistas. Encontramos una óptica, pero nos dicen que tardarán al menos una semana en hacérmelas. No podemos esperar aquí tanto tiempo, así que tendré que pasar sin ellas. Estoy molesta. ¡Una semana entera! En Siria las habrían tenido listas en un día. Volvemos al puerto y, de camino, echamos un vistazo al aparcamiento. Hay todavía más gente que el día anterior. Atisbamos a Zaher y su familia salir de entre el gentío. El hombre nos sonríe y sacude un pedazo de papel en el aire. Luego señala hacia otra multitud enorme que hay al otro lado. Es la cola para sacar los pasajes de ferry hacia el continente. Abro unos ojos como platos: es tan larga como la cola para registrarse.

Al día siguiente, tras una interminable espera sobre el abrasador asfalto, también nosotros recogemos los papeles del registro. Miro las extrañas letras griegas de la hoja y me pregunto qué querrán decir en realidad. Lo único que sabemos es que podemos salir de esta isla. Nos colocamos de inmediato en la siguiente fila, en la de los pasajes para el ferry. Unas horas más, y por fin conseguimos comprar los billetes para un barco que sale la noche siguiente.

Y tras otra noche acampando en el parque infantil, todos subimos al ferry que nos llevará a la capital griega, Atenas. Trescientos kilómetros, una travesía de once horas. El barco está tan abarrotado que tenemos que dormir sobre las mesas de la cafetería que hay en la cubierta superior. Paso la noche luchando contra náuseas que me sobrevienen en oleadas, intentando ignorar el balanceo del mar que hay bajo nosotros. A la mañana siguiente, temprano, llegamos a El Pireo, un gran puerto industrial cercano a Atenas. No nos detenemos; seguimos a la muchedumbre, que camina junto a la maquinaria oxidada que hay a lo largo del muelle. No tardamos mucho en encontrar un grupo de traficantes a la caza de negocio.

—¿Adónde queréis ir? —pregunta uno de ellos en árabe cuando pasamos por su lado.

—Alemania —responde nuestro primo Majed.

El traficante se echa a reír. Todo el mundo se dirige al norte, a Alemania o a Suecia. El hombre dice que el siguiente autobús parte a medianoche, pero que solo nos llevará hasta la siguiente frontera. Desde allí tendremos que cruzar a pie a Macedonia, un país diminuto que hay entre Grecia y Hungría. Pocos de nosotros hemos oído hablar de Macedonia, pero Majed llega a un acuerdo con el traficante y nos consigue plaza en un autobús a todos.

Viajamos toda la noche y cruzamos la Grecia continental, quinientos kilómetros hasta la frontera con Macedonia. Yo estoy contenta por no tener que hacer ese recorrido a pie. Los traficantes nos dejan en un lado de la carretera, junto a un hotel abandonado, justo después del amanecer. Otros tres autobuses llegan al mismo tiempo. Montones de gente bajan de ellos y empiezan a caminar con determinación a través de los campos en una larga fila serpenteante.

—Sí, estamos en el lugar correcto. —Majed mira el móvil e intenta pronunciar los nombres—. Idomeni. Gevgelija. La frontera está allí. Por aquí se va a la vía de tren que lleva al paso fronterizo.

—¿En serio? Quién lo iba a decir —interviene Muhanad, señalando con la mano al torrente de personas.

Nabih y yo nos reímos, pero Majed no se entera, está demasiado ocupado mirando la pantalla del teléfono. Seguimos a la gente a través de la alta hierba hasta llegar a las vías. Ya estamos. La frontera entre Grecia y Macedonia. La muchedumbre se sienta en las vías y espera bajo el sol el momento de cruzar. La tensión se respira en el ambiente. Más adelante, una fila de policías nos bloquea el camino.

Nos sentamos detrás de la gente a esperar. Devoro otra barrita de chocolate y luego me escondo entre los arbustos que hay junto a las vías para cambiarme de ropa. Media hora después, se produce un alboroto en la parte delantera de la multitud, cuando la policía se hace a un lado y permite que unas cincuenta personas crucen la frontera. Nos ponemos de pie y nos unimos a la gente mientras toda la masa se mueve hacia delante a la vez, gritando y empujándose. Un hombre sudanés se me echa encima y me manda volando contra mi primo Nabih. Este da un paso al frente para volver a empujar al hombre hacia atrás.

—Ella me ha empujado —protesta el sudanés, señalándome.

Los hermanos Aiham y Basem se enfrentan al hombre.

—No —niega el primero—. Tú la has empujado a ella.

—Todos estáis empujando —interviene otro hombre mientras señala nuestro grupo y se enfrenta a Aiham.

La discusión pronto degenera en una competición de empujones. Con la confusión, Sara y yo nos adelantamos en la cola. La multitud vuelve a calmarse al cabo de un rato, pero a medida que esperamos bajo el sol del mediodía los nervios se van crispando más y más. Poco a poco, nos vamos acercando a la fila de policías, y por fin, tras quince minutos al frente de la multitud, delante de los policías, los agentes se hacen a un lado y nos dejan entrar en Macedonia. Cruzamos con las manos entrelazadas para mantener a todo el grupo unido en una larga cadena.

Justo después de cruzar la frontera, un policía nos indica que debemos dirigirnos a un edificio, donde nos registraremos para conseguir un documento que nos otorga asilo temporal en Macedonia durante tres días, el tiempo suficiente para cruzar el país. Una vez que tengamos ese papel, podemos coger un autobús financiado por el gobierno que nos conducirá hasta la siguiente frontera. Si somos rápidos, cuando caiga la noche podríamos haber salido de Macedonia. La frontera con Serbia está a solo dos horas de aquí por carretera. Desde allí, hay otros cuatrocientos kilómetros hasta la capital, Belgrado. Con un poco de suerte podremos dormir allí esta noche y por la mañana empezar a planear cómo cruzar la siguiente frontera, la peor de todas, la que separa Serbia de Hungría.

Zaher mira la fila larga y desigual que se ha formado fuera del edificio y frunce el ceño. Kamar empieza a llorar en sus brazos. Le da la bebé a su esposa y niega con la cabeza.

—Otra cola —se lamenta—. Mejor que ni nos molestemos en conseguir ese documento. No podemos esperar aquí eternamente. Tenemos que seguir.

Zaher y su grupo quieren continuar, pero Majed no tiene tanta prisa. Opina que deberíamos quedarnos aquí y esperar para conseguir el documento de tránsito antes de seguir. Zaher se encoge de hombros y propone que nos encontremos de nuevo en la siguiente frontera. No me gusta la idea de separarnos, pero Majed se muestra inflexible. No iremos a ninguna parte sin ese papel.

—Tenemos que respetar las normas, por estúpidas que nos

parezcan —insiste—. No quiero tener problemas más adelante solo porque nos falte un pedazo de papel.

—Tiene razón —apunta Muhanad—. Es un juego, y hay que seguir las reglas. Si dicen que necesitamos el papel, conseguiremos el papel.

Nos ponemos a la cola y esperamos bajo el calor abrasador. Tardamos cinco horas en sentarnos frente a dos policías. Les decimos nuestros nombres, pero no nos piden las huellas dactilares. Tampoco nos preguntan por los pasaportes, así que Sara y yo los dejamos donde están, en nuestro sujetador. La policía nos entrega un documento sellado y nos mete prisa para que subamos a un autobús que nos llevará a la frontera serbia. Es evidente que los macedonios nos quieren fuera de su país lo antes posible. A nosotros nos parece bien, nos alegra poder movernos tan deprisa.

Estamos en el autobús hacia Serbia cuando Majed recibe un mensaje de Zaher. Dice que han tenido que volver. Sin los documentos de tránsito, la policía no les ha dejado cruzar la frontera, y se encontrarán con nosotros más adelante, en Belgrado.

—¡Ja! —exclama Majed con una sonrisa triunfal—. ¿Lo veis? Es un juego, y hay unas normas.

Airada, vuelvo la cara hacia la ventanilla mientras intento reprimir mi irritación. Majed sonríe de nuevo cuando cruzamos a Serbia y debemos enseñar nuestros papeles a la policía. Le encanta tener razón. Tras la frontera, otro autobús financiado por el gobierno aguarda para el último tramo de cuatro horas hacia el norte, hasta Belgrado. Los gobiernos de Serbia y Macedonia no quieren que nos quedemos aquí, así que nos llevan hacia el norte y el oeste lo más rápido que pueden, hacia los países europeos más ricos. A Alemania, Suiza y Francia.

Es casi de noche cuando el autobús nos deja en la estación de Belgrado. Seguimos a la multitud hasta un parque, donde ya hay muchísima gente acampando en la tierra desnuda y polvorienta. Los más afortunados cuentan con tiendas de campaña. Se ven montañas de basura apestosa desperdigadas por todo el parque y bandas de hombres extraños que pululan por entre la gente en la oscuridad. No me siento tranquila. Sara me lee el pensamiento.

—Vayamos a un hotel —propone mientras mira a su alrededor—. Ya nos reuniremos con los demás mañana.

Nos adentramos en la ciudad para buscar una habitación. Uno tras otro, los empleados de los hoteles se niegan a atender a clientes con pasaporte sirio. Eso me duele, y recuerdo el restaurante de la isla en el que no quisieron venderme agua. Tenemos dinero. ¿Acaso no es lo bastante bueno para ellos? Es tarde, y cuando encontramos un hotel en el que no nos piden la documentación, las calles parecen más inseguras que antes. Pagamos el doble de lo que vale, pero me siento tan aliviada de haber encontrado alojamiento que apenas reparo en el precio. Cerramos la puerta de la habitación con el cerrojo. Me doy una ducha de una hora y luego me hundo en las limpias y frescas sábanas. He dormido a la intemperie desde que nos fuimos de Estambul, hace ya siete noches. Una semana entera. Casi había olvidado lo que era dormir profunda y plácidamente en una cama.

A la mañana siguiente, temprano, nos encontramos con Zaher y los demás en el parque. Han montado sus tiendas sobre la tierra polvorienta. El campo no es un centro oficial de acogida, así que no tiene agua corriente y solo cuenta con baños portátiles. Recuerdo la ducha y las sábanas limpias y me siento mal, pero me digo que así son las cosas. No todo el mundo puede permitirse una habitación de hotel. Si puedes, te costeas un lugar seguro donde dormir.

Me siento entre Mama y la esposa de Zaher, que están haciendo arrumacos a la pequeña Kamar. La arrullan y ella las mira con esos ojos pálidos como dos lunas. Aiham y su her-

Dos de las pocas fotos
de la infancia de Yusra que
sobrevivieron a su huida de Siria.

El grupo, agazapado en los maizales al atardecer, durante su viaje por Europa;
2015 *(Hien Lam Duc / Agencia VU)*.

Yusra, a la cabeza del grupo mientras caminan por las vías en la frontera entre Serbia y Hungría, 2015 *(Hien Lam Duc / Agencia VU)*.

De izquierda a derecha: Idris, Mustafá, Yusra y Rubito; 2015
(Hien Lam Duc / Agencia VU).

De izquierda a derecha: Jalil, Sara, Rubito, Nabih, Yusra y Majed; 2015
(Hien Lam Duc / Agencia VU).

Los Mardini: Sara, Yusra, Mervat, Karoline (una amiga de la familia), Shahed y Ezat; 2015 *(Hien Lam Duc / Agencia VU)*.

El entrenador Sven Spannekrebs habla con Yusra durante una sesión de entrenamiento en la piscina del Wasserfreunde Spandau 04, en el Olympiapark de Berlín; marzo de 2016 *(Alexander Hassenstein / Getty Images para el COI)*.

El Equipo Olímpico de Atletas Refugiados en el Desfile de Naciones del estadio Maracaná durante la ceremonia de apertura de los Juegos Olímpicos de Río 2016 *(Reuters, reproducida con permiso del COI).*

El Equipo Olímpico de Atletas Refugiados frente a la estatua del Cristo Redentor en Río de Janeiro, Brasil; 2016 *(Kai Pfaffenbach / Reuters).*

Yusra durante una prueba de natación en los Juegos Olímpicos de Río 2016 *(Benjamin Loyseau / ©ACNUR con permiso del COI).*

Yusra durante su discurso en la cena de los premios a los Objetivos Mundiales en septiembre de 2016, donde recibió el Girl Award *(Markisz / UN032947 / UNICEF).*

Yusra conoció al presidente Obama y pronunció un discurso en la Asamblea General de las Naciones Unidas en Nueva York; 2016 (*Pete Souza / Biblioteca Presidencial de Barack Obama*).

Yusra y Sara sostienen sus premios Bambi en la categoría de Héroes Silenciosos (premios de los medios de comunicación alemanes) en Berlín, noviembre de 2016 (*Joerg Carstensen / imagen Alliance*).

Yusra conoció a su santidad el papa Francisco en noviembre de 2016 cuando le entregó al pontífice el Premio Bambi del Milenio, un premio de los medios de comunicación alemanes *(Vatican Media)*.

Yusra con la reina Rania de Jordania, en 2016, en la cena de los Premios a los Objetivos Mundiales en Nueva York *(Michael Loccisano / Getty Images para Global Goals)*.

mano Basem se acercan para despedirse. Han planeado volar hasta Alemania con documentos de identidad falsos. Si funciona será un atajo considerable, ya que se ahorrarán semanas en la carretera, pero es un riesgo. Si los descubren con pasaportes ilegales podrían detenerlos.

—Bueno, os veremos en Alemania —comenta Aiham mientras me estrecha la mano—. ¿Adónde dijisteis que ibais?

—A Hannover —respondo—. Vamos a encontrarnos con una amiga de Sara, Hala.

—Bien, pues allí nos vemos —me asegura.

Le deseo suerte y les decimos adiós con la mano.

—No conseguirán subir al avión —mascula Majed cuando se marchan.

Me siento con desgana en el terreno marrón y polvoriento, donde hace mucho tiempo quizá hubo hierba. Hay cientos de personas sentadas a nuestro alrededor, grupos de hombres jóvenes, familias con abuelos y niños muy pequeños. Duermen, comen, esperan y planean su siguiente paso. Los traficantes pululan por el borde del parque, al acecho. Todo el mundo habla sobre cuál es la mejor manera de cruzar a Hungría. Dicen que la policía es cada vez más estricta en la frontera, pero que todavía es posible cruzar.

Nuestro grupo está dividido acerca de cuál es la mejor ruta. Muhanad quiere pagar a un traficante para que le lleve en coche hasta la capital húngara, Budapest. Majed quiere ir con él. Zaher y los demás dicen que irán a Horgos, un pequeño pueblo de la frontera entre Serbia y Hungría, y que cruzarán a pie. También podríamos ir con ellos. Majed nos pregunta a Sarah, Nabih y a mí qué queremos hacer: si preferimos ir en coche con un traficante junto a Muhanad o cruzar la frontera a pie con Zaher.

—Prefiero quedarme con Zaher —digo—. Quedémonos con el grupo grande. Son nuestros amigos, podemos ir a pie con ellos. Confío en ellos; ahora somos familia.

Mientras pronuncio esas palabras en voz alta, las sensaciones se fortalecen. A estas personas les importamos. Esperaron por nosotros en la isla y nos invitaron a acampar con ellos en Grecia. No tenían por qué hacer nada de todo eso. Sara y Nabih sonríen y asienten. Está decidido. Cruzaremos a Hungría a pie con Zaher y los demás.

Cuando la noche cae sobre el parque, el ambiente vuelve a tornarse tenso. Sara, nuestros primos Nabih y Majed y yo volvemos al hotel y dejamos al resto en el campamento. A la mañana siguiente, cuando volvemos al parque con los demás, nos encontramos a Aiham y Basem en el grupo. Dicen que las medidas de seguridad eran demasiado estrictas y que no consiguieron subir al avión hacia Alemania. Está claro que su única opción es intentar cruzar a Hungría a pie con nosotros.

—Eh —saluda una voz masculina en inglés detrás de mí—. ¿Puedo sentarme con vosotros?

Levanto la vista y veo a un hombre sonriente. Lleva una camiseta de color caqui y tiene grandes ojos marrones y amables y una barba incipiente.

—Esto... Sí, por qué no —respondo—. ¿Qué quieres?

El hombre se presenta como Steven y dice que es periodista del canal belga de noticias VRT. Su equipo y él están grabando un programa de noticias. Steven señala a un hombre junto a él con una cámara en la mano. Tras él, otro hombre sostiene un micrófono peludo enganchado en una barra. Son los miembros de su equipo: su cámara, Ludwig, y su sonidista, Stefan.

—Nos gustaría hablar contigo sobre tu viaje —dice Steven—. Es para un programa juvenil, para contar a los jóvenes belgas lo que está sucediendo aquí.

Sonrío. Será una agradable distracción entre tanto aburrimiento, podré olvidar durante un rato todas las conversaciones sobre fronteras, traficantes de personas y Hungría. Me pongo de pie y miro a los demás. Los adultos niegan con la cabeza. Les preocupa que los graben porque podría acarrear-les problemas más adelante. Miro a mi alrededor. El sol brilla en lo alto del cielo y me siento segura. Hemos llegado hasta aquí. ¿Qué daño podría hacerme? Sigo al periodista hasta un rincón tranquilo del parque, donde elegimos un sitio a la sombra de algunos árboles. Me siento en el suelo con las piernas cruzadas, de cara a Steven. Me pone un micrófono y Ludwig me enfoca la cara con la cámara.

—Bueno, ¿qué estás haciendo aquí? —pregunta cuando la cámara empieza a grabar—. Háblanos un poco de ti.

Le cuento que estaba en el equipo nacional de natación de Siria y que voy a Alemania porque me han dicho que es un buen lugar para entrenar y estudiar. Nadie está a salvo en Siria, así que tuvimos que escapar de las bombas. Allí no hay futuro. No puedo estudiar, ni tampoco soñar. Le digo que buscamos una oportunidad para tener una vida mejor, que cualquier cosa será mejor que simplemente existir, esperar la muerte o el final de la guerra, lo que llegue primero. Steven asiente con seriedad y me pregunta por mis esperanzas y sueños de futuro.

—Quiero ser nadadora profesional —respondo—. Algún día quiero participar en los Juegos Olímpicos.

Steven hace una pausa y me dirige una mirada interrogante. Luego mira a su alrededor. Zaher y los demás han formado un círculo alrededor de nosotros mientras hablábamos. El periodista los señala y me pregunta quiénes son mis compañeros de viaje. Le contesto que estoy con mi hermana, mis primos y unos amigos que ahora son como de la familia. Cuando termina la entrevista, Ludwig gira la cámara para grabar a la gente del parque. Nos ponemos de pie y Steven me da las gracias y un apretón de manos. Sara se acerca a nosotros.

—Llegar hasta aquí ha sido muy difícil —digo, señalando a mi hermana—. Tuvimos que nadar.

El periodista se detiene en seco y se nos queda mirando.

—¿Nadar? —repite—. ¿Qué quieres decir?

—Sí —respondo—. Nadamos desde Turquía hasta Grecia.

Steven enarca las cejas y niega con la cabeza, incrédulo.

—Es cierto —interviene Sara—. Somos nadadoras, así que tuvimos que nadar.

El periodista le hace un gesto a su cámara de inmediato.

—De acuerdo —dice—. Vamos a hacer la entrevista otra vez.

Me encojo de hombros y vuelvo a sentarme. Cuando la cámara vuelve a grabar, le hablo a Steven sobre las enormes olas, sobre el bote diminuto con demasiada gente que se hundía en el agua. Le digo que Sara y yo somos nadadoras y que nadamos para mantener la embarcación a flote sobre las olas. Estuvimos en el mar durante tres horas y media. Hacía frío y estaba oscuro, pasamos mucho miedo, pero llegamos, gracias a Dios. Es la primera vez que cuento la historia en voz alta a otra persona. Me cuesta recordar los detalles; me parece algo lejano e irreal, como una pesadilla que se difumina cuando te despiertas. Steven sonríe y me da las gracias de nuevo. Nos hacemos un selfi juntos y le doy mi número de teléfono. Me dice que mantendrá el contacto.

Esa noche volvemos al hotel. A la mañana siguiente, Muhanad se marcha para encontrarse con un traficante y deja a su amigo Rubito con nosotros. La despedida no es muy emotiva. Pensamos que tal vez nos encontremos más adelante, en otro sitio. Nunca volvemos a verlo, aunque un tiempo después papá me cuenta que consiguió llegar a Alemania por sus propios medios. Cuando volvemos al parque, Zaher nos informa de que ha encontrado un autobús que nos puede llevar a todos a la frontera con Hungría a la mañana siguiente. El plan es cruzar la frontera a pie desde allí.

La policía húngara es diferente de las que nos hemos encontrado hasta ahora. Si nos descubren en la frontera, lo mejor que nos puede pasar es que nos devuelvan a Serbia, aunque también pueden detenernos y encerrarnos en una prisión. Hemos oído historias de crueles maltratos y palizas, pero nuestro mayor temor es que los húngaros encuentren nuestros pasaportes, registren nuestros datos en su sistema y nos tomen las huellas dactilares. Si eso pasa antes de que lleguemos a Alemania, la política europea de asilo estipula que podrían devolvernos aquí. Es complicado y no estamos seguros de cuál es la situación legal. Lo único que sabemos es que debemos evitar a la policía por todos los medios.

En el parque, Um Muqtada está inquieta; sus dos hijos se agarran de su larga *abaya*. Mira a las demás mujeres con velo que hay a su alrededor.

—Mi cuñado Alí dice que cuando crucemos a Hungría tenemos que parecer europeos —les explica—. Allí tienen miedo de los musulmanes, ¿recuerdas? No podemos llamar la atención, y eso significa que nada de hiyab. Nos tendremos que tapar la cabeza con sombreros.

Las demás mujeres se muestran dubitativas, pero Um Muqtada insiste y Sara y yo las acompañamos a una tienda de ropa barata que hay cerca del parque. Allí compran grandes sombreros de paja para taparse el cabello, y nosotras nos hacemos con unas camisetas y pantalones cortos. Mientras tanto, Majed y Nabih van a un Western Union a buscar más dinero para la siguiente etapa del viaje. A la mañana siguiente, a primera hora, nos reunimos con Zaher y los demás en la carretera que bordea el parque. Un autocar nos espera para llevarnos hasta la frontera con Hungría, a doscientos kilómetros al norte.

El vehículo nos deja a un lado de la carretera, cerca de unos árboles. Hay mucha más gente dando vueltas. Parecen asustados y perdidos, como si buscaran un líder que les muestre cómo cruzar la frontera sin que los atrapen. Zaher guía a nuestro grupo lejos de la carretera por un camino de arena.

Al cabo de unos minutos, se detiene y señala unos árboles. Dice que debemos subir la cuesta, encontrar las vías de tren y seguirlas hasta cruzar la frontera, pero hay policía por todas partes. Si vamos con toda esta gente, nos atraparán seguro. Deberíamos esperar aquí y fingir que estamos descansando, dejar que la multitud se adelante y esperar a ver qué pasa. Quizá la policía esté tan ocupada con ellos que podamos cruzar sin que nos vean.

Nos sentamos en el claro y dejamos que la multitud perdida nos adelante, en dirección a donde aguarda la policía. Al final, el gran grupo se disuelve y deja al nuestro atrás, escondidos de la vista. Estamos solos, tal y como queríamos.

13

Un hombre bajito de ojos almendrados aparece de la nada y se acerca al grupo. Tiene la piel oscura, una expresión extrovertida y una mata de pelo negra y blanca. Sobre su nariz descansan un par de gafas cuadradas de montura gruesa y junto a él hay una mujer con el pelo castaño, corto y rizado.

—¿Vais a cruzar ahora? —pregunta en inglés.

—¿Quién es? —pregunta Zaher—. ¿Quiere dinero, o qué?

El hombre se presenta como Lam. La mujer nos dedica una cálida sonrisa y dice que se llama Magdalena. Lam se mete la mano bajo la chaqueta y saca una cámara con un enorme objetivo.

—Somos periodistas. Yo hago fotos —aclara Lam—. Me gustaría cruzar la frontera con vosotros y fotografiaros.

Sara se lo explica al grupo.

—Puede hacer lo que quiera mientras no haga que nos descubran —dice Zaher.

Sara levanta la vista hacia Lam y sonríe.

—De acuerdo —accede—. Puedes venir con nosotros.

Nos ponemos de pie con dificultad. Sara coge a Kamar de los brazos de su madre y la mete en un portabebés rojo que lleva colgado delante. La esposa de Zaher le pasa un chal de color rosa, con el que mi hermana envuelve a la niña para protegerla del sol del mediodía. Lam hace una fotografía del grupo y luego Magdalena y él siguen a Zaher por el camino de tierra. Sara y yo vamos justo detrás y los demás nos siguen. Zaher sale del camino por la derecha y se adentra en un pequeño bosque. Subimos por una escarpada cuesta y al final, tras los árboles, distinguimos las vías del tren, un par de barras paralelas de metal que resplandecen bajo el sol. No hay traviesas entre ellas, solo un camino de tierra desnudo por el que empezamos a caminar.

—¿No pasan trenes? —le pregunto a Lam en un susurro.

—Ah, no, no muy a menudo —responde, me guiña un ojo y se agacha para sacar más fotos mientras el grupo va pasando.

Tras unos minutos, Zaher se detiene y levanta la palma de la mano para indicarnos que lo imitemos.

—No hagáis ningún ruido —susurra—. Ni una palabra.

Hago una señal a los demás. Zaher desaparece entre los árboles que hay a su izquierda y los demás bajamos la pendiente tras él. Al final, los árboles se abren a un enorme maizal. Zaher para y levanta la mano de nuevo; yo me quedo inmóvil detrás de él.

—La frontera está allí —me susurra al oído, mientras consulta el móvil y señala al final del campo, a su derecha—. Aquello es Hungría.

Traza una línea de izquierda a derecha para mostrar la carretera principal, donde espera la policía. Tendremos que escondernos en el maizal e intentar pasar por su lado. Si nos ponemos de pie, nos verán.

—Que nadie hable ni fume —ordena Zaher al grupo—. Que los niños estén callados, y apagad todos los móviles. Cuando os diga que corráis, corréis. Cuando os diga que os sentéis, os sentáis. ¿Entendido?

Asiento.

Zaher empieza a andar agachado, escurriéndose entre las cañas de maíz, con la cabeza a la altura de las mazorcas. Yo lo sigo con la cabeza agachada, respirando con dificultad. Lam, Magdalena y Sara van detrás de mí. Apenas hemos avanzado veinte metros cuando Zaher se detiene. Tiende la palma de la mano hacia atrás y me paro en seco. Entonces la baja un poco y la mueve arriba y abajo con rapidez.

—¡Sentaos! —me susurra por encima del hombro.

Todos nos agachamos y esperamos en silencio. Pasan unos minutos y Zaher se pone de pie, nos hace una señal y traza una curva cerrada hacia la derecha por entre las cañas de maíz. Nos dirigimos directamente hacia la frontera: la carretera pasa por el borde del campo, a unos doscientos metros a nuestra izquierda. Los coches de policía forman una hilera a lo largo de la calzada, aparcados uno pegado al otro. Si me pongo de pie, cualquiera que esté mirando al maizal atisbará mi cabeza. Zaher vuelve a detenerse y nos indica con la mano que nos agachemos.

—Están mirando hacia aquí —susurra—. Esperad.

Nos sentamos. El silencio se alarga y me concentro. Espero oír el sonido de la policía marchando por el campo hacia nosotros, pero no se oye nada más que el zumbido de los insectos y el canto de los pájaros por encima de nuestras cabezas. Los niños están en silencio y yo mantengo los ojos fijos sobre el suelo. No soy capaz de mirar a los demás a la cara; la situación es demasiado humillante. Somos seres humanos, no animales, pero aquí estamos, como criminales, agazapados en un campo y perseguidos por la policía. Me estremezco de la vergüenza, arranco largas hebras de hierba y las rompo en pedazos.

Cuando Lam se pone de pie y nos hace una señal, la luz del sol se ha tornado dorada y las sombras se han alargado. Lo seguimos, agachados por debajo del maíz. Las cañas están cada vez más esparcidas entre la hierba alta y Zaher nos vuelve a indicar con un gesto que nos sentemos. Kamar gime, rompiendo así el denso silencio. Sara se la pasa de inmediato a su madre, que le da el pecho para acallarla. El silencio reina de nuevo en el campo.

El hijo de Um Muqtada está de pie frente a su madre. El pequeño tiene los ojos rojos y exhaustos y el rostro constreñido en una mueca de dolor. La mujer le peina el flequillo negro hacia atrás para palparle la frente y deja que se tumbe con la cabeza en su regazo. Pasa una hora de tenso silencio hasta que Zaher nos vuelve a indicar que nos levantemos. El niño está demasiado agotado para moverse. Arruga el gesto y empieza a llorar, tendiendo los brazos hacia arriba, hacia su madre.

—Chis —susurra ella—. No llores, *habibi*.

Lo coge en brazos y sigue andando con él a cuestas.

Seguimos sigilosamente a Zaher por entre la alta hierba. De pronto echa a correr. Me apresuro tras él, doblada por la mitad y jadeando. Lam y Magdalena van detrás de mí, y luego viene Sara, que lleva al pequeño a la espalda. Um Muqtada corre detrás de ellos con su hija de la mano. Nos detenemos y volvemos a empezar, avanzando despacio y en silencio entre la hierba. Cuando el sol ya desciende por el campo, Zaher se sienta y consulta su teléfono. Sonríe, aliviado.

—Ya está. Hemos cruzado —anuncia—. Estamos en Hungría.

Lam asiente y se vuelve hacia mí, sonriente.

—Lo has hecho bien —me dice.

El fotógrafo levanta la vista y hace una fotografía de Sara mientras ella se baja al niño de la espalda.

—Y tú también, vieja Antar —se ríe—. ¿Qué eres, una heroína de guerra, o algo así?

Mi hermana y yo nos reímos. Antar era un caballero árabe y un héroe del folclore conocido por sus épicas aventuras. Le pregunto a Lam cómo es posible que lo conozca y me cuenta que vivió en Irak durante muchos años. Qué casualidad, encontrar a alguien que haya oído hablar de Antar en un campo en la frontera entre Serbia y Hungría. Sonrío a los periodistas, otros amigos inesperados que añadir a nuestro grupo de viajeros.

Zaher señala por encima de su hombro un edificio que está a unos sesenta metros. Nos explica que es una estación de servicio en la que se reúnen los traficantes de personas. Tenemos que esperar aquí hasta que oscurezca. Todavía hay policías que inspeccionan la zona, buscándonos. Cuando caiga la noche, nos acercaremos con sigilo hasta la estación de servicio en busca de vehículos que nos lleven hasta Budapest. Nos sentamos de nuevo a esperar.

El sol se pone rápidamente tras los campos que se extienden a nuestra espalda. La luz se torna de color rosa y el cielo se oscurece. El resplandor blanco de la entrada de la estación de servicio aclara el color del cielo, hasta que todo se hace negro, blanco o gris. Las luces de los coches de policía pasan zumbando por la carretera. Es una barrera azul e intermitente que nos bloquea el paso. Nos quedamos sentados, esperando pacientemente a que la policía se marche.

Sara está cerca de mí, al lado de Bashar y Abdulah. Los hombres fuman, tapando el extremo brillante de los cigarrillos con la mano para que no se vea la luz. Una vez más, no estamos solos. No deja de escabullirse gente por la frontera a través del campo, para unirse a nosotros. Poco rato después, nuestro grupo se ha multiplicado por dos.

Justo antes de que se haga de noche, una mujer y dos hombres vienen tranquilamente hacia el campo desde la estación de servicio. Hay suficiente luz como para ver que no son policías. Es una chica romaní muy joven, vestida con una falda larga y una camiseta, flanqueada a los lados por dos hombres musculosos vestidos de negro.

—¿Adónde queréis ir? —nos pregunta la chica cuando llega junto a nosotros.

Sara hace de traductora entre Zaher y la muchacha.

—Budapest —responde Zaher.

—¿Cuánta gente?

—Treinta. ¿Cuánto?

—Ochocientos cada uno —responde la chica—. Traeremos suficientes coches para todo el mundo.

Zaher pone unos ojos como platos.

—¿Cada uno? —repite—. No. Es demasiado.

—Igual prefieres que os pille la policía —repone la muchacha, señalando las luces azules que hay tras ella.

Zaher suspira. No hay otra manera. Tenemos que salir de aquí. Le dice a la chica que traiga los coches y que la esperaremos en este mismo lugar. Ella se da la vuelta con su banda y regresa hacia el resplandor blanco de la estación de servicio. Por lo que sabemos, podrían estar trabajando para la policía. Estamos a su merced.

Zaher empieza a planificar la siguiente parte del viaje y cuenta con los dedos cuántos de nosotros sabemos hablar inglés. Somos cinco, incluidas Sara y yo. Cuando lleguen los coches, nos tendremos que dividir para que haya una persona que hable inglés en cada uno de ellos. Eso significa que en el siguiente tramo no estaré con Sara, pero no me importa, confío en los demás.

Justo en ese momento se produce un disturbio en la carretera. Los periodistas levantan la vista e intercambian una mirada. Lam nos hace un gesto con la cabeza y Magdalena y él se ponen de pie poco a poco, aunque permanecen agachados.

—Hasta pronto, valiente Antar —se despide Lam, y le guiña un ojo a Sara—. Hasta que volvamos a vernos en otra batalla.

Sara sonríe y Lam se marcha, corriendo a través del campo hacia la carretera y seguido de cerca por Magdalena. Los observamos hasta que desaparecen en el resplandor de la estación de servicio. Me apena que se marchen. Sin ellos, nuestra situación se me antoja mucho más desoladora. La presencia de los periodistas hacía que esta especie de juego del gato y el ratón con la policía fuese casi divertido. ¿Qué pasará si la muchacha no regresa? ¿Cómo saldremos de aquí sin que nos descubran? Me estremezco y aparto el pensamiento de mi mente.

Um Muqtada se vuelve hacia las otras mujeres con velo y les dice que es hora de quitarse el hiyab. Los pañuelos son una prueba demasiado evidente de que somos musulmanes. Las mujeres se apartan y se esconden tras la hierba alta. Cuando vuelven a salir, he de reprimir una carcajada. Han metido su cabello bajo enormes sombreros de paja y han cambiado sus largas *abayas* entalladas por faldas largas y cazadoras vaqueras, a las que les han levantado el cuello para tapar el suyo. Tienen un aspecto extraño, sobre todo por la noche, en un campo. Me pongo mis nuevos pantalones cortos y mi camiseta y tiro el jersey gris y mugriento a la hierba. No tardo en arrepentirme: se levanta viento y empiezo a congelarme. Pero está demasiado oscuro y es demasiado peligroso ir a buscarlo ahora. Pasan las horas y sigue sin haber rastro de la chica ni de sus amigos criminales.

No hay luna, ni siquiera se ve ninguna estrella, solo un manto bajo de nubes púrpuras y amenazantes. Intento dormir, pero estoy demasiado nerviosa. Las luces azules resplandecen constantemente y me dan dolor de cabeza. Miro el móvil, sin olvidarme de taparlo con la mano para que no se vea la luz, y me quedo perpleja. Son las tres de la madrugada. El hijo de Um Muqtada está llorando otra vez. Está de pie al lado de su madre y gimotea en voz baja. Ella le rodea los hombros con el brazo y le ofrece una botella de agua. El niño frunce el ceño y la aparta. Su madre lo abraza y el pequeño entierra la cara en su hombro. Ella le murmura unas palabras para calmarlo y se le llenan los ojos de lágrimas.

—No te preocupes, *habibi*, todo irá bien —le asegura mientras le acaricia el pelo—. No llores.

La niña observa a su madre y a su hermano. Ella también parece al borde de las lágrimas.

—Oye —le susurro, y ella me mira—. ¿Sabes hacer trenzas en el pelo? —le pregunto. Ella asiente con timidez—. Hace tiempo que busco una nueva peluquera. ¿Quieres trenzar el mío?

La pequeña se acerca y se sienta detrás de mí. Divide mi larga melena en tres partes y empieza a trenzarlas, pasando un mechón por debajo de los otros. Cuando termina, deshace los nudos con los dedos y vuelve a empezar.

—Esos traficantes no van a volver —reconoce Zaher al final—. Y la policía no se da por vencida. Deberíamos intentar encontrar un lugar mejor donde escondernos y quizá dormir un poco.

Aiham y su hermano Basem se prestan voluntarios para ir a buscar un escondite. Desaparecen en dirección a la estación de servicio, agachados, escabulléndose por entre la hierba alta. Regresan al cabo de veinte minutos. Han encontrado una especie de zanja, como un río seco, tras los árboles. Allí podremos escondernos de la policía hasta que amanezca. Zaher se pone de pie, coge a Kamar y la mete en el portabebés. La niña, que está dormida, apenas se mueve. Um Muqtada despierta a su hijo con suavidad y se ponen de pie cogidos de la mano, preparados para correr. Yo hago lo propio y le doy la mano a la pequeña. En ese momento, un zumbido estruendoso emerge del cielo tras la estación de servicio, y un rayo de luz penetra las nubes violetas. Es un helicóptero.

—Venga, vamos —susurra Zaher al grupo—. Corred.

Basem y Aiham echan a correr por el campo hacia su escondite. Los seguimos tan rápido como podemos. La hija de Um Muqtada galopa a mi lado; su respiración se ha convertido en unos jadeos aterrorizados. Miro detrás de nosotros. Todo el grupo corre a través del campo, iluminado por el destello de las luces azules de la carretera a nuestra izquierda.

Debemos de ser al menos sesenta personas desperdigadas por entre la alta hierba, en dirección al cobijo de un pequeño grupo de árboles que hay más adelante. Aparecen más focos de luz en el suelo y el ruido que sobrevuela nuestras cabezas aumenta. Aprieto la mano de la niña con más fuerza y ella empieza a sollozar.

—No pasa nada —le susurro mientras corremos—. Solo es un juego.

Empieza a llover. Gruesas gotas de lluvia aterrizan en mi rostro. El rugido de los helicópteros se acerca. Oigo gritos detrás de mí, pero no me atrevo a mirar atrás. Me concentro en los hermanos, Aiham y Basem, que están delante. Se agachan por entre los árboles, seguidos por Zaher y su esposa. Solo treinta metros, veinte, diez. Ya estamos. Tiro de la niña para escondernos en el bosque, y nos permitimos unos segundos para recuperar el resuello. Sara es la siguiente en agazaparse bajo los árboles, con el hijo de Um Muqtada a la espalda. Cuento al resto del grupo a medida que llegan: nuestros primos Nabih y Majed, Rubito y los amigos de Sara, Bashar y Abdulah.

Nos adentramos en el bosque. Tras unos veinte metros llego al borde de la zanja oculta y contengo la respiración. Con esta oscuridad habría sido muy fácil caerse. Me deslizo por los lados empinados y fangosos hasta el fondo de la zanja, que es ancha, más o menos del tamaño de las rampas en forma de medialuna donde patinan los *skaters*. Miro atrás y observo al resto del grupo mientras baja. La mayoría de los desconocidos que se han unido a nosotros junto a la estación de servicio no han encontrado nuestro escondite. Me siento en el barro y escucho sus gritos mientras pasan corriendo por nuestro lado y salen a la carretera, a los brazos de la policía. Escucho y contengo la respiración. Los helicópteros nos sobrevuelan, pero las copas de los árboles nos esconden. En la carretera, los coches patrulla tienen mucho trabajo. Es un callejón sin salida; no hay forma de escapar. Lo único que podemos hacer es aguardar hasta que se haga de día y esperar que la policía se marche para poder escapar y buscar a otro traficante. Me pregunto si Lam, Mama y los demás habrán conseguido escapar.

En la zanja hace todavía más frío que en el campo abierto. Ha dejado de llover, pero una suave neblina da vueltas por el hoyo. Echo un vistazo a mi teléfono: son las cuatro y media. Necesito dormir. Pienso en la habitación del hotel de Belgrado. El foco del helicóptero hace otro barrido sobre las copas de los árboles. Me acuerdo del jersey que he dejado tirado en el campo.

—Me estoy congelando —le susurro a Sara; me castañetean los dientes—. Solo quiero dormir.

Aiham se pone de pie y se quita la cazadora de cuero. Me sonríe, me la pone sobre los hombros y luego empieza a caminar por la zanja, abrazándose y frotándose los antebrazos desnudos. Cada pocos pasos se detiene a saltar o a correr sin moverse del sitio.

—Ojalá tuviera mis pantalones —gimotea Sara mientras se frota las piernas desnudas, al borde de las lágrimas—. ¿Por qué nos hemos puesto pantalones cortos?

En ese momento, sus amigos Bashar y Abdulah bajan a la zanja con dos sacos de dormir sucios. El segundo los corta en pedazos con la navaja y yo intento fabricar una cama con la tela, pero ya está mojada de la lluvia y el suelo es demasiado fangoso para dormir. Sara se pone de pie y anuncia que va a volver al campo a buscar su jersey. Le digo que no sea estúpida, pero no me hace caso y se marcha. Estoy demasiado cansada para detenerla. Regresa a los cinco minutos, sonriente, con un par de pantalones de chándal negros.

—Mira lo que me ha dado ese chico de allí —dice, señalando a uno de los desconocidos que se han ocultado en la zanja junto a nosotros—. Ni siquiera lo conozco y sería capaz de darle un beso.

208

Nadie duerme demasiado. Nos lo impiden los destellos de las luces y los helicópteros que vuelan en círculos por encima de nosotros. Esperamos. Al final, la noche empieza a extinguirse, el ruido de la carretera amaina y las luces azules desaparecen. Zaher quiere marcharse, le preocupa que su bebé no pueda soportar este frío.

Ahora la carretera está más tranquila. Uno de los que hablamos inglés debe salir a buscar un traficante. Aiham y Rubito se ofrecen voluntarios, trepan para salir de la zanja y desaparecen. Los demás escuchamos con atención. Todo está tranquilo. A los diez minutos vuelven a descender al hoyo por la empinada pendiente y nos cuentan que han encontrado a un chico que tiene coches suficientes para llevarnos a todos a Budapest. Se han ofrecido a llevarnos hasta un hotel, el Berlín, donde dicen que podremos contactar con otro traficante que nos lleve hasta Alemania. No será barato: quinientos euros por persona. Es un precio escandaloso por los doscientos kilómetros que nos separan de la capital húngara, pero nos da igual. Daríamos cualquier cosa por salir de esta zanja.

Trepamos para salir del hoyo y emergemos temblando a un amanecer frágil y lluvioso. En la carretera esperan cinco coches negros y sucios y una miniván oscura. Entro en la furgoneta con Um Muqtada y sus hijos, Abdulah y dos personas más, y me siento en el asiento del copiloto, junto al conductor. Es bajito y de mediana edad, y va vestido completamente de negro excepto por una gorra de béisbol blanca.

—Quinientos —exige—. Cada uno.

El aliento le apesta a alcohol y cigarrillos. Recojo el dinero de los demás y se lo paso. El traficante arranca y pone la música a todo volumen. Es un pop de tono agudo y ritmo sincopado. Me da igual. Caigo en un sueño profundo, exhausta tras la noche en la zanja. Me despierto en la hora punta de la mañana. Estamos en medio del tráfico, bajo el puente de una autopista, y vamos a paso de tortuga, con la música todavía a todo volumen. Miro atrás y veo que los demás siguen dormidos.

El conductor sale de la carretera y aparca en un área de descanso junto a un puente. Delante de nosotros hay un centro comercial; estamos en las afueras. Los demás se despiertan. El conductor hace un gesto perezoso con la mano para echarnos y dice que tenemos que subir a otro vehículo aquí, así que bajamos del suyo. La furgoneta negra se aleja a toda velocidad y nos quedamos solos y perdidos a un lado de la carretera. Se oyen unas ruedas que derrapan y otra furgoneta, esta vez blanca, cruza la carretera a toda velocidad hacia nosotros. Está a punto de atropellarnos, pero logra desviarse en el último momento. La puerta del conductor se abre y aparece un hombre calvo, musculoso y lleno de tatuajes.

—Entrad —ordena.

—¿Nos vas a llevar al hotel Berlín? —pregunto.

Él sonríe, mostrándome sus dientes amarillos.

—Hotel Berlín —repite—. Sí.

Subimos y el hombre se vuelve hacia mí.

—Quinientos —dice, y escupe por la ventanilla.

—Pero ya le hemos pagado al otro hombre —protesto.

—Quinientos —repite, y se vuelve para señalar a los demás—: Cada uno.

Se me cae el alma a los pies. Este hombre tiene un poder total sobre nosotros.

—Ya hemos pagado —protesta Abdulah.

—Ya lo sé, ya se lo he dicho —respondo—. Pero, esto... Míralo. ¿Quieres enfrentarte a él?

Abdulah gruñe y da un puñetazo a la puerta. Miro por la ventanilla y observo el desierto urbano que tenemos delante. Aquí no podemos parar un taxi, y no me gusta la idea de caminar por la carretera principal. Nos arrestarían. Nuestra única opción es volver a pagar. En el asiento de atrás, los demás rebuscan entre sus cosas y sacan el dinero. Añado mi parte, que saco del fajo que llevo oculto en mi cartera de plástico, y se lo paso, apretando el dinero en la mano del conductor con tanta fuerza como me atrevo. Él sonríe, se mete el dinero en el bolsillo de los vaqueros, pisa el acelerador y derrapa marcha atrás hasta encarar la carretera. Nos metemos entre el tráfico y avanzamos despacio hacia la ciudad.

El hotel Berlín está en una esquina de una zona industrial y decadente de Budapest. Es un edificio de tres plantas de color beige y naranja que parece totalmente fuera de lugar. Sobre la azotea hay un gran cartel que anuncia que es un hotel de tres estrellas, aunque tiene pinta de que no lo haya pisado un verdadero turista en diez años. Cuando el coche frena junto a la entrada veo a Sara, que se pasea de un lado a otro con aspecto preocupado. Zaher, nuestros primos y los demás están sentados bajo unos árboles en una diminuta zona verde que hay a la derecha. La furgoneta se detiene, abro la puerta del copiloto y bajo.

—¡Yusra! Gracias a Dios —exclama mi hermana—. ¿Dónde estabais? Nosotros hemos llegado hace una hora.

—No lo sé —contesto—. Supongo que ha sido por el tráfico.

Los demás han estado esperando a que llegásemos antes de preguntar en el hotel por un traficante. Nos han dicho que en este lugar pasan muchos y que necesitaremos ayuda para la siguiente parte del viaje. Desde aquí solo hay cinco horas por carretera hasta Alemania, cruzando Austria, pero tendremos que pasar por dos fronteras. Primero hay que sortear a la policía húngara para entrar a Austria, y para eso necesitamos traficantes. Sara y yo nos prestamos voluntarias y entramos en el hotel para preguntar mientras los demás esperan en ese pedazo de terreno con hierba. Subimos los escalones rojos enmoquetados hasta el recibidor. Detrás del mostrador hay un hombre con la cabeza rapada. Más músculos. Más tatuajes.

—¿Qué queréis? —pregunta en inglés.

—Queremos ir a Alemania —contesta Sara—. Nos han dicho que aquí podemos conseguir un coche...

—Sí —interrumpe él—. Venid conmigo.

El recepcionista sale de detrás del mostrador y nos conduce a la izquierda, hacia el bar. Se dirige a un hombre sentado junto a una mesa. Lleva una camisa azul, unos pantalones beige y unos zapatos de cuero negros y relucientes. Me sonrojo y bajo la vista a mis pantalones cortos manchados de barro. Él nos saluda en árabe.

—¿Qué puedo hacer por vosotras? —pregunta. Tiene acento sirio.

Sara le dice que queremos ir a Alemania.

—Alemania —repite—. Sí, podemos arreglarlo. Os quedaréis en una de nuestras habitaciones hasta que encontremos un coche.

Sara le dice que somos más, que hay todo un grupo de personas fuera, unas treinta, y pregunta cuánto nos costará el viaje.

—Aún mejor —responde con una sonrisa—. Ya nos preocuparemos por el dinero luego, ¿de acuerdo? Traed a los demás y os llevaremos a vuestras habitaciones.

Volvemos caminando hacia el recibidor. Detrás de la barra hay una chica con una minifalda roja muy corta y un top blanco ajustado. Cuando pasamos por su lado, deja de limpiar vasos y nos mira de arriba abajo. Yo le devuelvo la mirada. Lleva el pelo rubio decolorado recogido y va muy maquillada. Cuando llegamos a los escalones, Sara llama a los demás para que entren. Suben y se apelotonan en el recibidor hasta que un grupo de húngaros musculosos hace acto de presencia. Son más jóvenes y guapos que los conductores; cada uno de ellos tiene la constitución de un culturista y enormes brazos cubiertos de tatuajes oscuros. Los hombres nos separan en grupos. Uno de ellos se nos acerca y señala a Sara, la chica libanesa, Coco, los hermanos Basem y Aiham y a mí. Sale del recibidor y le seguimos hasta el ascensor. Nos lleva a la tercera planta y nos guía por un largo pasillo. Pasamos junto a más hombres musculosos que están apoyados en las paredes. Entre ellos hay una chica vestida igual que la que había detrás de la barra. El hombre sorprende a Sara mirándolos mientras pasamos por su lado.

—Y ¿adónde queréis ir después? —pregunta.

Sara lo mira con el ceño fruncido.

—A Alemania —responde.

—Hum... —la mira de arriba abajo—. Pues entonces iré a buscarte allí.

Sara y yo nos miramos. Ella enarca una ceja, pero no dice nada. El hombre se detiene frente a una puerta y la abre sin llamar. Un grupo de desconocidos nos mira desde cinco camas. Algo no va nada bien. Aquí hay al menos trece personas, hombres, mujeres y niños, dos o tres en cada cama. Duermen, miran sus móviles u observan el suelo con apatía. Los miro boquiabierta. ¿Qué clase de hotel es este? El hombre nos obliga a entrar y nos dice que esperemos.

—¿No está ya bastante llena esta habitación? —pregunta Aiham.

El hombre lo ignora y le cierra la puerta en la cara de un portazo. Aiham empieza a aporrearla.

—¡Eh! —grita—. ¿Podemos ir a por algo de comer?

No hay respuesta.

—Esto me da mucho miedo —murmura Sara, y se da la vuelta para mirar a los desconocidos de la habitación. Una mujer con un hiyab blanco levanta la vista. Hay dos mujeres más jóvenes sentadas a su lado, en silencio. Las tres parecen asustadas. La mujer nos dice que está esperando un coche para cruzar con su familia la frontera con Austria y luego con Alemania. Nos explica que al principio parecía un muy buen trato, pero que ya llevan aquí una semana y los traficantes no hacen más que decirles que tendrán el coche mañana. Mientras tanto, se está quedando sin dinero. Las habitaciones son muy caras.

—Este lugar es un horror —susurra Coco desde detrás de nosotras. Se dirige a la mujer hablando muy despacio, como si esta fuese idiota—: ¿Has visto salir a alguien de aquí?

La mujer responde que algunas personas se marcharon durante el segundo día, pero que no ha sabido nada de ellas desde entonces. Coco le da la espalda y coge su móvil. Está pálida y habla en susurros, impactada. Nos cuenta que hace tres días la policía encontró un camión a un lado de la carretera, justo después de la frontera con Austria. Dentro había setenta y un cadáveres, todos sirios: las víctimas se habían asfixiado en el remolque del camión. El conductor huyó y dejó los cuerpos allí para que se pudrieran. Tardaron una semana en encontrarlos. Siento náuseas al asimilar la noticia, y me estremezco al darme cuenta de lo vulnerables que somos. Tenemos que salir de aquí. Sara ya tiene la mano en el pomo de la puerta. La abre una rendija, echa un vistazo y me mira con los ojos muy abiertos.

—Ese tío. Está ahí en el pasillo, esperando. Como un guardia.

—Me estoy asustando —respondo—. Tienen a esta gente prisionera. Podrían hacernos cualquier cosa. Podrían matarnos, cortarnos en pedazos y vender nuestros órganos. U obligarnos a ser putas como a esas mujeres de ahí abajo.

—No seas dramática —me corta Coco.

—Entonces ¿por qué nos tiene aquí encerrados? —pregunto—. ¿Por qué no podemos encontrarnos con ellos en algún lugar de la ciudad cuando tengan el coche listo?

Coco se encoge de hombros.

—Solo están ganando dinero.

Sara escribe en el móvil. Manda un mensaje a los demás y les dice que salgan y se encuentren con nosotras abajo en cinco minutos. Termina de enviarlo y abre la puerta.

—¡Eh, entrad! —grita una voz desde el pasillo.

—No nos podéis encerrar aquí —le contesto.

—Vamos. —Aiham adelanta a Sara y sale de la habitación.

Lo seguimos corriendo por el pasillo. El guardia parece sorprendido, pero no nos detiene. Pasamos junto al ascensor, encontramos las escaleras y bajamos los escalones de tres en tres. El traficante sirio y tres de los guardias culturistas nos están esperando en el recibidor. Uno de los hombres intenta arremeter contra Aiham, pero este lo esquiva y corre hacia la salida. Lo seguimos; bajamos las escaleras y salimos al aparcamiento.

—¿Quién os habéis creído que sois? —grita el sirio, que viene detrás de nosotros—. ¡No os podéis ir sin más!

Seguimos corriendo. Doblamos la esquina hacia la izquierda y corremos por la ajetreada carretera principal. Nos detenemos en una parada de autobús y miro atrás. No nos siguen. Esperamos allí y, uno a uno, Zaher y su familia, nuestros primos Majed y Nabih y los demás doblan la esquina a toda velocidad y se unen a nosotros. Un taxi se detiene a nuestro lado y baja la ventanilla del copiloto.

—¿Keleti? —pregunta el conductor—. ¿A la estación de tren?

Subimos al coche. Hemos escapado por los pelos. Apenas una semana después, unos voluntarios húngaros, gracias a un soplo, rescatan a cien sirios del hotel Berlín. A todos los habían llevado allí los traficantes y les habían cobrado pequeñas fortunas por mantenerlos prisioneros, esperando indefinidamente los coches que los llevarían a Alemania y que nunca llegaron.

14

El taxi nos deja en una plaza donde hay cientos de personas acampadas a la sombra del enorme y deteriorado edificio de la estación. Dos grandes aberturas en el pavimento conducen a un paso subterráneo peatonal, donde hay todavía más gente durmiendo o paseándose. Es un océano de tiendas de campaña, toallas y mantas. En la plaza del nivel superior hay una hilera de siete baños portátiles y, junto al más alejado, una solitaria fuente. Son los únicos servicios que hay. El aire apesta a desechos humanos y a desesperación. Miro a mi alrededor, conmocionada. Es el peor campo que he visto.

La gente lleva días esperando aquí, algunos de ellos más de una semana. No hay traficantes, así que todo el mundo aguarda para subir a un tren. Los convoyes internacionales salen de aquí y cruzan la frontera con Austria, pero las autoridades húngaras han cerrado la estación para aquellos que no tienen visado, según ellos, respetando las leyes europeas. En este momento, la estación es un lugar prohibido para nosotros: una hilera de policías bloquea las puertas. Llevan porras y pistolas en los cinturones y el sol se refleja sobre sus cascos antidisturbios. No se puede pasar, es un callejón sin salida.

Es media tarde y estoy mareada. Intento recordar la última vez que comí: una barrita de Snickers justo antes de encontrarnos con Lam en la frontera húngara. La última comida de verdad fue el desayuno en el parque de Belgrado, hace treinta horas. Miro a mi alrededor. ¡Bingo! Un Burger King, justo aquí, en la plaza.

—Vamos a comer —propongo.

Majed me mira con el ceño fruncido. No está pensando en hamburguesas.

—Dentro podemos conectarnos a internet —añado—. Y... decidir qué hacer.

Cruzamos la carretera y caminamos por una calle peatonal llena de tiendas. Los demás se sientan fuera mientras Sara, Nabih, Majed y yo entramos a pedir. Cuando se abren las puertas, sentimos la bofetada del aire acondicionado y el conocido olor a frituras. En las pantallas de la pared está sintonizada la MTV, que se oye a todo volumen. Subimos a comer a la planta superior. Hamburguesas, Coca-Cola y wifi. Estamos en el paraíso.

Majed se aburre enseguida y sale con los demás. Sabe que si hay algún cambio nos puede encontrar aquí. Nos quedamos sentados en los bancos de plástico rojo hasta que vemos por la ventana que el sol empieza a ponerse tras la plaza. El teléfono de Sara suena sobre las siete y media. Es Majed, que asegura haber encontrado un traficante que ha aceptado reunirse con nosotros en un McDonalds que hay siguiendo la carretera. Bajamos y salimos a la calle. El sol ya se ha puesto, pero la noche es cálida y pegajosa y el aire apesta a humo y gasolina. Buscamos a Majed y a los demás y los seguimos por la ajetreada carretera. Cada pocos minutos, coches de policía pasan junto a nosotros haciendo sonar las sirenas. Los vecinos de Budapest discuten en la calle, al calor de la noche.

Un hombre marroquí nos está esperando dentro del restaurante de comida rápida. Abre mucho los ojos al ver que somos treinta. Le da a Majed un apretón de manos y nos hace un gesto para que nos sentemos. Nos acomodamos por todo el recinto. Majed y Zaher se sientan a la mesa junto al traficante, y Sara y yo nos colocamos en una esquina con los hermanos Basem y Aiham y nuestro primo Nabih.

—Me comería otra hamburguesa —murmuro.

Sara me da un golpe en el brazo.

—¿No se supone que eres deportista? —sonríe Aiham.

—Cállate —le espeto—. Nosotros, los deportistas, tenemos que conservar las fuerzas.

Tras diez minutos, Majed se acerca para informarnos sobre el plan. El traficante se ha ido porque no quiere que lo vean con nosotros, pero ha accedido a llevarnos a todos a Alemania esta noche y traerá coches para recogernos. Debemos aguardar aquí hasta que nos haga una señal para que salgamos. Estoy aliviada y sorprendida. Ha sido muy fácil: estaremos en Alemania por la mañana.

Mientras esperamos, ponemos música en nuestros móviles, nos sacamos selfis y hacemos el tonto. Cada diez minutos, Majed se levanta y echa un vistazo a la calle. Pasa media hora, y luego, cuarenta minutos. Al final, mi primo pierde la paciencia e intenta llamar al traficante, pero no obtiene respuesta. Observa nervioso al personal del McDonalds. Nos están mirando; llevamos aquí demasiado rato y ya no somos bienvenidos, así que salimos a esperar al traficante a la calle. A medianoche, el McDonalds cierra sus puertas. Decepcionados y exhaustos, damos al traficante por perdido y volvemos a la estación de Keleti a buscar un lugar donde dormir.

Sorteamos los miles de cuerpos durmientes hasta que encontramos un lugar vacío para acampar en el nivel inferior. Me tumbo junto a Sara sobre un montón de ropa. Estoy demasiado cansada para reparar en el caos y el ruido que nos rodea. Cierro los ojos e intento imaginar las retorcidas callejuelas de Damasco. Veo a mamá y a Shahed una vez más de compras en el mercado cubierto. Las lágrimas se deslizan por debajo de mis párpados cerrados. Me quedo muy quieta para que nadie se dé cuenta de que estoy llorando. No quiero que sepan que no estoy bien; he de ser fuerte. Espero, y al final me quedo dormida, mientras la suave brisa me seca las lágrimas de las mejillas.

A la mañana siguiente, lo primero que veo al despertar es a unos niños rebuscando en la basura que rebosa de los cubos repletos. Miro el teléfono. Es lunes, el último día de agosto. Llevamos casi tres semanas de viaje. ¿Cuánto más vamos a tardar? Sara y yo subimos las escaleras y nos ponemos a la cola de los lavabos de la plaza. La gente acampada a la salida de la estación también se está despertando. Los policías siguen bloqueando la entrada de la puerta ornamentada para evitar que entre nadie que tenga el color de piel equivocado a probar suerte en un tren.

El teléfono de Sara suena y ella se aparta un poco para responder. Vuelve al cabo de diez minutos, aunque la cola apenas ha avanzado. Era su amiga de Hannover, Hala, que la ha llamado para decirle que su antiguo vecino en Damasco, Jalil, también está varado en Budapest. Es un adolescente como yo, de dieciséis años, y viaja solo. Hala le ha pedido que lo cuide, y uno más no supondrá ninguna diferencia en nuestra familia. Tenemos mucho sitio. Sara le ha dicho que venga a buscarnos aquí, a la estación.

Justo entonces, Lam y Magdalena, los periodistas, aparecen entre la multitud. No podría sentirme más feliz de verlos. Ellos sabrán qué hacer.

—¿Por qué habéis tardado tanto? —saluda Lam con una gran sonrisa. Se vuelve hacia Sara y añade—: ¿Cómo está la valiente Antar?

Ella sonríe.

—Bien, gracias —responde—. ¿Sabes cómo podemos salir de aquí?

—Hum... —Lam frunce el ceño—. La cosa no está nada fácil.

Llegamos a los apestosos lavabos y luego bajamos de nuevo al encuentro de nuestros amigos, en compañía de los periodistas. El resto del grupo ya se ha despertado. Están sentados a lo largo de la pared de la explanada, buscando frenéticamente una forma de salir de Budapest. Um Muqtada y su grupo siguen esperando a su cuñado traficante, Alí. Habían quedado en reunirse en la ciudad, pero él todavía no ha contactado con ella. Zaher y su familia llevan toda la mañana probando suerte con todos los traficantes de cuyo contacto disponen, pero ninguno contesta al teléfono. Somos miles de personas intentando salir de aquí, así que están muy demandados.

Parece que coger un tren que nos lleve a Austria es la mejor opción. Lam ha oído el rumor de que la policía húngara reabrirá la estación durante unas horas esta mañana y dejará que la gente suba a uno para cruzar la frontera. En teoría, solo tendríamos que comprar un billete de tren y subir, pero nosotros no somos los únicos que están esperando. Ya se ha formado una cola de varias horas delante de las taquillas. Sin embargo, no hay otra opción: tendremos que intentarlo. Sara y yo volvemos a subir las escaleras y bordeamos el lateral izquierdo de la estación, seguidos por Lam y Magdalena. Enseguida llegamos a la cola: una línea desigual que serpentea desde una entrada lateral hasta la esquina del edificio.

—Dios mío —exclama Sara—. Vamos a estar aquí semanas enteras.

Una chica con una chaqueta reflectante la oye y se detiene junto a nosotros. Nos dice que no tenemos por qué esperar en esta cola, que hay otras estaciones en la ciudad desde donde se pueden comprar pasajes para trenes internacionales. La más cercana, la estación de Déli, está a solo quince minutos en autobús. La chica nos garantiza que allí no habrá colas, porque la mayoría de la gente no la conoce. Sara le da las gracias y la voluntaria se pierde entre la multitud. Otra estación.

Merece la pena intentarlo. Mi hermana vuelve a bajar para ofrecerse a ir y comprar billetes para todos, y yo me siento en el suelo de cemento con Magdalena a esperar. Lam fotografía la cola de gente desesperada de las taquillas. Levanta la vista. Lo estoy mirando con el ceño fruncido.

—Yo también fui un refugiado —me dice con una sonrisa—. Así que me está permitido hacer fotos.

Estoy sorprendida. No me había formado ninguna idea sobre el hecho de que nos fotografíe. Es una situación muy extraña y el mundo debería conocerla.

—No me importa que saques fotos —contesto—. Haz tu trabajo.

Él vuelve a su tarea y se hace el silencio durante unos instantes.

—¿Qué quieres decir con que tú fuiste un refugiado? —pregunto.

—Me crie en Laos —responde—. Y luego me fui a Francia. Ahora soy francés.

No hago más preguntas. El fotógrafo vuelve a alzar la cámara y yo lo observo trabajar. Así que él también fue un refugiado. Esa palabra. Refugiado. Supongo que es un nombre que nunca pierdes una vez que te lo han puesto. Contemplo a Lam llena de respeto y admiración. Él ya huyó una vez. Me maravilla que haya sido capaz de venir aquí a revivirlo junto a nosotros. Y no solo está aquí para conseguir un puñado de buenas fotos, ha hecho todo lo que ha estado en su mano para ayudarnos.

Sara regresa con uno de los hermanos, Basem, y con nuestro primo Majed, que se dirige a un Western Union que hay a un lado de la plaza. Cuando vuelve, le pasa a Sara un fajo de dinero, el suficiente para comprar billetes para nosotros tres y nuestro primo Nabih. Sara se mete la mano por el cuello de la camiseta y se saca del sujetador un fajo todavía más voluminoso. Añade nuestro dinero y se lo vuelve a guardar.

—Eh —la llama Lam, levantado la cámara—. Hazlo otra vez, quiero hacer una foto.

Sara sonríe y hace lo que le pide; luego se va con Basem en busca de la otra estación de tren. Los observo cruzar la plaza. Me ruge el estómago, me muero de hambre. Cuando estoy a punto de proponer ir a por algo de comer, Lam da un brinco de repente y echa a correr hacia la entrada de la estación. Una enorme multitud se ha congregado en los escalones de fuera. Cientos de personas desesperadas gritan, empujan y se embisten entre ellas. La policía se aparta y observa el caos. Han abierto la estación y permiten que todo el mundo que tenga un billete intente entrar y apelotonarse en un tren con destino a Austria.

Evito la aglomeración y bajo al nivel inferior junto a los demás. Hay otra multitud intentando entrar a empujones por la entrada de abajo. Mama está de pie y observa la avalancha con los brazos en jarras. Su hijo Zaher está a su lado y ambos parecen escépticos. Ninguno de nosotros quiere tomar un tren si eso significa morir aplastados en el proceso, así que decidimos esperar hasta que esté más tranquilo. Además, quizá sea la opción más segura. Si dejamos que este tren se marche primero, podremos comprobar si de verdad cruza la frontera. Después de todo, podría ser una trampa, un truco para despejar la estación, sacar a todo el mundo de las calles y confinarlos en un campo de refugiados. Si eso pasase, nos quedaríamos atrapados en Hungría para siempre o nos deportarían. Hemos oído rumores. Aquí nadie confía en las autoridades. Es mejor esperar y ver qué sucede.

Sara y Basem regresan una hora más tarde con los pasajes. La multitud que se abría paso a empujones en el nivel inferior de la estación se ha disipado: el primer tren ya se ha ido. Los que no han conseguido subir se han retirado a sus campamentos improvisados en la misma estación. Sara sonríe triunfal y hace ondear un fajo de papeles rectangulares en el aire.

Nos cuenta que la otra estación estaba completamente vacía, que no había cola, y nos tiende unos billetes válidos para el día siguiente. Nos la estamos jugando. Nadie sabe si mañana la estación seguirá abierta para nosotros.

En ese momento, un adolescente sale por entre la gente y se detiene a mi lado. Tiene la piel pálida y una mata de pelo castaño. Lleva un chaleco acolchado, unos pantalones de chándal negros y unas deportivas blancas.

—¿Eres Sara? —pregunta.

—No, ella es Sara —contesto, y señalo a mi hermana—. ¿Eres Jalil?

El muchacho esboza una ancha y pícara sonrisa. Me cae bien de inmediato.

—Hola —lo saluda Sara—. ¿Vas a venir con nosotros? Te he comprado un billete de tren para mañana.

El muchacho se sienta con nosotros y se convierte al instante en un miembro más de la familia. Me doy cuenta de que se siente aliviado por tener compañía. Todos estamos juntos en esto. Esa noche, vamos al Burger King en cuanto oscurece y aprovechamos para publicar selfis en Instagram y charlar por internet con nuestros amigos de Siria. De repente, mi teléfono se ilumina y vibra con la llegada de un torrente de notificaciones. Son nuevos seguidores; muchísimos. Echo un vistazo a sus cuentas y veo que todos son belgas. Me devano los sesos buscando una explicación. Debe de haber sido Steven, el periodista que conocí en el parque de Belgrado. ¿Habré salido en la televisión belga? ¿Serán espectadores que quieren seguir mi viaje a través de Instagram? Eso debe de ser. Me quedo mirando, incrédula, cómo siguen llegando notificaciones. Estoy perpleja y también complacida con la respuesta de los belgas. Yo solo soy una chica siria que se dirige a Alemania. Debe de haber miles como yo, haciendo el mismo viaje. ¿Por qué están interesados en mí?

Me doy cuenta entonces de que quizá Steven podría ayudarnos a salir de aquí. Es periodista, trabaja en televisión y seguro que tiene mucha experiencia. Por lo menos sabrá lo que está pasando. Le escribo, le digo dónde estamos y le cuento nuestro plan de coger el tren al día siguiente. Él responde que siga en contacto con él y me advierte que tenga cuidado.

Majed viene a buscarnos al Burger King. No quiere pasar otra noche en la estación, y tiene razón. Es peligroso y todo está muy sucio, así que decidimos buscar un hotel. Jalil, el nuevo, se une a nosotros, pero los demás se quedan en la estación. Sabemos que el hotel será muy caro, pero estamos dispuestos a pagar con tal de estar a salvo.

Caminamos por la larga y concurrida calle hacia el McDonalds y probamos suerte en cada hotel junto al que pasamos. Todos los recepcionistas quieren ver nuestros pasaportes o nos dicen directamente que no alojan a refugiados. Llegamos a un hotel con una fachada antigua y ornamentada. Pensamos que, quizá, en uno más caro nos harán menos preguntas. Atravesamos las puertas automáticas y nos dirigimos hacia el mostrador como si fuésemos una familia normal que está de vacaciones. Podríamos pasar por estadounidenses. La apuesta nos sale bien: no nos piden el pasaporte ni los papeles. Observo los lujosos candelabros del recibidor. El precio es muy elevado, pero habríamos pagado más sin pestañear para evitar pasar otra noche en la estación.

Al día siguiente salimos del hotel temprano y volvemos a la estación para encontrarnos con los demás antes de subir al tren. Cuando llegamos, nos quedamos perplejos. Filas de policías antidisturbios se alinean frente a ambas entradas. La estación vuelve a estar cerrada, pero esta vez la han clausurado por completo: no dejan entrar ni salir a nadie, ni a nosotros, ni a los turistas, ni a los habitantes de la ciudad.

Vamos en busca de Zaher, sorteando a las familias, las mantas y las tiendas de campaña del paso subterráneo. De nuevo siento una punzada de culpa al acercarme a nuestros amigos.

La habitación del hotel era muy cómoda y habría pagado una para todos ellos si hubiera podido. Zaher parece deprimido. Nos dice que teníamos razón al desconfiar del tren de ayer: no llegó a Austria. La policía lo detuvo por el camino y envió a prisión a todos los pasajeros sin un visado válido. Observo la lúgubre fila de policías antidisturbios que bloquea la puerta y luego bajo la vista al billete de tren que tengo en la mano. No podríamos cogerlo ni aunque quisiéramos. Cientos de euros tirados a la basura. Lucho contra una oleada creciente de desesperación.

Se empiezan a oír gritos desde la plaza superior.

—¡Alemania, Alemania, Alemania!

Seguimos a los hermanos Aiham y Basem escaleras arriba para ver qué sucede. Una multitud furibunda, formada en su mayoría por hombres, se ha congregado frente a la entrada de la estación. Lam hace fotos desde una esquina. Magdalena está a su lado y nos saluda al vernos. Vamos hacia ellos.

—¡Alemania, Alemania, Alemania! —corean los hombres, con los puños en alto. Golpean botellas de plástico y ondean sus pasaportes sirios en el aire.

—¡Habéis cogido nuestro dinero! —grita en árabe un hombre que hay a mi lado, blandiendo su pasaje inútil—. ¡Perros ladrones! ¡Dejadnos subir al tren!

—¡Abrid la estación! —corea la muchedumbre—. ¡Alemania, Alemania, Alemania! ¡Angela, Angela, Angela!

—¿Quién es Angela? —le pregunto a Sara. Ella se encoge de hombros.

—Angela Merkel —responde Magdalena—. La canciller alemana.

Ah, esa Angela.

Una fila de policías antidisturbios forma un muro frente a la protesta, una barrera inmóvil y amenazante. Llevan los rostros cubiertos por máscaras, como si creyesen que somos portadores de enfermedades mortales que se contagian a través del aire. Los ánimos están cada vez más convulsos. Un hombre se adelanta y corre hacia la policía. Los agentes se abalanzan sobre él y la multitud entera palpita, envuelta en el movimiento. Otro batallón marcha en formación por la carretera de mi izquierda. Sara nos coge a Jalil y a mí del brazo y nos hace retroceder por las escaleras, hacia la seguridad del nivel inferior. Estiro el cuello justo a tiempo para ver cómo los hermanos Aiham y Basem y nuestro primo Nabih se adentran tras Lam entre la multitud.

Abajo, las mujeres permanecen sentadas en silencio en grupos mientras escuchan el griterío de la plaza de arriba. En una esquina, un puñado de voluntarios ha instalado una pantalla en la que proyectan dibujos animados de Tom y Jerry. Delante hay un grupo de niños sentados con las piernas cruzadas. Entre ellos, embobados con las historietas, están el pequeño de Idris, Mustafá, y los hijos de Um Muqtada. Me siento cerca de ellos y saco mi móvil. Busco entre mis contactos. ¿Quién nos podría ayudar? Vuelvo a recurrir a Steven, el periodista. Grabo un mensaje para enviárselo.

—Aquí hay cientos de personas —digo al teléfono—. Hay un problema y la policía está arrestando a gente. Es peligroso y no sabemos qué hacer. Han permitido que paguemos para comprar billetes de tren, pero han cerrado la estación. Nos están robando el dinero. Nadie va a poder salir de aquí. ¡Venid a Budapest y ayudadnos!

Termino de grabar y me apoyo en la pared mugrienta. Cierro los ojos y veo los puños llenos de ira en el aire mientras el clamor sigue sonando por encima de mi cabeza. ¿Por qué no dejan que nos marchemos? No queremos quedarnos, y ellos tampoco nos quieren en su ciudad. Pero aquí nos tienen, atrapados en su trampa. No podemos continuar ni volver atrás.

Escondo la cabeza entre las manos y aprieto las palmas contra los párpados. No quiero llorar. Siento una mano sobre mi hombro. Es Sara. Me tiende la mano y me ayuda a levantarme. Escapamos de las protestas y nos guarecemos en el Burger King primero y, más tarde, en el hotel.

A la mañana siguiente, cuando llegamos, los manifestantes ya están en la plaza frente a la estación. Cantan, corean y dan palmadas al aire. Levantan carteles hechos con pedazos de cartón. «Amamos a Alemania», «Amamos a Merkel» o, simplemente, «Ayudadnos». Abajo, en el paso subterráneo, Um Muqtada está muy disgustada. Sigue esperando una respuesta de su traficante, Alí, y el grupo con el que viaja se está impacientado. Ninguno sabemos cuánto tiempo permaneceremos atrapados en este foso.

Nos refugiamos casi todo el día en el Burger King mientras los adultos pasan el rato sentados en la estación, discutiendo sobre el próximo paso. Estoy aburrida. Los demás están enfrascados en sus móviles. Le pregunto a mi hermana qué está haciendo y me contesta que le está escribiendo a Mowgli, el traficante de Turquía. La ha agregado en Facebook.

—¿Estás loca? —le espeto.

—¿Qué tiene de malo? —contesta, y le da un trago a su Coca-Cola—. Tal vez nos pueda ayudar.

—¿Te has olvidado de aquella vez que nos metieron en un bote apretados como sardinas, saltaron y nos dejaron allí hasta que casi nos ahogamos?

Sara enarca las cejas y sigue escribiendo en el teléfono con los pulgares. Le envío otro mensaje de voz a Steven. Le pregunto si cree que abrirán la estación y podremos coger un tren o si deberíamos intentar que un traficante nos lleve en coche hasta Austria. Le digo que nos preocupa que la policía nos atrape, nos tome las huellas dactilares y nos mande de vuelta a Grecia o, peor aún, a Turquía.

Steven está en la redacción de Bruselas y me manda una foto de una alerta que acaba de aparecerle en la pantalla. La estación vuelve a estar abierta, pero no pasan trenes internacionales. El primer ministro húngaro está en Bruselas para hablar sobre la situación con la Comisión Europea. Suspiro y le doy las gracias. Es evidente que no puede decirnos lo que debemos hacer.

Volvemos al paso subterráneo a media tarde y encontramos al traficante Alí sentado junto a nuestros amigos. Por fin ha llegado. Mi primera impresión no es buena, me parece un engreído y un arrogante. Lleva camisa y unos vaqueros y no se ha quitado las gafas de sol, pese a que estamos a la sombra. Alí le está explicando a Um Muqtada que tendrá el primer coche listo para emprender el viaje a Alemania esta misma noche. Se ofrece a volver luego con una furgoneta a buscar al resto del grupo. Nos avisa de que será una furgoneta de reparto, solo con una cabina y un espacio vacío sin asientos detrás. Tendríamos que ir sentados en el suelo durante las cinco horas de viaje a través de Hungría y Austria hasta la frontera alemana. Majed se pone de pie y nos hace un gesto para que nos reunamos con él. Nabih, Jalil, Sara y yo nos levantamos y lo seguimos hasta una esquina.

—¿Qué opináis? —nos pregunta.

—¿Sobre lo de la furgoneta? —pregunta Sara—. ¿O sobre ese gilipollas?

Jalil se echa a reír.

—Sobre la furgoneta —aclara Majed con el ceño fruncido—. ¿Le pedimos a Alí que nos lleve también a nosotros o no?

—No —se niega Sara—. De ninguna manera. ¿Se te ha olvidado la historia sobre los sirios que la semana pasada murieron asfixiados en un vehículo como ese? Podemos sobrevivir en el mar, pero no en una furgoneta sin aire.

Yo tampoco confío en ese tipo, y así se lo digo a Majed. Nos abandonaría sin pensarlo ante el primer problema que se presentase. Solo hay que pensar en cómo ha tratado a la pobre Um Muqtada, y eso que es de su propia familia; es la esposa de su hermano. Ha ignorado sus mensajes durante días, la ha dejado cruzar el mar sola con dos críos y cruzar la frontera con Hungría. Estamos desesperados, pero no tanto.

Majed suspira. Todavía no hay trenes que crucen a Austria. El único modo es intentar encontrar a otro traficante, alguien en quien podamos confiar. Volvemos con los demás. Alí está ultimando sus planes con el resto del grupo. Recogerá a Um Muqtada y a sus hijos esta noche y enviará una furgoneta a por Zaher y su familia en cuanto pueda. Luego mandará un tercer vehículo para recoger a Coco y a los demás, pero no puede asegurar cuándo. Alí se marcha con paso orgulloso hacia las escaleras. Um Muqtada se levanta, coge a sus dos hijos de la mano y empieza a recoger sus cosas.

—¿Estáis seguros de que queréis ir con ese tío? —le pregunta Majed a Zaher cuando ya se ha ido.

—No tenemos muchas más opciones —responde él—. No podemos permitirnos seguir gastando cientos de euros en billetes de tren que no sirven para nada, con la esperanza de poder coger uno.

—Bueno, parece que Alí ya tiene bastante trabajo con todos vosotros —suspira Majed—. Encontraremos otro modo.

Dejamos a los demás y pasamos la tarde probando suerte con los contactos de Mowgli, el traficante. Quedamos con tres diferentes, dos húngaros y uno marroquí, pero ninguno se presenta. Volvemos al hotel exhaustos y derrotados.

A la mañana siguiente, Zaher y su familia no están en el lugar habitual, ni los hermanos Basem y Aiham, ni Um Muqtada y sus hijos. Solo quedan Idris y el pequeño Mustafá, Rubito, la chica libanesa, Coco, Ahmad de Latakia, sus hermanas y un par más. Aunque parezca extraño, me siento sola. Echo de menos a la pequeña Kamar y a su abuela, Mama. Ni siquiera nos hemos podido despedir.

Lam y Magdalena aparecen por entre la multitud.

—¿Vuestros amigos se han ido? —pregunta Lam, y yo asiento—. Bueno, ¿cuál es el plan?

Me encojo de hombros. No tenemos ninguno. La situación parece más desesperanzadora que nunca. Lam señala las escaleras que llevan a la estación, al ya habitual gentío que intenta entrar en el edificio. Nos dice que ha oído rumores de que hoy la policía dejará que unos cuantos trenes salgan hacia la frontera. Podríamos intentar comprar otro billete y tratar de subir a alguno de ellos. Dice que si estamos callados y no nos ponemos en evidencia hablando en árabe en voz alta, quizá consigamos llegar a Austria. Merece la pena intentarlo. No hay otra salida.

Majed y Sara vuelven a la estación de Déli a comprar nuevos billetes mientras yo espero con nuestro primo Nabih y con Jalil en el Burger King. Desde la ventana del restaurante observamos cómo la multitud se abre paso hacia la entrada de la estación. La policía observa la aglomeración desde un lado. Varios equipos de televisión bordean la plaza. Es el caos.

Sara y Majed vuelven por la tarde con billetes para el tren de las ocho. Al atardecer hay menos gente en la estación. Nos encontramos con Lam y Magdalena y, mientras tanto, Majed compra unos bocadillos para el viaje. Los periodistas llevan grandes mochilas colgadas a la espalda.

—Vamos con vosotros —nos informa Lam.

Sonrío. Me gusta la idea de que nos acompañen. Si algo sucede, Lam sabrá qué hacer. Siento nervios en la boca del estómago al entrar en la estación, pero no hay ni rastro de la policía. Bajamos al andén, donde hay un viejo tren de color verde. Majed entra en el último vagón y se sienta frente a una mesa. Yo le sigo y me siento frente a él, junto a la ventanilla. Los demás vienen detrás: nuestro primo Nabih, Sara, Rubito, Jalil, Lam y Magdalena. Nuestro amigo Abdulah, que se ha apuntado en el último minuto, cierra la comitiva. Consulto la hora en el móvil: son casi las ocho. Solo quedan cinco minutos para salir. Echo un vistazo a mi alrededor y compruebo que estamos solos en el vagón, hasta que la puerta de la parte delantera se abre y entra una chica rubia, que se sienta al final, junto a la salida.

Finalmente, el tren se empieza a mover. Sonrío mirando a los demás. Por fin nos vamos de aquí. Miro por la ventanilla. Unos trenes de mercancías esperan en una estación frente a un almacén abandonado. Las vías cruzan por encima de una carretera en la que se deslizan tranvías de color amarillo. Pasamos por un puente sobre un río ancho y poco profundo, que bajo la luz del crepúsculo se ve de un apagado color verde.

Todos estamos exhaustos. Abdulah se levanta, pasa junto a nosotros, se arrellana en una esquina detrás de mí, al final del vagón, y se tapa la cara con el jersey. Magdalena levanta la vista de su teléfono y nos recuerda que no es seguro que lleguemos hasta Austria. Podríamos ir directos a una trampa. Hoy mismo la policía ha parado otro tren que se dirigía a la frontera en Biscke, una ciudad a las afueras de Budapest. En esos momentos se está produciendo un enfrentamiento, ya que la policía está intentando hacer bajar a todos los migrantes a la fuerza para llevarlos a un campo de refugiados. Así que es cierto. Los trenes de hoy eran otro de sus trucos, una trampa de la policía para despejar la estación. Miro a Majed, pero él está mirando por la ventanilla. No lo ha entendido.

—Entonces ¿la policía también va a parar este tren? —pregunta Sara.

—No lo sé. No lo creo —responde Magdalena—. Les ha salido el tiro por la culata. Todo el mundo se niega a bajar del tren y hay muchísimos equipos de televisión. No creo que vuelvan a intentarlo.

—Pronto lo veremos —interviene Lam. Se vuelve hacia Sara y añade—: Tenéis vuestros pasaportes, ¿verdad?

Mi hermana asiente. Siguen en las bolsas de plástico que compramos para cruzar el mar.

—Estaba pensando que quizá deberíais esconderlos en algún sitio —sugiere el reportero—. Por si acaso.

Tiene razón. Si la policía nos detiene y encuentra nuestros pasaportes podríamos tener problemas en Alemania. Los nuestros están a buen recaudo en el sujetador, pero no sé qué han hecho los demás con los suyos. Sara traduce la sugerencia de Lam. Majed se encoge de hombros y pone su pasaporte sobre la mesa; los demás lo imitan. Sara los recoge, saca su bolsita de plástico del sujetador y mete todos los documentos antes de volver a esconderla por el cuello de su camiseta. Lam le sonríe.

—Buena idea —opina.

Miro por la ventana. Las vías cruzan un pequeño bosque y los árboles se erigen a cada lado del tren. Más allá se ven campos, un valle, más estaciones y almacenes. El convoy rechina y pierde velocidad. Nos paramos. Pasamos muy despacio junto al letrero del andén que indica el nombre de la estación: KELENFÖLD.

Magdalena levanta la vista de su cuaderno y se queda mirando la puerta del vagón. Aguarda, observándola con toda su atención. Unos minutos después, el tren arranca y ella empieza a escribir de nuevo. El vehículo traquetea a medida que acelera. Fuera se ve un prado con miles de girasoles, que doblan su cuello bajo la luz mortecina. Cuento: seis días. Solo hemos estado seis días en Hungría. Me han parecido meses.

El tren pierde velocidad y chirría al detenerse en una estación. El cartel reza: TATABÁNYA. Magdalena suelta el bolígrafo y vuelve a mirar la puerta del vagón. Lam levanta la vista de la pantalla de su cámara y ambos intercambian una mirada. Se oyen portazos y murmullos en el pasillo, pero la puerta de nuestro vagón sigue cerrada. El tren abandona de nuevo la estación y los periodistas vuelven al trabajo.

Nos quedamos en silencio. Ya es de noche, y la luz del vagón hace que el interior se refleje en las negras ventanas. Observo el reflejo de los demás. Jalil está dormido y, frente a mí, Majed mira el móvil. Sara y yo cruzamos una mirada a través del cristal y ella me sonríe, adormilada. Al otro extremo del vagón, la chica rubia mira por la ventanilla mientras habla por teléfono en voz baja. Nabih bosteza, estira los brazos sobre su cabeza y le pide a Majed algo de comer. Este saca una bolsa de papel y deposita un montón de bocadillos sobre la mesa. Sara y yo cogemos uno. Nabih coge cuatro y los pone en la mesa de enfrente, para Jalil, Rubito, Lam y Magdalena.

—Gracias —dice Lam—. Pero nosotros tenemos comida.

Nabih insiste. Los periodistas acaban aceptando uno para compartirlo. Nabih coge el que sobra y lo lleva al otro lado del vagón, donde Abdulah sigue profundamente dormido. Mi primo saluda con la mano delante de su cara, pero está como un tronco. Se encoge de hombros y cruza el vagón hacia la chica, que lo observa acercarse con recelo. Le tiende el bocadillo.

—¿Quieres comer? —le ofrece en inglés.

La chica niega con la cabeza y luego, de repente, rompe a llorar. Nabih nos mira, perplejo, mientras la chica esconde la cara entre las manos y solloza con fuerza. Sus hombros suben y bajan. Magdalena y Lam se miran.

—¿Qué pasa? —pregunta la periodista, que se ha puesto de pie—. ¿Cuál es el problema?

Al final del vagón, Nabih retrocede poco a poco para alejarse de la chica. Magdalena se acerca a ellos, pero mi primo vuelve a su asiento, alterado.

—¿Qué ha pasado? —le pregunto—. ¿Qué le has dicho?

—No le he dicho nada, te lo juro —contesta—. Solo le he ofrecido un bocadillo.

Lam se levanta y va al final del vagón, donde Magdalena y

la chica están hablando en voz baja. El tren está parando de nuevo; los frenos chirrían. En el andén, a través de la ventana, leo otro cartel: GYÖR.

Majed levanta la vista.

—Es la última parada antes de la frontera con Austria —informa.

Las puertas del tren se abren y oímos pasos detrás. Oigo que Lam levanta la voz al otro lado del vagón. Magdalena se da la vuelta de repente, al oír que se abre la puerta del vagón. Levanto la vista y se me cae el alma a los pies. En el pasillo hay un policía.

15

El policía viene hacia nosotros. Le sigue una mujer policía y dos agentes más. Visten uniformes de color azul marino y cinturones en los que sujetan sus pistolas y unas relucientes porras negras.

—¿De dónde sois? —pregunta bruscamente la mujer cuando llegan hasta nuestra mesa.

Es joven y lleva su larga melena negra recogida en una cola de caballo. Miro a Majed, que está pálido y parece mareado. Sara toma las riendas de la situación y mira a la policía directamente a los ojos.

—Somos sirios —responde.

—Muy bien —masculla la mujer—. Fuera del tren. Todos. Ahora.

Al principio estoy demasiado anonadada como para moverme. Luego veo que Lam nos está mirando por encima del hombro del último policía. Me guiña un ojo y consigo esbozar una sonrisa. Recogemos nuestras cosas y bajamos al andén. Los agentes nos rodean como si fuésemos peligrosos criminales. Magdalena y Lam bajan del tren y se unen a nosotros.

—¿Adónde los lleváis? —pregunta Magdalena.

—¿Y tú quién eres? —pregunta uno de los policías, mirándola por primera vez.

237

—Somos periodistas —responde—. Y si les hacéis daño lo publicaremos.

—No nos amenaces —gruñe la policía.

La periodista le hace una mueca y se coloca junto a mi hermana y yo. Nos susurra que ha sido la chica rubia, que ha llamado a la policía y le ha dicho dónde estábamos sentados. La chica le ha confesado a Magdalena que pensaba que éramos mala gente, terroristas que iban a poner una bomba en el tren. Luego se ha arrepentido, cuando nuestro primo Nabih le ha ofrecido algo de comer.

—Menuda imbécil —se queja Sara en voz alta—. ¿Es que no ve que solo somos seres humanos, igual que ella?

La policía nos hace salir del andén por unas puertas automáticas y nos conduce a un gran vestíbulo. Giramos a la derecha y entramos en una sala de espera, donde nos obligan a sentarnos en fila en un banco de madera. Podemos ver el andén a través del gran ventanal que hay detrás de nosotros. Me vuelvo y observo cómo nuestro tren arranca y se marcha en dirección a Austria. Hemos estado tan cerca... Un momento. ¡Abdulah! Miro a mi alrededor. No está con nosotros; debe de haberse quedado en el tren. Lo más seguro es que siga dormido como un tronco, a punto de cruzar la frontera sin enterarse.

La policía se pone frente a nosotros. Lam hace fotos desde detrás mientras Magdalena escribe en su cuaderno. Rubito está sentado a mi izquierda, en el extremo del banco. Uno de los policías se pone frente a él.

—Levántate —le ordena, haciendo un gesto con la mano. Él se pone de pie y el policía lo cachea. Exige ver su mochila. Rubito le pasa su pequeña mochila y el policía la vacía en el suelo.

Se me hace un nudo en el estómago. ¿Qué harán cuando encuentren nuestros pasaportes? ¿Nos tomarán las huellas dactilares? ¿Registrarán nuestros datos en contra de nuestra voluntad? Podrían obligarnos a quedarnos en Hungría o, peor aún, mandarnos de vuelta por donde hemos venido. Miro a mi alrededor, desesperada. Tenemos que cruzar la frontera. Tenemos que movernos, tenemos que llegar a Alemania.

La mujer policía da un paso hacia mí, me ordena que me levante y me cachea. Le doy mi móvil y luego vacía mi mochila. Mis pocas pertenencias caen desperdigadas en el suelo. La mujer coge una tarjeta y le da la vuelta. Es la tarjeta del hotel donde dormimos en Budapest. Me pregunta qué es y yo me encojo de hombros. Le dice algo en húngaro al otro policía y todos se ríen.

—Claro —dice Sara en árabe—. Estos tipos se creen muy duros, ¿eh?

Jalil estalla en carcajadas.

—Oh, qué tiarrones, dan tanto miedo con sus palitos de plástico —continúa Sara—. Seguro que los usan para pegar a sus mujeres cuando llegan a casa. Oooh, ¡qué miedo!

Nabih y yo también empezamos a reírnos. Ya sé que no es una reacción apropiada, que podría incluso ser peligroso, pero no lo puedo evitar. La situación se me antoja demasiado absurda. Rubito y Majed se miran los pies en silencio, humillados. Ellos no se ríen. Uno de los policías da un paso hacia Sara y le exige que le diga de qué nos estamos riendo.

—Solo comentábamos que no nos dais miedo —responde mi hermana mirándole a los ojos.

—¿Por qué no? —pregunta él—. Deberíais temernos.

—¿Ah, sí? —le espeto a la mujer—. ¿Qué es lo peor que nos podríais hacer? ¿Meternos en la cárcel?

Ella me mira sorprendida.

—Hemos sobrevivido al mar —continúo—. ¿Qué más podéis hacernos ahora?

La policía no dice nada. Lam sonríe y sigue haciendo fotos. Nabih y yo hacemos muecas para la cámara mientras Magdalena mira la escena horrorizada. Otro policía se pone delante de Majed, que está sentado a mi lado con la mirada fija en el suelo. Le ordena que se levante. Le doy un codazo y se pone de pie. El policía lo cachea y vacía su mochila en el suelo. Luego, Majed le entrega su móvil.

Sara es la siguiente, y es ella quien tiene nuestros documentos. Todo va a terminar. El corazón me late desbocado. Ya está. ¿Qué pasará si nos mandan de vuelta a casa, de vuelta a las bombas? Justo en ese momento suena un teléfono. El policía que ha registrado a Majed dice algo en húngaro y se va de la sala de espera. La mujer se vuelve hacia sus demás compañeros.

Sara se aprovecha de la distracción. Se coloca la mochila delante y empieza a juguetear con algo cerca de su cuello. Luego tose con fuerza. Majed levanta los brazos por encima de los hombros, como si se estuviese desperezando. Sara agacha la cabeza hacia la mochila y levanta la mano izquierda hacia la oreja. No me lo puedo creer: ¡ha cogido el paquete con los pasaportes! Se lo pasa a Majed, que se lo mete en el bolsillo. Estamos de suerte: nadie se ha dado cuenta.

Cuando el primer policía vuelve a entrar en la sala de espera la mujer se da la vuelta para registrar a Sara. Le ordena que se ponga de pie y la cachea. Mi hermana le da el teléfono y la policía vacía su mochila. No hay ningún pasaporte. Respiro hondo, aliviada. Bien hecho, Sara. Me cuesta mantener el rostro inexpresivo.

Una luz azul procedente de la carretera penetra en la sala de espera. El policía alto nos ordena que nos levantemos. Meto mis pertenencias a toda prisa en la mochila y sigo a los demás. Pasamos por el vestíbulo y salimos al aparcamiento de la estación, donde nos espera una furgoneta policial de color blanco. El agente nos lleva hasta la parte trasera y abre las puertas. Dentro hay dos filas de sillas de plástico blanco, una frente a la otra. Al final, hay una silla plegable colocada en la separación con la cabina del conductor. En la oscuridad, distingo a un hombre sentado en la silla del fondo. Nos apelotonamos en la furgoneta mientras, fuera, Lam y Magdalena observan horrorizados cómo cierran las puertas.

—Hola —saluda el hombre, que sonríe mostrando unos dientes tan blancos que resaltan en la oscuridad.

Yo doy un brinco y Sara se ríe. Gracias a la luz que entra por la ventanilla de la cabina, distingo que el hombre viste una camiseta de muchos colores y unos pantalones rojos. El motor arranca y el hombre señala a los dos policías de delante por encima de su hombro.

—Mira, mira, mira, mira, mira, mira —dice con un fuerte acento afgano.

Reprimo una carcajada. El camión dobla una esquina y continúa carretera abajo. El hombre saca su móvil y vuelve a sonreír. Trastea hasta que una pegadiza canción pop empieza a sonar a todo volumen por el pequeño altavoz. Levanta las manos al aire.

—Mira, mira, mira, mira, mira, mira —repite por encima de la música.

Nos reímos a carcajadas. La histeria se ha adueñado de la furgoneta; es como una liberación. La risa me da fuerza y coraje, me hace sentir como si pudiera soportar cualquier cosa que fuese a venir a continuación.

—Decidle que se calle —nos pide Majed—. Nos va a meter a todos en un lío.

El afgano me señala.

—¿De dónde? —pregunta.

—Siria —contesto.

—Ah.

Se mete la mano en el bolsillo y saca un pasaporte rojo oscuro. Lo abre por la página de la foto y lo sostiene a la luz de la cabina. No se le parece en nada, es evidente que es una falsificación barata. Se señala a sí mismo.

—Italiano —dice, sonriente.

El camión reduce la velocidad y se detiene. Oímos un portazo. Luego se abren las puertas traseras y la luz inunda la furgoneta. La mujer policía nos ordena que bajemos de uno en uno. Espero dentro mientras los demás se aventuran en la noche. Por fin bajo y miro a mi alrededor. Estamos en un corral, rodeados de altos graneros. La policía me agarra del brazo y me lleva a un barracón que hay entre los edificios. Entramos en una pequeña oficina, amueblada solo con un escritorio, un archivador y dos sillas. En una esquina hay una máquina beige que parece una fotocopiadora. La mujer la señala. Cuando me acerco, me doy cuenta de que no lo es. Tiene una placa cuadrada de cristal y una pequeña pantalla encima.

—Nombre, fecha y lugar de nacimiento —dice.

—Yusra Mardini, 5 de marzo de 1998, Damasco —contesto—. Eso está en Siria.

La policía me mira; intenta adivinar si estoy siendo insolente o no. Se vuelve y empieza a teclear en la máquina. A continuación, me ordena que extienda mi mano izquierda y apriete las puntas de mis cuatro dedos en el cristal iluminado. Cuatro manchas oscuras aparecen en la pantalla. Me coge los dedos de uno en uno y los hace rodar sobre el escáner, apretando la punta. Repite el proceso con mi mano derecha. Mis huellas dactilares ahora están registradas en el sistema. Se me cae el alma a los pies. ¿Qué significará esto más adelante? La policía mete la mano en un cajón del escritorio, saca una cámara y me hace una foto. Luego saca una bandeja de plástico gris.

—Los cordones de los zapatos —ordena de malos modos.

Me encojo de hombros, quito los cordones de mis deportivas y se los doy. Señala la pulsera de hilo que llevo en la muñeca, así que me la quito y la deposito en la bandeja. Ella coge mi mochila y la pone en una esquina con las demás. Ya está. Me agarra del brazo y me arrastra fuera de la oficina hacia uno de los graneros de mi izquierda. En el edificio huele un poco a granja. Las paredes están cubiertas por unas vallas de unos tres metros de altura que delimitan una serie de establos abiertos por arriba. Hay un vacío por encima que llega hasta el techo de hierro ondulado del granero.

La policía me conduce hasta el final de la fila de establos y se detiene en el último. A través de los barrotes veo a Sara y a nuestros primos Nabih y Majed. Abre la puerta y entro. Seis tumbonas de plástico blancas ocupan la mayoría del espacio, y en el suelo hay hebras de paja desperdigadas. La policía cierra la puerta con llave y se marcha.

—Qué divertido ha sido esto —comento cuando se ha ido—. ¿Qué le pasaba con los cordones de los zapatos?

—Sí, a mí también me los ha quitado —dice Sara—. Como si pudiese suicidarme con un cordón de zapato. Parece una broma. Le he dicho que si quisiéramos matarnos nos habríamos quedado en Siria. Como si fuese a venir hasta aquí para suicidarme en esta basura de país.

La puerta del establo vuelve a abrirse y entran Jalil y Rubito. Un policía cierra la puerta tras ellos y lanza un voluminoso fardo por encima de la valla. Lo recojo y aparto un pedazo de tela, una manta gris de lana fina. Lo abro y leo las letras blancas:

—ACNUR. Alto Comisionado de las Naciones Unidas para los Refugiados.

El policía vuelve con una caja de cartón que sujeta con ambas manos. Saca un pequeño paquete ovalado de la caja y lo lanza por encima de la reja. Aterriza en el suelo de cemento con un golpe seco. Pasa volando un segundo paquete, seguido de un tercero, un cuarto y un quinto. El último aterriza sobre la paja que hay al fondo del establo. Me acerco y lo recojo. Es un bocadillo envuelto en papel film transparente. Lo desenvuelvo y me abofetea el hedor a pollo precocinado y correoso. Qué asco; no me lo pienso comer. Los demás ni siquiera levantan la vista. Dejamos la comida donde ha caído.

Me siento entre Nabih y Jalil en una de las tumbonas. Ambos parecen deprimidos. La mente me da vueltas y más vueltas, y las lágrimas se me agolpan en los ojos. Nuestro amigo Abdulah ya debe de estar en Austria. Quizá incluso ya haya tomado otro tren en dirección a Alemania. La culpa es de esa chica rubia. ¿Es que no podía dejarnos en paz? ¿Nos mandarán de vuelta a Turquía o a Siria? Aunque consigamos llegar a Alemania, ¿nos devolverán a Hungría?

Sin embargo, quizá al final salga todo bien. Mi primo Nabih y yo todavía no tenemos dieciocho años, así que nos catalogarán como menores. Sara y Majed son nuestros tutores legales. Nos han dicho que los países europeos no deportan a los menores y sus tutores, pero tampoco estamos seguros. Eso es lo único con lo que podemos contar: con rumores y con leyes que solo entendemos a medias.

Sara me mira a mí y luego a Jalil. Ambos estamos al borde de las lágrimas, hambrientos, asustados y confundidos.

—Eh —exclama Sara, y sonríe—. No os preocupéis. No nos pueden tener aquí para siempre.

Se pasea hasta el otro extremo del establo, da media vuelta y regresa.

—¿Sabéis qué? —dice—. Tendríamos que decir: *Alhamdulillah*, alabado sea Dios. Esta mañana estábamos comiendo hamburguesas en un Burger King. Anoche dormimos en un hotel caro. Hoy dormimos en un establo y nos lanzan bocadillos que no se comería ni un perro. Y mañana ¿quién sabe? Así es la vida.

—Tiene razón —interviene Majed—. Estamos a salvo y nadie está herido. Demos gracias a Dios por eso.

Un hombre acude frente a las rejas y se presenta en árabe. Dice que es traductor y que está de nuestra parte, que está aquí para ayudarnos. Majed le pregunta qué nos va a pasar y él responde que nos van a dejar encerrados aquí esta noche. Luego, por la mañana, nos procesarán y nos darán un documento de tránsito que nos permitirá abandonar Hungría. Después de eso seremos libres. Me quedo sin aliento. Quizá las cosas no estén tan mal como parecen. Majed se muestra escéptico, pero el traductor insiste. Podremos cruzar la frontera con Austria mañana mismo si queremos, ir a Alemania, a cualquier sitio. Cuando se marcha, nos acostamos en las tumbonas de plástico y nos tapamos con las mantas grises. Nadie está de humor para hablar. Lo único que podemos hacer es esperar y ver qué nos depara el día siguiente.

Me despierta una fuerte voz femenina, que me ordena que me levante.

Abro los ojos. Ya es de día. Me cuesta recordar dónde estoy y me duele la espalda.

—Hora de irse —dice la voz.

Levanto la vista. La policía está frente al establo junto a otros dos agentes. Mis compañeros ya se están levantando. Me aparto la manta de las piernas y hago un esfuerzo para ponerme de pie. La mujer abre la puerta y salimos en fila. Nos conducen hasta otro granero que se encuentra al otro lado del patio. En lugar de establos, aquí hay una gran jaula de metal en un lado. A través de los barrotes veo un grupo de gente que aguarda. Serán unos cuarenta, todos hombres, por lo que parece. Los que están más cerca de la puerta nos echan una ojeada al entrar y se nos quedan mirando fijamente a Sara y a mí. Nos sentamos en el cemento y hacemos todo lo posible por ignorarlos.

Ya es media mañana cuando la policía vuelve con el traductor. Nos llevan al edificio de recepción y nos devuelven nuestras pertenencias. El traductor nos dice que vendrá un autobús a recogernos aquí y que nos llevará adonde nosotros queramos. La esperanza vuelve a florecer en mi pecho mientras intento ponerme los cordones en las deportivas. ¿De verdad nos van a dejar en libertad? El traductor nos advierte que no nos dejemos atrapar por la policía otra vez. Si descubren que ya estamos en el sistema podrían llevarnos a una cárcel de verdad.

La mujer policía vuelve a aparecer junto a la puerta y nos hace una señal. Fuera aguarda una gran furgoneta negra. Los agentes nos conducen a la parte trasera y abren el portón. Dentro no hay ventanas, solo una pequeña abertura al fondo que comunica con la cabina del conductor. La mujer da un paso atrás y abre una puerta interior en la que yo no había reparado antes. Siento un nudo en el estómago: es una celda de metal.

—Entrad —ordena la policía.

—Pero el traductor ha dicho que éramos libres y nos podíamos ir —protesta Sara.

—Adentro.

Subimos a la furgoneta. La policía cierra bruscamente la puerta de la celda y echa la llave. Luego cierra de golpe las puertas de la furgoneta. Está oscuro, solo entra algo de luz solar por la ventanita que da a la cabina. El corazón me late a toda velocidad. ¿Adónde nos llevan ahora? Miro a Sara; puedo distinguir su expresión pese a la oscuridad. Está furiosa. La policía sube a la cabina del conductor y cierra la ventanita, dejándonos en una total oscuridad. El motor arranca y la furgoneta empieza a moverse. Es humillante. ¿Por qué nos tratan como si fuésemos criminales peligrosos? Y ese traductor... No lo comprendo. ¿Por qué nos ha dicho que nos dejarían libres? El dolor que siento crece y se convierte en rabia. Hemos confiado en él y nos ha traicionado. ¿Tanto le costaba decirnos la verdad?

Permanecemos sentados en un sombrío silencio, en la oscuridad, mientras la furgoneta traquetea y gira a un lado y otro. Tras unos veinte minutos se detiene y el motor se apaga. Un instante después, la policía abre el portón de atrás y el interior se inunda de luz. Entorno los ojos para protegerme del sol mientras abre la puerta de la celda. Salgo detrás de los demás y miro a mi alrededor. Estamos en un campo de refugiados. Hay hileras de tiendas de campaña puntiagudas de color hueso ordenadas frente a un largo edificio gris. A la entrada de cada tienda hay una bolsa de basura rebosante de desperdicios. Huele mal. Hay gente por todas partes: hombres, mujeres y niños que caminan entre las tiendas, cargando ropa limpia, o que pasan el rato sentados a la sombra de los árboles. A nuestra espalda, la policía vuelve a subir a la furgoneta. Arranca el motor y el vehículo emite un pitido, da la vuelta y se marcha por una puerta de metal abierta. Estamos solos. No hay ni rastro del personal del campo.

Una mujer con un hiyab rojo y blanco me está mirando. Me acerco a ella.

—Disculpe —le digo—. ¿Cuánto tiempo lleva aquí?

—Tres meses —responde.

—Y ¿a qué está esperando?

—No lo sé. Nadie nos dice nada —contesta la mujer—. Yo quiero reunirme con mi marido en Alemania, pero he terminado aquí. Me dijeron que me tengo que quedar aquí seis meses. Estoy con mis tres hijos, así que bueno... espero.

La miro con una mezcla entre horror y compasión.

—Nosotros también queremos ir a Alemania. —Miro a mi alrededor e intento que no se me note el pánico en la voz—. Ahora mismo, hoy. Si nos vamos ahora quizá podamos llegar esta noche.

Me doy la vuelta y me uno a los demás. Majed ha encontrado un residente del campo que conoce a un traficante de un pueblo cercano que quizá pueda llevarnos hasta Austria. Solo estamos a una hora de la frontera por carretera. Acuerda con él que nos recoja aquí. Debemos esperarlo fuera, en la ruta. Al parecer no hay ninguna valla que nos obligue a quedarnos. Podemos salir sin más.

Volvemos hacia la puerta de metal. Seguimos sin ver a nadie del personal, así que Majed tira de la puerta, que se abre sin problemas. Salimos a la carretera. Sonrío a los demás. Ha sido fácil. Sin embargo, sabemos que no podemos permitir que nos detengan otra vez. Ninguno de nosotros tiene ganas de descubrir cómo es una cárcel húngara de verdad. Nos apresuramos a alejarnos del campo caminando carretera abajo.

—No quiero saber nada más de los traficantes de aquí —masculla Sara mientras caminamos—. Siempre dicen que van a hacer algo por ti y luego desaparecen. Volvamos a Budapest.

Todos nos paramos en seco y la observamos atónitos. Estamos muy cerca de Austria, la frontera está solo a una hora de aquí. ¿Cómo vamos a volver a Budapest? Pero Sara está empeñada en regresar, quiere probar suerte en otro tren. Está harta de tener que lidiar con traficantes en los que no se puede confiar. Dice que en Budapest conocemos gente, que sabemos de un hotel donde nos podemos alojar. Sin embargo, Majed y los demás quieren intentarlo con el traficante, ver si podemos cruzar la frontera cuanto antes.

La discusión se alarga mientras esperamos a que llegue el coche a buscarnos. Pasan algunos vehículos, pero ninguno se detiene. Al cabo de una hora, atisbamos una miniván que se acerca. Reduce velocidad cuando pasa por nuestro lado y se detiene. Sara se dirige hacia la ventanilla del conductor y los demás la seguimos. Es un hombre en mitad de la treintena, con expresión amistosa y una sonrisa amable. Parece inofensivo, casi normal. Sara le informa de que hemos cambiado de opinión y de que queremos ir a Budapest. El conductor le dice el precio y Sara abre la puerta corredera del lateral de la furgoneta. Todos la miramos boquiabiertos.

—¿Qué? —dice—. Venga, vamos.

Me encojo de hombros y entro, y los demás suben detrás de mí. Antes de que nos demos cuenta estamos volviendo a Budapest a toda velocidad. Sara ha ganado. Jalil saca su teléfono y dice que ha encontrado otro traficante que nos puede llevar. Sara frunce el ceño, pero Majed opina que vale la pena intentarlo. Media hora después, el móvil de Jalil se ilumina de nuevo y vibra. El traficante tiene dos coches y asegura que nos puede llevar hasta Alemania, pero tenemos que volver a Budapest cuanto antes.

—Dile que estamos de camino —le pide Majed a Jalil—. Y que vamos tan rápido como podemos.

Miro por la ventanilla mientras me pregunto qué será lo siguiente. Tiene que haber una forma de salir de este país. Estoy agotada. Estoy cansada de correr, cansada de estar en la carretera. Solo quiero llegar a algún sitio de una vez, sentirme segura, instalarme y vivir en paz. Por primera vez desde que me fui de casa soy consciente de lo lejos que estoy de mamá, de Damasco, de todo y todos a los que amo. Me vuelvo, fijo la mirada al otro lado de la ventana y espero que nadie se dé cuenta de que estoy llorando.

Llevamos más o menos hora y media de viaje cuando atisbo unas luces azules al otro lado de la carretera. Hay una furgoneta de la policía aparcada en mitad del carril, en dirección contraria. Detrás de ella, una multitud camina por la carretera hacia nosotros, alejándose de Budapest. En cabeza, un hombre ondea una enorme bandera azul con estrellas amarillas: la insignia de la Unión Europea.

—Mirad a toda esa gente —murmuro—. ¿Qué está pasando?

Nadie dice nada, pero miramos a la izquierda por las ventanillas mientras pasamos junto a la multitud. Miles de hombres, mujeres y niños marchan despacio, exhaustos, por el asfalto. Algunos ni siquiera tienen zapatos. Los coches pasan junto a ellos a toda velocidad. Más atrás vemos unas cuantas familias sentadas, descansando en el arcén. Nosotros seguimos camino a la ciudad.

El conductor nos deja en la plaza que hay frente al edificio de la estación de Budapest. La multitud se ha dispersado, dejando tras ellos montones de basura desperdigados por el cemento. Entramos en el edificio y vemos una fila de personas que duermen apoyadas en una pared baja. Sobre ellos cuelgan varios pares de vaqueros recién lavados. Me pregunto si alguno de nuestros amigos seguirá aquí. Paseamos entre la multitud dormida y bajamos al nivel inferior. Allí, en el mismo lugar donde los dejamos, está nuestro amigo de Latakia, Ahmad, y sus hermanas. Vemos a Idris sentado un poco más lejos. Mustafá está tumbado junto a su padre, con la cabeza en su regazo.

—¿Qué hacéis aquí? —pregunta Ahmad—. Pensaba que habíais subido al tren.

Majed les cuenta nuestra aventura en la cárcel.

—Pero ¿por qué habéis vuelto? —insiste Ahmad, negando con la cabeza—. Antes han venido unos matones que se han puesto a tirar petardos a la gente y nos hemos tenido que esconder aquí abajo. Luego ha venido un chico y ha dicho que iba a ir andando hasta Austria, y un montón de gente lo ha seguido. Están todos locos. Son al menos tres días a pie.

Así que esa era la gente que vimos caminando por la carretera. Me pregunto si conseguirán llegar. Echo un vistazo a la devastada estación. Quizá también nosotros deberíamos emprender el camino a pie, en la dirección por la que hemos venido. Justo en ese momento suena el teléfono de Jalil. Es el traficante, que nos cita en el McDonalds que hay más adelante. Se me cae el alma a los pies. Eso si se presenta. Estamos dando vueltas en círculos. ¿Conseguiremos escapar algún día de esta trampa?

Dejamos a Ahmad en la estación y bajamos por la ajetreada calle principal hacia el McDonalds. No hay ni rastro del traficante. Jalil lo llama una y otra vez, pero no responde. Esperamos durante dos horas y luego volvemos a la estación. Lo intentamos con otro de los contactos de Mowgli y esperamos en el Burger King a que nos conteste. Nuestra última esperanza se desvanece cuando la noche cae sobre la plaza. A las nueve y media, finalmente, nos rendimos. Empieza a llover, así que nos dirigimos a nuestro viejo hotel. Apenas noto el agua sobre la cabeza. No me lo puedo creer; jamás conseguiremos salir de este lugar. Avanzamos en silencio: lo único que queremos es dormir.

Entonces suena el teléfono de Sara.

—¿Qué? —dice al aparato—. Espera, ¿en serio? De acuerdo, ya vamos. Sí, corremos. Diles que esperen.

Sara cuelga y se vuelve hacia mí con los ojos brillantes.

—Era Ahmad. —Me agarra de los hombros—. Dice que ha oído que el gobierno va a mandar autobuses gratis hacia la frontera con Austria. Esta noche. Ahora mismo, desde la estación. Dice que va a ser pronto y que tenemos que darnos prisa. Tenemos que volver. ¡Ahora!

—¿Está seguro? —pregunto—. La verdad es que solo quiero dormir.

—Podría ser un rumor —interviene Majed, dubitativo—. U otra trampa.

—Llegados a este punto, ¿qué importa? —responde Sara—. ¿Qué más nos pueden hacer? ¡Corramos!

Sara se da la vuelta y se dirige corriendo hacia la estación. La sigo a toda prisa, con la mochila dando tumbos sobre la espalda; pasamos junto a los peatones que pasean bajo la llovizna. Avistamos la estación a lo lejos, tras los destellos de las luces rojas de los coches sobre los charcos negros de aceite. Cuando llegamos a la plaza, vemos que la multitud ha empezado a aumentar de nuevo. Hay dos filas de viejos autobuses amarillos y azules aparcados en la carretera. Corremos entre ellos, esquivando al gentío, en busca de Ahmad. Lo oigo gritar y lo descubro de pie con sus hermanas junto a uno de los autobuses. Cuando nos acercamos, veo que Idris también está por allí cerca. Nos sonríe.

—¿Dónde está Mustafá? —le pregunto.

Él señala por encima de su hombro a una mujer con un pañuelo en la cabeza y una larga falda vaporosa. La mujer nos ve y se da la vuelta. Cuando le veo la cara estallo en carcajadas.

—Hola —saluda Magdalena—. Qué, ¿os venís a Austria?

—Eso espero —respondo—. Bonito disfraz.

—Pues esto no es nada. Ya verás a Lam.

Un poco más atrás, veo al fotógrafo de pie, incómodo, junto a una mujer kurda y su hijo pequeño, como si fuera su acompañante. Saluda con la mano y se abre la chaqueta un segundo para mostrar su cámara de dieciséis mil dólares.

—Todavía conservo a mi *habibti* —dice con una sonrisa. Luego se vuelve hacia Sara—. Me han dicho que el viejo Antar ha sobrevivido a una noche con la policía. ¿Todo bien?

—Estará bien si llegamos a Austria —responde ella—. ¿Tú también vienes?

—No me lo pienso perder —asegura Lam.

El conductor del autobús abre las puertas y la multitud cercana se precipita hacia el vehículo. Podría ser una trampa, otro truco del gobierno para meternos a todos en campos de refugiados, pero no hay tiempo para pensárselo dos veces. La gente ya se está peleando para subir al autobús y nos arrastra a su paso. Tendremos que arriesgarnos. Quizá esta apuesta sí la ganemos. Cojo a Sara por los lados del cuello y salto arriba y abajo.

—¡Nos vamos a Alemania! —grito.

El autobús es viejo y está construido para albergar a unos cuarenta pasajeros. Seremos fácilmente más de cien, hacinados de tres en tres en cada asiento y más gente tirada por ahí. Sara y yo encontramos un rincón en el suelo contra las puertas de atrás, aplastadas entre desconocidos. El vehículo resopla con fuerza y exhala una nube de humo de gasoil.

Me quedo dormida con la cabeza apoyada en el suelo tembloroso. Una hora después me despiertan unos gritos. El autobús se ha detenido en un lado de la carretera. La puerta que hay detrás de mí se abre y salgo tambaleándome al exterior. El motor del autobús expele un humo que despide un hedor tóxico. Sara sale detrás de mí, tosiendo. Le pongo una mano sobre el hombro.

—Eres gafe, Sara —le digo con una sonrisa—. Ya casi estábamos saliendo de Hungría y se estropea el autobús.

Esperamos durante dos horas a un lado de la carretera, bajo la lluvia, hasta que llega otro autobús a recogernos. Está ya lleno de gente. De algún modo conseguimos meternos todos, todavía más apretados que en el anterior. Apenas puedo respirar, así que ni pensar en dormir. Apretada contra las puertas, saco mi móvil y le mando a Steven, el periodista, un mensaje de voz para contarle que estamos en unos autobuses que se dirigen a Austria. Contesta que él y su equipo también están de camino hacia la frontera. Quizá nos veamos allí. Murmuro una oración silenciosa para mis adentros. Por favor, Dios, permite que esto suceda de verdad. Estamos saliendo de aquí de verdad.

El autobús se detiene con un traqueteo y todos salimos a la luz gris de la mañana. Todavía llueve, y se está levantando un suave viento. No siento las piernas después del viaje en ese autobús abarrotado. Seguimos a una fila serpenteante de gente por un camino hacia un edificio.

Cuando cruzamos la frontera con Austria, Sara rompe a llorar. Se detiene y se tapa la cara con las manos. Le tiemblan los hombros.

—¿Qué te pasa? —le pregunto.

No es propio de Sara derrumbarse así.

—¿Ahora lloras? —dice Lam—. ¿Después de todo lo que has pasado? Has sido una campeona todo el tiempo, y cuando al fin estás a salvo, ¿lloras?

—Solo estoy feliz de haber salido —reconoce Sara entre sollozos.

Todos apartamos la vista y dejamos que se calme. Filas de modernos autocares se alinean en la entrada de cemento. Los ha enviado el gobierno austríaco para llevarnos a Viena. Lo único que tenemos que hacer ahora es encontrar sitio en uno de ellos. Miro a Sara, que sigue a mi lado sollozando de alivio. Lam abre su mochila, saca un manojo de plátanos, arranca uno y me lo da. Me lo como bajo la lluvia mientras mi hermana recupera la compostura.

SEXTA PARTE

El sueño

16

Bajo del autocar y miro a mi alrededor. Tardo unos instantes en comprender lo que estoy viendo. Una multitud de gente rodea la entrada de la principal estación de tren de Viena. Sonríen, aplauden y nos vitorean. Observo las pancartas de colores y los pósters hechos a mano y leo mis primeras palabras en alemán: *Flüchtlinge*, «refugiados»; y *Wilkommen*, «bienvenidos». No puedo creerlo. Estas personas quieren ayudarnos. Han venido hasta aquí para darnos la bienvenida a su país. Se me anegan los ojos en lágrimas; me siento abrumada por el gesto.

Sara y yo pasamos junto a los desconocidos que nos aclaman, y los voluntarios nos dan té, bocadillos y botellas de agua. Un hombre nos ofrece una rosa a cada una. Mi hermana coge la flor, me mira y sonríe. Siento una oleada de alivio; hemos conseguido salir de Hungría. Estamos en Austria y por la mañana cogeremos el tren para cruzar la última frontera.

El móvil de Sara vibra. Es nuestro amigo Abdulah, que ha llegado a Austria en tren antes que nosotros. Se está alojando con su primo aquí, en Viena, y se ofrece a acogernos esta noche. Estaremos un poco apretados en su pequeño piso, pero el primo de Abdulah dice que podemos ir todos. Lam y Magdalena deciden quedarse en la estación para trabajar. Quieren fotografiar y entrevistar a los miles de recién llegados y a los vienenses que han venido a darles la bienvenida. Antes de despedirnos, los periodistas prometen venir a visitarnos a dondequiera que vayamos en Alemania. Los observo desaparecer entre la multitud y me pregunto si volveré a verlos algún día.

Miro mi sudadera violeta, empapada por la lluvia, y mis pantalones de chándal grises llenos de barro. Necesito ropa nueva; no quiero llegar a Alemania con esta pinta, así que paramos en una tienda de ropa de camino al piso del primo de Abdulah. Es sábado y el establecimiento está lleno de gente. Mientras esperamos en la cola ante la caja registradora me vibra el teléfono. Es Steven, el periodista. Le digo que estoy en Viena y quedo con él más tarde para hacer otra entrevista.

En el piso hacemos turnos para ducharnos. Me pongo la ropa nueva y tiro la vieja a la basura. Luego escribo a mamá y papá para decirles que estamos a salvo y aliviadas de haber salido de Hungría. Steven me vuelve a escribir más tarde. Su equipo y él han terminado de trabajar en la frontera y acaban de llegar a Viena. Me reúno con ellos en un McDonalds del centro de la ciudad. Estoy demasiado cansada para hacer una entrevista, pero acordamos que su equipo de televisión vendrá con nosotros al día siguiente, en el tren a Alemania, para grabar el viaje.

Esa noche dormimos tumbados en sofás y en el suelo del salón del piso. A nadie le importa que estemos tan apretados. Después de dos noches acampando en la carretera, resulta incluso cómodo.

A la mañana siguiente, nos levantamos al amanecer para coger uno de los trenes que los gobiernos alemán y austríaco han dispuesto para llevarnos al país vecino. Steven y su equipo, Ludwig y Stefan, nos están esperando en la estación. Subimos todos en un tren abarrotado. Damos con un vagón antiguo que tiene dos filas de tres asientos uno frente al otro solo para nosotros. Miro por la ventana mientras el tren sale de la estación, gana velocidad y abandona traqueteando la ciudad. Pronto avanzamos entre bosques de pinos verde oscuro, campos sembrados y pueblecitos.

Ludwig enciende la cámara y empieza a filmar. Steven me pregunta cómo me estoy preparando para adaptarme a la vida en Europa. Su pregunta me coge por sorpresa: no había pensado en ello antes. Sé que será un choque cultural, y que en Alemania las cosas se harán de manera distinta que en Siria, pero no estoy segura de cómo exactamente. Le respondo que no será fácil, pero que me las arreglaré. Tendré que hacerlo. Después, me pregunta qué he aprendido durante el viaje. Esa es fácil: he aprendido perspectiva. En Siria malgastaba el tiempo preocupándome por tonterías, y ahora sé lo que son los verdaderos problemas. Se me han abierto los ojos.

—Y ¿sientes que después de haber hecho este viaje cualquier cosa es posible? —pregunta Steven—. ¿Como, por ejemplo, ir a los Juegos Olímpicos?

Lo miro a los ojos y sonrío. Sí. Lo conseguiré. Nunca me he sentido tan segura de nada. El tren resopla al pasar por exuberantes prados verdes y, en el horizonte, las montañas se erigen por encima de la neblina de la mañana. Ludwig apaga la cámara un rato y yo miro por la ventana. Veo a mamá y a Shahed, el hogar que perdimos en Daraya, las callejuelas retorcidas de Damasco. Pienso en papá e intento imaginarnos a todos juntos de nuevo. Nuestro viaje casi ha terminado. ¿Qué nos deparará el futuro?

Pasan varias horas hasta que cruzamos la frontera con Alemania. Los gritos de celebración de los otros vagones me indican en qué momento sucede. Siento mariposas en el estómago: no parece real. Lo hemos conseguido; estamos aquí. Ahora ya no importa que la policía nos atrape; estamos en el país adecuado. Solo tenemos que pedir asilo. Ludwig empieza de nuevo a grabar mientras observo las grandes villas con tejados puntiagudos y las verdes colinas de Bavaria, que pasan a toda velocidad. Steven me pregunta qué me parece Alemania, si me resulta demasiado limpia. Yo sonrío mirando a la cámara.

—No —respondo—. Me encanta.

—¿No crees que parece un poco aburrida? —insiste Steven.

—Ya haremos que sea divertida —contesto.

Charlamos y reímos hasta que el tren pierde velocidad y llega a Múnich. Sara entra en el vagón y me cuenta cuál es el plan. Cuando lleguemos a la estación, huiremos del gentío y buscaremos un tren en dirección a Hannover para reunirnos allí con su amiga Hala. El tren chirría y se detiene. Salimos del vagón y recorremos el pasillo hacia las puertas. Steven y su equipo salen al andén primero para grabarnos bajando del tren. Dos corpulentos policías esperan a las puertas del tren. Sara se pone delante de mí e intenta esquivarlos, pero el que está más cerca alarga un brazo para detenerla. Levanta el dedo índice.

—¿Adónde crees que vas, *habibti*? —dice, y la empuja con suavidad hacia el torrente de gente—. Es por aquí.

Saludo a Steven con la mano mientras la policía lo escolta a él y a su equipo fuera del andén. Parece que de momento no podremos ir a Hannover. Iremos donde nos digan, tampoco nos importa demasiado. Después de todo, no somos las únicas recién llegadas. Solo ese primer fin de semana de septiembre de 2015, veinte mil personas llegan al país en tren y autobús desde Hungría a través de Austria. Sara y yo solo somos dos de ellas. Alemania nos ha acogido y todo ha terminado para nosotras. Se acabaron las fronteras, y los traficantes, y dormir a la intemperie. Se acabaron los peligros y la guerra.

Seguimos al gentío hacia una fila de autobuses. En la entrada de la estación hay más gente que aplaude y ondea pancartas en las que se lee: «*Refugees welcome*». Sonrío a mi hermana. No parece real. Todos estos desconocidos han venido a animarnos y a ofrecernos la oportunidad de tener un futuro. ¿Quién es toda esta gente?

Subimos a un autobús que nos lleva a un campo de llegadas. Hay una gran tienda abierta con un restaurante. Por encima del comedor, en un cartel en árabe se lee: «bienvenidos». Comemos, nos hacen una revisión médica y nos conducen hasta otro autobús. Viajamos durante ocho horas sin tener ni idea de adónde vamos. Al final, el autobús reduce velocidad y sale de la autopista. Gira por varias calles oscuras y se detiene en un patio. Al bajar, otra multitud nos vitorea y levanta carteles hechos a mano en los que se lee en árabe: «Bienvenidos a Berlín Spandau». Así que estamos en Berlín, la capital de Alemania. Miro mi móvil. Es muy tarde y toda esta gente se ha quedado a esperar para recibirnos. Una sensación cálida se me extiende por el pecho. Lo hemos conseguido. Son las tres de la madrugada del lunes 7 de septiembre. Hemos llegado.

Tras nosotros, más gente baja de una flota entera de autobuses. Debemos de estar llegando varios cientos de personas a la vez. Este es un campo de refugiados totalmente nuevo, que han abierto a toda prisa para albergar a los recién llegados de Hungría. Aquí, en Alemania, la gente llama a este tipo de campos *heim*. Se traduce como «hogar», pero los alemanes también lo usan para referirse al alojamiento para refugiados. Pronto adoptamos la palabra también nosotros.

Nos ponemos en la cola que lleva al interior del patio. Más adelante, en lo que parece un aparcamiento, hay filas de tiendas de campaña blancas y rectangulares. Al principio de la fila hay un hombre vestido de uniforme. Pregunta si Sara, nuestros primos, Jalil y yo somos familia. Sara me señala a mí y dice que somos hermanas. El hombre apunta nuestros nombres y edades y señala a Jalil.

—Él es menor, ¿va con un tutor legal o es un menor no acompañado? —pregunta el funcionario.

—Jalil se queda con nosotras —contesta Sara.

—Entonces, ¿eres su tutora? —insiste el hombre.

Mi hermana se encoge de hombros. El hombre señala a una mujer rubia que espera a su lado y nos lleva a una de las tiendas blancas. Dentro hay tres literas negras de metal con colchones blancos. Una gran lámpara de camping cuelga del techo y el suelo está hecho de esteras de plástico gris. Hay un pequeño calefactor eléctrico blanco en una esquina. Después del suelo de la estación de tren o de la cárcel de los establos, me parece un lujo. Una tienda de cinco estrellas. Subo a una de las literas superiores, me tumbo y cierro los ojos. Podemos quedarnos. Se acabó el correr. Me repito las palabras una y otra vez. Apenas puedo creerlo. Me quedo profundamente dormida.

Por la mañana, antes de salir a buscar los baños, envío una foto de la tienda a mamá y papá y les digo que estamos en Berlín. El largo edificio de ladrillo rojo se divide en varias estancias, y cada una de ellas tiene dos retretes y duchas separadas. En la antesala hay una mesa de caballete con un montón enorme de jabones, champús, geles de baño, cuchillas, toallas y manoplas que la gente ha donado. Cojo lo que necesito y entro a ducharme. El agua se tiñe de negro tras mezclarse con la mugre de mis pies. Me miro en el espejo y sonrío al ver la marca de la camiseta en el bronceado de mis brazos.

Encuentro a los demás en el comedor, desayunando a base de panecillos y queso. Nadie menciona la posibilidad de dejar Berlín e irnos a Hannover. Estamos demasiado cansados como para pensar en viajar otra vez; nos sentimos felices por haber llegado a un lugar donde podemos quedarnos. Sara le escribe a su amiga Hala y le dice que su antiguo vecino, Jalil, está a salvo en Berlín, con nosotras.

Después de desayunar, mi hermana y yo vamos a echar un vistazo a la ropa de segunda mano que los berlineses han traído para ayudarnos. Seamos honestos, revolver entre la ropa vieja de los demás no es plato de buen gusto para nadie, pero me trago el orgullo y me digo que soy afortunada. Los alemanes han sido muy generosos. Además, tampoco tengo elección. Solo estamos en septiembre, pero en Berlín hace muchísimo frío comparado con el calor de Budapest y yo solo tengo una muda de ropa. Dentro del edificio, un grupo de voluntarios ha colgado las donaciones en una especie de vestidor, para que no tengamos que rebuscar en las cajas. Sara y yo curioseamos entre la extraña mezcla de chaquetas, camisetas y jerséis y los montones de zapatos. Elijo una bufanda rosa, una camiseta y un jersey blancos, unos zapatos negros y un par de botas de la marca Ugg de segunda mano. Descubro una caja de ositos de peluche que han dejado para los niños y cojo tres.

Esa tarde, mientras Sara, Jalil y yo paseamos por el *heim*, oímos un alboroto en la puerta de entrada. Han llegado más autobuses, de los que salen cientos de personas que empiezan a dar vueltas por el patio, a la espera de que les asignen algún lugar para dormir. Nos acercamos a echar un vistazo. Oigo un grito desde la cola y descubro un grupo de caras conocidas. Son nuestros amigos, los hermanos Aiham y Basem y Zaher y su familia. Este último esboza una sonrisa de oreja a oreja y se nos acerca con los brazos abiertos. Todos nos besamos en ambas mejillas. Los demás llegaron a Alemania unos días antes que nosotros con Alí, el traficante. Los trasladaron desde Múnich hasta un campo en una ciudad llamada Eisenhüttenstadt, a las afueras de Berlín, antes de traerlos aquí. Es fantástico volver a estar con las personas con las que tanto hemos compartido durante el viaje. Ahora empezaremos nuestras nuevas vidas juntos en el mismo lugar. Esa noche cenamos todos en el comedor.

—¿Habéis estado ya en la calle árabe? —pregunta Aiham mientras mordisqueo mi comida.

—¿Qué es la calle árabe? —pregunto.

—Todos los sirios del otro campo hablaban de ella —me cuenta—. Es un sitio que está en algún lugar de Berlín, una calle llena de restaurantes árabes, tiendas y supermercados.

Al día siguiente, preguntamos a los voluntarios del *heim* al respecto y nos dicen que los berlineses conocen la calle árabe como Sonnenallee. Tenemos que tomar un autobús al final de la carretera para ir hasta la estación, y luego coger el metro durante otros cuarenta minutos. Todos echamos de menos nuestro hogar, así que decidimos ir de inmediato. Salimos del metro a una plaza en una intersección muy transitada rodeada de edificios gris oscuro de cemento. Giramos a la derecha y caminamos por Sonnenallee, pasando por una parada de autobús, quioscos y tiendas de artículos de electrónica.

—¿Esta es la calle árabe? —le digo a Sara—. Pues a mí no me parece muy árabe.

Al final, llegamos a un supermercado árabe que hay en una esquina. Aiham entra junto a su hermano Basem y los demás, pero yo me quedo en la puerta. Le doy un codazo a Sara y señalo al otro lado de la calle. Hay una pizzería. Las dos nos morimos de hambre, así que decidimos probarla. Entramos y pedimos en inglés. El chico de detrás del mostrador es bastante huraño, y nos sentamos a esperar en un sombrío silencio. Ahora que hemos llegado, empezamos a asimilar lo sucedido, a comprender nuestra nueva realidad.

—¿Abandonamos nuestro precioso país para esto? —masculla Sara cuando llegan nuestras pizzas—. Deberíamos ser dos jóvenes en la flor de la vida en Damasco, estar allí disfrutando de los mejores años de nuestras vidas. Pero estamos aquí.

Siento un vacío abrumador en el pecho. Pensaba que Alemania iba a ser el paraíso. Pero ¿no debería ser más bonito que todo esto? Estoy contenta de estar aquí, pero no puedo evitar pensar en todo lo que hemos perdido. Decidimos ir de compras para animarnos. El problema es que ya no nos queda dinero; tenemos que hablar con papá para pedirle que nos transfiera un poco más. Terminamos de comer, volvemos andando a la plaza y compramos tarjetas SIM alemanas con datos. Luego cruzamos la calle y entramos en unos grandes almacenes a echar un vistazo a la ropa. Todo parece muy caro, pero encuentro unos pantalones de chándal negros baratos. Después, Sara me da una bolsa de plástico. Dentro hay un oso de peluche, grande suave y marrón.

—Por si echas de menos nuestro hogar.

Sonrío pensado que al menos mi hermana está conmigo, y me voy a comprarle otro oso a ella. Espero hasta que hemos vuelto al *heim* para llamar a papá y pedirle que nos envíe un poco más de dinero.

—¿Para qué necesitáis dinero, si ya habéis llegado? —pregunta.

—Para ropa, papá —respondo—. Y para comida y transporte, ya sabes.

—Me he gastado diez mil dólares en mandaros a Alemania —repone él—. No sé cómo os las habéis arreglado para gastar tanto. Tendréis que vivir con lo que os den.

Lo comprendo. A papá le ha costado mucho dinero que lleguemos hasta aquí, pero su respuesta no deja de ser una sorpresa. Me pregunto cómo nos las arreglaremos. Una vez que nos inscribamos como solicitantes de asilo, el gobierno alemán nos dará una asignación de ciento treinta euros al mes. Con ella tendremos que pagarlo todo, excepto comida y alojamiento. Será duro. Aquí todo es muy caro.

Hay muchas ideas equivocadas respecto al dinero. Para algunas personas es difícil aceptarlo, pero cualquiera que haya conseguido llegar a Europa debía vivir razonablemente bien en su país. Todas las personas que conozco que han viajado desde Siria han gastado al menos tres mil dólares. Muchos de ellos lo vendieron todo para llegar tan lejos: sus casas, sus coches y todas sus pertenencias. Somos los afortunados, los que tenían dinero suficiente para escapar. Aquellos que no tienen ahorros o nada que vender terminan en campos de refugiados en Jordania, el Líbano o Turquía. Sin embargo, cuando llegamos, el dinero se termina y no nos queda otra opción que depender de la caridad. Me siento agradecida por la generosidad de los alemanes, que nos tratan como a seres humanos y quieren ayudarnos, pero es difícil no sentirse mal al tener que aceptar donaciones de los demás. Muchos de nosotros, yo incluida, nunca habíamos querido aceptar nada de nadie.

Conseguir ese dinero del gobierno no es tan fácil como papá se cree. En primer lugar, debemos registrarnos como solicitantes de asilo. En Berlín, eso significa ir a la oficina de asuntos sociales, un enorme complejo de edificios en el oeste de la ciudad que todo el mundo conoce por su acrónimo, LaGeSo. No somos las únicas que pretenden inscribirse: cada día, cientos de refugiados llegan a Berlín. Pero hay un embudo: en la oficina solo atienden a cuarenta personas al día.

Sara, como tutora legal en funciones de Jalil y mía, va a la oficina en nombre de los tres. Hay tanta gente que debe esperar varios días solo para conseguir un número para entrar en la cola real y así esperar a que le den cita para inscribirse. Una vez tiene el número, debe esperar a que aparezca en la pantalla que hay fuera de la oficina. No hay forma de saber cuándo pasará. Podría ser hoy, mañana o dentro de tres semanas. Mi hermana pasa la mayoría de los días mirando a esa pantalla, sin atreverse a marcharse por si perdemos el turno y tiene que empezar todo el proceso de nuevo. Pronto se aburre de esperar y se une a un grupo de voluntarios que reparten comida y ayuda médica urgente a los solicitantes. Mantenerse ocupada le hace bien: cada noche vuelve tarde al *heim*, exhausta pero con aspecto feliz.

—Acabo de tener una conversación de lo más extraña —nos

cuenta una noche en la tienda, mientras se sienta en su cama—. Una de las voluntarias no se podía creer que yo fuese una refugiada porque tengo móvil, me arreglo el pelo y llevo joyas.

—¿Qué? —digo.

—Lo que oyes —responde mi hermana—. Luego se ha sorprendido cuando he mencionado que tenía un ordenador portátil en casa. Ha dicho que no sabía que en Siria tuviésemos ordenadores. Como si todos viviésemos en el desierto, o algo así. Me he visto obligada a explicarle que antes teníamos una vida normal.

Ambas nos reímos. Está claro que hay algunos europeos que están muy confundidos respecto al mundo del que venimos. Vamos a tener que explicar muchas cosas. Voy a la oficina con Sara un par de veces, pero paso la mayor parte del tiempo en el *heim* con los chicos, soñando despierta.

Los días se alargan y empiezo a repasar todo lo que ha sucedido desde que nos fuimos de casa. El cambio me coge desprevenida. Los últimos días, semanas y años han sido tan dramáticos que tardo un tiempo en entender que se han terminado de verdad. Estoy a salvo. No van a caer bombas en la calle, ni van a atravesar el techo. No he de esconderme de la policía, dormir a la intemperie entre una multitud de desconocidos o lidiar con bandas criminales para cruzar fronteras a escondidas. Sin embargo, ahora, a medida que la sensación de urgencia disminuye, empiezo a darme cuenta del precio que he pagado por mi recién encontrada seguridad. He perdido mi hogar, mi país, mi cultura, a mis amigos. He perdido mi vida. Paso el tiempo sentada en el *heim*, apática y desorientada. Tengo que llenar mi vida con algún propósito. Tengo que encontrar la forma de volver a la piscina.

Una mañana, unas semanas después de nuestra llegada, Sara y yo nos unimos a la multitud que espera tras las vallas en la puerta de la oficina de LaGeSo. La pantalla sobre nuestras cabezas va mostrando los números. Un voluntario pasa por nuestro lado con unos bocadillos en una caja de plástico. Sara lo saluda con la mano.

—Voy a decirle hola. —Se cuela entre los barrotes de metal—. Espera aquí. Y no pierdas de vista la pantalla.

Miro a mi alrededor. Hay gente a la que todavía no se les ha asignado un *heim*, así que duermen a la intemperie cerca de la oficina. Los miro con compasión. Hombres, mujeres, familias cuyos viajes todavía no han terminado. Las únicas autoridades a la vista son los guardias de seguridad, la mayoría berlineses de origen árabe. Los observo gritar a todo el mundo en nuestro idioma, disfrutando del poder que tienen sobre nosotros, algo nuevo para ellos. Cuando vuelve Sara, le digo que necesito ir al baño y que le toca a ella esperar. Intento salir de entre el gentío, pero se me queda el pie atrapado en una de las vallas y me tropiezo.

—¿Qué te pasa? —masculla en árabe una voz masculina—. ¿Por qué no miras por dónde vas, bonita?

Me vuelvo. Es un guardia que parece un culturista.

—¿Cuál es tu problema? —gruño.

Me marcho ofendida hacia los baños, mientras intento aguantarme las lágrimas de ira y dolor. Esos guardias ¿quiénes se han creído que son? ¿Dioses? Respiro hondo y me obligo a tener paciencia. Esta situación es pasajera. No durará para siempre. Vuelvo a colarme entre las vallas para llegar junto a Sara en la fila. Nos sentamos a esperar, mirando con anhelo las puertas de la oficina y observando cómo los números se suceden en la pantalla sin orden aparente. Cada vez que alguien consigue entrar en el edificio se oye un grito de júbilo desde la parte delantera de la multitud.

Han pasado cinco horas cuando nuestro número aparece por fin en la pantalla. Sara sonríe, me agarra del brazo y me ayuda a levantarme, mientras la gente nos vitorea para celebrar que es nuestro turno. Entramos, subimos a la planta superior y llegamos a una oficina. Una mujer nos hace un gesto para que nos acerquemos desde una mesa que hay en el centro de la sala. Nos sentamos. La mujer nos pregunta por nuestros pasaportes, y Sara pone los documentos sobre la mesa. Los inspecciona, luego nos toma las huellas dactilares, nos hace una foto y anota nuestros nombres, fecha y lugar de nacimiento y los idiomas que hablamos. Después nos da a cada una un folio con nuestra fotografía en la esquina superior derecha y nos dice que ese papel es un certificado que demuestra que nos hemos inscrito como solicitantes de asilo. Lo necesitaremos para solicitar asilo oficial y para recoger nuestras ayudas. Sin embargo, para conseguir el dinero tendremos que obtener otra cita en la oficina.

—Un momento —exclama Sara—. ¿Tenemos que hacer todo esto otra vez?

—*Ja* —responde la mujer, y sonríe con tristeza.

A la mañana siguiente, mientras desayunamos en el *heim*, un hombre se sienta con nosotros. Nos dice que viene de Egipto y que se llama Abu Atef, y nos pregunta si hay algo en lo que pueda ayudarnos. Sara y yo le decimos que nos gustaría tener nuestra propia habitación, ya que todavía la compartimos con nuestros primos Majed y Nabih. Somos chicas y querríamos un poco de intimidad.

Abu Atef se marcha y vuelve al cabo de diez minutos con uno de los empleados del campo, que nos dice que tienen una habitación para nosotras. Nos acompañan hasta la tienda para recoger nuestras cosas y luego nos llevan alrededor del edificio de ladrillo rojo. Entramos por una puerta con un adorno de piedra encima que recuerda a un águila. Mientras subimos las escaleras, pregunto a Abu Atef acerca del edificio y me explica que este lugar se llama Schmidt-Knobelsdorf-Kaserne. Me río al oír las graciosas palabras alemanas.

—Antes era una base militar —añade el egipcio—. Los británicos usaron parte de este complejo como prisión. Un nazi muy famoso estuvo encerrado en un edificio cercano. ¿Habéis oído hablar de Rudolf Hess?

—No —respondo—. Nunca había oído hablar de él.

Subimos hasta la segunda planta y entramos en una modesta habitación con tres camas y un armario. Dejo caer mis nuevos osos de peluche en una de las camas. El oso grande, marrón y suave que me ha regalado Sara ocupa orgulloso un lugar sobre la almohada. Abu Atef se detiene en la puerta y nos pregunta qué nos parece Berlín. Le decimos que todavía estamos pensando en marcharnos, en ir a Hannover con Hala, la amiga de Sara.

—No, no lo hagáis —recomienda él—. Quedaos aquí, en Berlín. Es mejor para vosotras. ¿Queréis estudiar? Aquí hay más universidades.

Levanto la vista. Es mi oportunidad.

—¿Y clubes de natación?

—Sí, eso también —responde Abu Atef—. ¿Por qué?

—Somos nadadoras —le digo—. ¿Nos podrías ayudar a encontrar un sitio donde entrenar?

17

—Adelante —nos anima la mujer rubia—. Nadad.

Me estremezco y me sitúo en el poyete de salida. Adelanto el pie derecho, me agarro al borde de acero con los dedos de los pies y lo cojo con ambas manos. Sara, que está a mi lado, hace lo mismo. Me miro las rodillas y espero, luchando contra el cosquilleo que siento en el estómago. Tenso los músculos y me balanceo suavemente hacia atrás. Adelante, Yusra. Nada y ya está. Suena el silbato. Me impulso con el pie derecho, enderezo el cuerpo y me lanzo hacia adelante, apuntando al otro lado de la piscina. Caigo con las puntas de los dedos, los brazos y la cabeza alineados, y me deslizo a través de un aro imaginario en el agua. Utilizo una patada de delfín para propulsarme con todas mis fuerzas; levanto las caderas, pongo las piernas rectas, bajo las caderas, doblo las rodillas. La parte inferior de mi cuerpo trabaja como una unidad, muevo los tobillos y empujo el agua tras de mí. Me muevo a un lado y otro, una y otra vez. Salgo a la superficie y cojo aire. Hago rotar los hombros y llevo ambos brazos al frente. Sumerjo la cabeza y mis manos golpean contra el agua como si fuesen remos. Arrastro el agua y la deslizo hacia mi estómago, dibujando con las manos la forma del ojo de una cerradura. Vuelvo a girar las piernas. No encuentro mi potencia. Mis músculos no son nada. Deja de pensar, Yusra. Nada.

El silbato vuelve a sonar cuando estoy a mitad de mi octavo largo. Doy las últimas brazadas, me agarro del borde de la piscina y me quito las gafas, jadeando. La mujer rubia sonríe desde un lado de la piscina. Junto a ella, un hombre rubio con gafas asiente de modo alentador y nos dice que podemos ir a cambiarnos.

Sara y yo salimos de la piscina y nos dirigimos a los vestuarios. Me pregunto qué habrán pensado de nuestra técnica. Las pruebas tienen lugar en el Wasserfreunde Spandau 04, un club de natación con sede en el complejo olímpico de Berlín, que aquí llaman Olympiapark. Me siento como si todo mi futuro dependiera de lo que piensen estos desconocidos. Volvemos al recinto de la piscina descalzas, cargando con los zapatos y la equipación de nadar. Abu Atef, el traductor del campo, está charlando con el hombre y la mujer.

—Bien hecho —nos dice cuando nos acercamos—. Resulta que sabéis nadar de verdad.

—Te lo dije —respondo—. Estábamos en el equipo nacional, ganamos medallas para Siria.

Le devuelvo las gafas, el gorro y el bañador a la mujer.

—No pasa nada —dice el hombre rubio—. Viene mucha gente diciendo que son nadadores y luego se hunden en cuanto se meten en el agua.

Me río. El hombre se presenta como Sven y nos tiende la mano para que ambas se la estrechemos. Señala a la mujer y nos explica que es la entrenadora principal del club, Renate.

—Llamadme Reni —apunta, y esboza una cálida sonrisa—. Creo que podemos encontrar un lugar para ambas aquí, en el Wasserfreunde.

Me da un vuelco el corazón. ¡Voy a volver a nadar! Reni dice que podemos empezar a entrenarnos con el grupo de nuestra edad, los de más de dieciséis, y ver qué tal nos va. Pregunta si podemos volver dentro de unos días, el viernes, para nuestra primera sesión. Asiento con entusiasmo. Empezaría ahora mismo si pudiera. Volver a nadar ha sido fantástico.

—Una cosa más. Si vais a entrenar, lo lógico sería que os quedaseis aquí —sugiere Reni—. Y me figuro que os gustaría salir del *heim*, ¿verdad? Tenemos sitio en Alfreds, la sede de nuestro club. ¿Queréis que echemos un vistazo a la habitación?

Me quedo sin aliento. No me esperaba que nos ofreciesen un lugar donde vivir. Seguimos a Reni, que sale del recinto de la piscina y dobla una esquina. El viento mueve unas hojas crujientes y amarillas por el camino que se despliega ante mis pies mientras nos dirigimos a un edificio de una sola planta. Renate nos dice que es Alfreds. Dentro hay una pequeña residencia que el club de natación utiliza para las competiciones. A veces, los nadadores se quedan aquí a pasar la noche. Entramos y doblamos a la izquierda, por un pasillo decorado con viejas fotos de los equipos de natación y medallas enmarcadas. Reni nos lleva hasta una cafetería llena de bancos de madera oscura. Miro a mi alrededor y mis ojos se detienen sobre la vitrina de los trofeos y la vieja caja registradora de la esquina. Del techo cuelga un avión de madera de juguete junto a un candelabro de techo con velas falsas. A nuestra izquierda, de pie tras una barra de madera, hay una mujer de mediana edad con el pelo rojo.

—*Morgen* —saluda.

—*Hallo*, Sibel —responde Sven.

Continúa hablando en alemán y nos señala a ambas.

—Hola —saluda Sibel en inglés—. Bienvenidas.

Le devolvemos la sonrisa. Luego, Reni sigue adelante, deja la barra atrás y entra por una puerta doble a un comedor blanco lleno de mesas cuadradas de madera. Abre otra puerta a la derecha que lleva hasta las habitaciones, doblamos por un pasillo y nos detenemos al final. Reni abre la puerta y nos invita a entrar en una pequeña habitación. Hay unas literas de madera de pino, una cómoda, una silla de mimbre, un armario y un lavamanos. Después nos enseña los baños, que están en el pasillo.

—Si os quedáis en Alfreds estaréis solas —dice—. Aquí no vive nadie más de forma permanente.

Técnicamente, se supone que debemos quedarnos en el campo durante tres meses antes de mudarnos, pero en las últimas semanas han llegado decenas de miles de personas a la ciudad, y el alojamiento para refugiados en Berlín escasea. Estamos seguras de que las autoridades se sentirán aliviadas de tener dos personas menos de quienes preocuparse. Salimos de la diminuta habitación y volvemos a recorrer el pasillo. Abu Atef se da la vuelta y me murmura algo en árabe sobre mis gafas.

—¿Qué sucede? —pregunta Reni.

Me vuelvo hacia ella. Somos muy afortunadas porque nos hayan ofrecido un lugar donde vivir, y me siento avergonzada por pedir más, cuando estas personas han sido ya muy generosas.

—Esto... Es que perdí las gafas durante el viaje hasta aquí —explico—. Soy miope y me mareo un poco sin ellas. Solo pensaba que, si voy a empezar a nadar otra vez...

Reni ni parpadea. Se ofrece a llevarme a la óptica después del entrenamiento del próximo sábado. Caminamos junto a los campos de fútbol y los largos edificios de ladrillo rojo hasta la entrada del Olympiapark. Reni y Sven se detienen y se dan la vuelta para mirarnos.

—Entonces ¿nos vemos el viernes? —pregunta Reni—. Intentaremos conseguiros ropa nueva para entrenar, y después, durante el fin de semana, podéis traer aquí vuestras cosas.

Sara y yo sonreímos y les damos las gracias. Luego vamos caminando a la parada de autobús para volver al *heim*. Miro por la ventanilla del autobús mientras avanza resoplando por las calles grises. Me siento abrumada y desorientada ante la generosidad de Sven y Reni. Apenas puedo creer la suerte que hemos tenido; yo solo quería un lugar donde nadar. Nunca imaginé que la prueba para entrar en el club se convertiría en una visita a un apartamento.

Bajamos del autobús, cruzamos la carretera y caminamos por la avenida bajo los otoñales árboles amarillos. En el *heim* nos reunimos con nuestro amigo Abdulah y los hermanos Aiham y Basem, que están fumando un narguile en el pequeño parque infantil que hay delante de la entrada de nuestro edificio.

—Hola —saluda Aiham, levantando la vista—. ¿Dónde habéis estado?

Me siento en una de las sillas que los chicos han sacado de las habitaciones y les cuento que hemos ido a hacer una prueba a un club de natación y que podemos empezar a entrenar de nuevo. Vacilo, pero luego suelto la bomba. El club nos va a permitir mudarnos a su sede. Todos se quedan en silencio.

—No puedo entrenar y quedarme aquí, en el *heim* —añado al instante—. Tendré que levantarme muy temprano y necesito dormir. Aquí hay mucha gente, y mucho ruido. Los guardias de seguridad se pasan la noche gritando. No es lo ideal para una deportista.

Abdulah resopla y enarca las cejas.

—No es lo ideal para nadie —replica.

Se agacha y saca de debajo de su asiento una vieja raqueta de tenis de madera.

—Oye —sonríe—, como eres deportista, deberías probar el nuevo juego que he inventado. El jabón-tenis.

Blande una pastilla sucia de jabón y me la lanza.

—Madura de una vez —le digo, atrapándola.

—El saque es tuyo. —Se pone de pie y empieza a brincar como un jugador de tenis.

Me levanto y le lanzo la pastilla de jabón. Le da un fuerte golpe y la revienta, manchándome los pantalones de chándal y los zapatos de pedazos de jabón.

—Por Dios, Yusra —protesta Sara—. ¿Qué estás haciendo?

Me estoy riendo demasiado para responder. Toda la presión de las últimas semanas se evapora. ¡Voy a volver a nadar! Me siento como si cualquier cosa fuese posible.

El viernes siguiente me levanto demasiado temprano, nerviosa y emocionada ante nuestra primera sesión de entrenamiento. Sara y yo cogemos el autobús hasta el Olympiapark y nos encontramos con Sven y Reni, que nos están esperando fuera de la piscina. A su lado hay otro hombre con el pelo rubio ceniza y una barba de dos o tres días que se presenta como Lasse. Reni y él entrenan al grupo de más edad, el de los mayores de dieciséis. Los demás nadadores ya están dentro, así que les damos las gracias y entramos para cambiarnos.

Estoy nerviosa. ¿Cómo nadaré después de un parón de dos meses? Recuerdo lo duro que fue cuando volví después de dejarlo durante un año en Siria. Y, de todos modos, los entrenamientos aquí son más intensos que en mi país. En Alemania, los nadadores hacen dos sesiones al día. Nosotras solo teníamos una. Será todo un desafío, pero quizá si trabajo duro podré alcanzar un nivel todavía más alto que antes. Pese a los nervios, no veo la hora de meterme en el agua. Miro atrás. Todos los chicos tienen una espalda anchísima y los abdominales como una tableta de chocolate, y las chicas están tonificadas y musculosas.

Lasse manda al grupo a calentar. Les habla en inglés para que nosotras le entendamos. Todos saltan a la piscina, y mi hermana y yo los imitamos. Solo con el calentamiento ya me doy cuenta de que son más rápidos que nosotras. Intento ignorarlos y me concentro en mis brazadas. Lasse y Reni nos hacen competir en carreras de 50 y 100 metros en esprint contra los demás. Sara y yo nadamos a la misma velocidad, pero nos quedamos muy atrás respecto al resto. Nos cambiamos y los demás se dirigen a sus clases en la escuela para deportistas de élite que alberga el Olympiapark. Ninguno nos habla. Tampoco nos saludan en la segunda sesión de entrenamiento, al final de la tarde, ni al día siguiente, en la sesión del sábado por la mañana. Después, Reni nos lleva en coche a ver a un óptico que colabora con el club de natación y ofrece descuentos a sus miembros. Me revisa los ojos y me dice que vuelva en una semana a buscar mis nuevas gafas. Reni se encarga de la factura.

—Los chicos del grupo son buenos, ¿verdad? —le comento a Sara en el autobús, de camino al *heim*.

—No te preocupes, llevamos siglos sin nadar —responde—. Ya nos pondremos al día.

—No tendría que haber fumado tantos narguiles durante el año que estuve sin nadar —me lamento—. Ni comer todas esas hamburguesas de camino aquí.

—Te entiendo —responde ella—. Los hombros me están matando.

Su vieja lesión. Me siento mal por ella. Seguro que nuestra dura experiencia en el mar tampoco ha sido de ayuda. Está claro que tardará bastante en volver a participar en competiciones.

Al día siguiente, el domingo, no hay entrenamiento. Nos quedamos en el *heim* y recogemos nuestras pertenencias. Jalil se sienta en mi cama y observa cómo meto la ropa y los osos de peluche en la mochila rosa. Me entristece dejar aquí a mis amigos, pero vendremos a visitarles de vez en cuando. No hemos comunicado a los empleados del campo que nos marchamos, pero dudo que nadie se dé cuenta de que nos hemos ido. Además, quizá Sara tenga que volver a dormir aquí si decide no seguir nadando.

A la mañana siguiente, cogemos temprano el autobús hasta el Olympiapark y dejamos nuestro equipaje en la habitación de la sede del club antes de entrenar. Sibel nos sonríe y nos saluda con la mano desde la barra cuando entramos. Nado bien, pero me preocupa que Reni y Lasse se sientan decepcionados con nuestra velocidad. ¿Cómo vamos a estar al nivel de los demás si siempre han tenido dos sesiones de entrenamiento al día, el doble que nosotras? Esa noche, después la sesión de la tarde, me tumbo en la litera de arriba de nuestra nueva habitación y me doy a mí misma un discurso motivacional. No te rindas, no te rindas nunca. Pase lo que pase. Simplemente, nada.

Alguien llama a la puerta. Es Sven, que nos pregunta si queremos cenar con él. Reni tiene que irse a casa, pero él puede quedarse. Es muy amable por su parte que quiera asegurarse de que nos hemos instalado bien. Sara, Sven y yo recorremos el pasillo hasta el pequeño comedor. Nos sentamos a una de las mesas redondas y Sibel nos trae platos de pollo con arroz.

—¿Puedo preguntaros por qué os marchasteis de Siria? —pregunta Sven cuando terminamos la cena—. ¿Fue por la guerra?

—Sí —contesto—. Y para poder seguir entrenando. En Damasco tuve que dejar de nadar. No hacían más que caer bombas alrededor de la piscina.

Sven me mira con unos ojos como platos. Le digo que no fue solo por la guerra, que también quería ir a un lugar donde pudiese hacer de la natación mi profesión. Le explico que, al llegar a cierta edad, las mujeres no lo tienen fácil para nadar en Siria. Lo que se espera de ellas es que abandonen y se casen. Eso es lo que les pasó a nuestras tías. Yo me negué; quiero nadar.

—Así que dejaste tu hogar para nadar —concluye Sven—. Y ¿qué es lo que quieres conseguir en la natación?

Lo miro a los ojos.

—Quiero ir a los Juegos Olímpicos —afirmo.

Él parece sorprendido.

—¿Lo dices en serio?

—Por supuesto —contesto.

Nos quedamos en silencio un minuto. Luego, Sven me pregunta acerca de mis modelos a seguir. Le cuento que vi cómo Michael Phelps se hacía con todos aquellos oros en los Juegos Olímpicos, y le hablo de la victoria de Therese Alshammar en el Campeonato Mundial de Natación. Esos son mis héroes en el ámbito del deporte. Luego le digo que me encantaría conocer a Malala, la adolescente afgana que sobrevivió a los disparos de los talibanes y que sigue luchando por la educación de las niñas. Eso sí que es valentía.

Sven nos pregunta por Siria, pero no sé por dónde empezar.

—Nunca he estado en Oriente Próximo —reconoce Sven—. No sé nada al respecto. Contadme cómo era.

—No sé —respondo—. ¿Quieres que te dé algunos datos? Damasco es una de las capitales más antiguas del mundo. Siria exporta mucho algodón. ¿Es eso lo que te interesa?

—No, vale, entiendo —contesta Sven entre risas—. Bueno, pues habladme del viaje.

Sara y yo le hablamos de los traficantes de personas, y del mar, y del motor que se estropeó, y de las olas, y las fronteras, el hotel espantoso, la estación y la prisión. Caigo en la cuenta de que no había pensado en todo eso en semanas. Es otro capítulo. Es difícil de explicar, pero, echando la vista atrás, hay partes del viaje que parecen realmente divertidas. No fue tan malo. Hicimos muchos amigos en el camino.

—No entiendo cómo podéis estar aquí sentadas y reíros mientras contáis esta historia —reconoce Sven al final, con los ojos rojos de la emoción—. La mayoría de los hombres adultos se harían un ovillo en un rincón y llorarían después de pasar por lo que habéis pasado. ¡Y vosotras os reís!

—No sé —contesto—. El mar y Hungría fueron horribles, pero lo demás fue incluso divertido.

—¿Divertido? —Sven niega con la cabeza, incrédulo.

Contemplo la oscura noche de octubre a través de la ventana. Ahora que Sibel se ha ido, la sede del club está en silencio. En el edificio solo quedamos Sven, Sara y yo. Probablemente no haya nadie en un kilómetro a la redonda, excepto algún guardia de seguridad. Sven se mueve en su silla.

—Bueno, lo hicisteis todo bien, porque llegasteis aquí de una pieza —añade—. Pero ahora tendréis que lidiar con lo sucedido. Quizá deberíais ver a un psicólogo.

Niego con la cabeza. Las cosas no se hacen así en el lugar de donde yo vengo. Sven echa un vistazo a su reloj, se pone de pie, descuelga su mochila del respaldo de la silla y se la echa al hombro. Parece preocupado, reacio a dejarnos en este edificio vacío. Le aseguramos que estaremos bien, así que nos da las buenas noches y sale del comedor.

Miro a Sara. Estamos solas en un complejo olímpico de la época nazi. Fuera, más allá de las estatuas de los atletas arios y las orgullosas águilas imperiales, se erige un estadio monumental. No hay tiendas, ni supermercado, ni vida, ni nada. No hay nada que hacer más que irnos a la cama. Abrimos la puerta del pasillo. Sibel ha apagado todas las luces. Busco a tientas con la mano, pero no encuentro el interruptor.

—Este lugar es espeluznante —murmura Sara—. Es como vivir en un colegio después del apocalipsis zombi.

Corremos por el pasillo a toda velocidad hacia nuestra nueva habitación. Tras unos cuantos pasos, las luces automáticas se encienden por encima de nuestras cabezas. Ambas nos desplomamos en la litera de abajo al llegar y nos reímos aliviadas. Subo a la cama de arriba.

—Piénsalo —continúa mi hermana desde la de abajo—. No hay nadie en kilómetros a la redonda. Si alguien nos atacara, para cuando llegase la policía ya estaríamos muertas.

—Muchas gracias —respondo, y me pongo de lado.

A la mañana siguiente me levanto temprano. Sara se salta el entrenamiento para volver a la oficina de LaGeSo y empezar la batalla para nuestra siguiente cita. Hoy el grupo de Lasse organiza una sesión de pesas adicional en el gimnasio. Me uno a ellos, frunzo el ceño y hago tanta fuerza como puedo. Me falta mucho para volver a estar en forma.

Esa noche, Sven vuelve a quedarse a cenar con nosotras. Al día siguiente, miércoles, solo hay entrenamiento por la mañana, así que tenemos la tarde libre. Sven quiere llevarnos de compras, dice que su madre, Reni y otras personas del club le han dado dinero para que nos compremos lo que necesitamos para entrenar. Bajo la vista y jugueteo con la pasta de mi plato. Me siento avergonzada. De algún modo, hay una gran diferencia entre coger ropa de un montón que ha donado gente anónima y aceptar dinero de personas que conoces. En Siria nunca dábamos nada directamente a los demás. Lo donábamos a una organización y ellos se aseguraban de que llegase a la gente que lo necesitaba y, de ese modo, nadie se sentía como si lo mirasen por encima del hombro. Me recuerdo lo afortunadas que somos por haber encontrado unos amigos tan generosos e intento apartar esos pensamientos tan incómodos, pero no puedo evitar sentirme así. Es caridad, y me duele.

La tarde siguiente, Sven nos lleva en tren a una tienda de deportes cerca de Alexanderplatz, una ventosa plaza al este de la ciudad. El cielo está abierto y vacío, excepto por una amenazante torre coronada con una órbita de cristal que se erige por encima de los edificios de cemento prefabricados.

En la tienda compramos zapatillas de correr, pantalones de chándal y algo de ropa para cada día. Sven nos dice que el club se ha ofrecido a donar gafas de natación, bañadores y gorros, así que solo necesitamos comprar ropa para entrenar fuera de la piscina. De vuelta hacia el tren, Sven se detiene frente a una tienda de ropa de mujer. Se aclara la garganta y nos mira, incómodo.

—Bueno... —titubea—. Reni me dijo que debería preguntaros...

—¿Qué? —pregunta Sara.

—Sobre... Bueno, preguntaros si necesitáis algo más. Puedo dejaros aquí para que echéis un vistazo solas.

—Ajá —respondo, mortificada.

Me doy cuenta de que Sara se está esforzando para no reírse, así que evito su mirada. Sven me pone algo de dinero en la mano y mi hermana y yo entramos en la tienda. Doblamos una esquina y ella se echa a reír.

—Se refería a la ropa interior, ¿verdad? —pregunto.

—Sí, creo que sí —responde ella—. Pero yo no necesito ropa interior.

—Ya. —Me río al recordar la expresión de Sven—. Yo tampoco.

Echamos un vistazo a la tienda durante diez minutos y salimos con las manos vacías. Sven se aclara la garganta otra vez y propone que vayamos a comer algo. Subimos en el tren y vamos hasta Potsdamer Platz, un lugar con altos edificios de cristal en la zona oeste, y comemos en un restaurante italiano. Después nos lleva en el ascensor hasta una terraza con un mirador rodeado de barrotes negros, como si fuese una jaula. Las calles grises y planas de la ciudad se extienden hasta donde alcanza la vista. Nada es muy alto, ni tampoco muy viejo. A la izquierda, un ángel dorado se erige por encima de un gran grupo de árboles amarillos y marrones. Sven señala un edificio cuadrado coronado por una cúpula de cristal. Es el Reichstag, el parlamento alemán. Contemplo las vistas y hago un esfuerzo para que me gusten. Se levanta un fuerte viento que me azota los ojos. Los cierro y veo el monte Qasiun, erigiéndose por encima de las antiguas calles. Echo de menos Damasco.

La semana siguiente lo único que ocupa mi tiempo es la natación. Me levanto a las seis todas las mañanas y termino de entrenar a las ocho de la tarde. Sara está ocupada con el papeleo y no siempre acude al entrenamiento. Una mañana, me pide que vaya a la oficina de LaGeSo para sustituirla, porque lleva toda la noche en la cola. Estoy abatida; no quiero perderme el entrenamiento; lo único que quiero es nadar.

Entre las sesiones, mientras los demás están en clase, me paseo por el Olympiapark o me quedo sola en la sede del club. Sven me hace compañía casi todos los días. En el comedor, hablamos durante horas sobre nuestras familias, sobre la natación, sobre Alemania, Siria y la guerra.

Ahora dependemos de Sven para todo. Reni y él pagan nuestras comidas en Alfreds cada noche o nos llevan a cenar fuera. A menudo, Sven termina pasando la noche en otra de las habitaciones libres del pasillo y a veces se levanta a las cuatro de la madrugada para ayudar a Sara con el papeleo antes de empezar su jornada como entrenador. La burocracia es terriblemente complicada, y Sven pregunta en el club si alguien puede aconsejarnos. Michael y Gabi, los padres de uno de los nadadores de Sven, se prestan voluntarios para ayudar. Conocen a fondo la situación en LaGeSo gracias a su trabajo. Sven empieza a llamar a Gabi para pedirle ayuda cada vez que mi hermana tiene alguna duda.

Cada pocos días hablo con mamá por teléfono. Después de que nosotras abandonásemos Damasco, ella y Shahed se fueron de nuestro viejo piso a vivir con unos parientes. Estamos decididas a sacarlas de Siria y traerlas a Alemania sanas y salvas, pero la gran cantidad de recién llegados hace que el papeleo se demore mucho tiempo. Sara y yo llevamos más de un mes en Berlín y ni siquiera hemos solicitado asilo todavía.

Mamá nos extraña muchísimo y a menudo llora cuando hablamos. La distraigo contándole cosas de nuestra nueva vida, de la natación y de Sven. Al principio le cuesta comprender por qué paso tanto tiempo con mi nuevo entrenador, y lo cierto es que yo también estoy asombrada por lo mucho que nos está ayudando. En Siria solo la familia daría tanto, nadie más hace nada por nadie, al menos, no sin esperar algo a cambio. Una noche, mientras Sven y yo cenamos en la sede del club, decido preguntárselo.

—¿Por qué estás haciendo todo esto por nosotras? Nos invitas a comer, nos llevas de compras, nos ayudas con los papeles... Quiero decir, ¿qué sacas tú de todo esto?

Sven parece sorprendido. Niega con la cabeza.

—No saco nada —responde—. Me siento bien ayudando. Simplemente, me educaron así. Cuando era niño, hubo una guerra en Yugoslavia y mucha gente vino a Berlín. Mi familia también los ayudó. Mi madre me enseñó que hay todo un mundo ahí afuera, no solo Spandau, ni solo Berlín. He de estar abierto a él. —Lo miro fijamente. Él sonríe y continúa hablando—. Y, de todos modos, ayudar es fácil. Tú y yo somos iguales. Somos nadadores.

Me quedo en silencio y pienso en todo lo que Sven ha hecho por nosotras. Todo su tiempo libre, toda su energía e incluso todo el dinero del que puede prescindir, dedicado a ayudarnos a instalarnos. Es una fuente de inspiración. Me prometo a mí misma que, algún día, haré lo mismo por alguien. Devolveré la generosidad de Sven.

Esa semana continúo nadando, pero me cuesta seguir el ritmo de los demás. Sin embargo, sé que mejoraré. Solo es cuestión de tiempo. El sábado siguiente, Sven viene a buscarme después de la sesión y me dice que mis entrenadores, Reni y Lasse, quieren hablar conmigo. Nos sentamos todos juntos a una de las mesas de madera de la cafetería de la sede del club. Lasse se aclara la garganta y dice:

—Creemos que de ahora en adelante deberías entrenar con Sven.

Estoy perpleja. Los del grupo de Sven tienen trece y catorce años, y yo tengo diecisiete. Son dos grupos de edad por debajo del mío. Sven lee mi expresión e intenta consolarme.

—Será bueno para ti —interviene—. Te perdiste unos años clave cuando dejaste de nadar en Siria. Debemos aumentar tu resistencia. Es mejor que vengas con mi grupo, donde el entrenamiento es más general.

Me quedo mirando a la mesa, intentando contener las lágrimas. Estoy destrozada. Pienso en cuando batí el récord en el Campeonato Mundial de Estambul. Necesito que me presionen si quiero recuperar el nivel que tenía entonces. Si me hundo ahora, quizá tarde años en restarle siquiera medio segundo a mis marcas. Respiro hondo unas cuantas veces y la sensación de pánico remite. De todos modos, Sven ya me está ayudando mucho, tiene sentido que sea también mi entrenador. Levanto la vista y consigo esbozar una débil sonrisa. Está decidido.

El siguiente lunes por la mañana empiezo a entrenar con el grupo de Sven. Las chicas se me quedan mirando mientras me cambio. Las mayores tienen cuatro años menos que yo. Después del calentamiento, Sven hace sonar el silbato y dice algo en alemán. El grupo gime a modo de respuesta. Sven se vuelve hacia mí y traduce:

—Vamos a hacer una prueba de velocidad. Tres series de 800 metros estilo libre, una detrás de otra.

«De acuerdo», pienso. Estoy preparada; puedo hacerlo. Me zambullo. Al final del tercer largo estoy un poco atrás; al final del sexto, totalmente rezagada. No me lo puedo creer. Estos críos son más rápidos que yo. Deja de pensar; simplemente, nada. Me esfuerzo, pero no sirve de nada. Los demás terminan la prueba más de dos minutos antes que yo. Me agarro del borde de la piscina y miro a Sven para que me diga mis marcas: 12:32. Estoy desolada. Debería acercarme a los 11 minutos. Antes podía hacerlo en 10:05.

Empezamos la prueba siguiente. No pienses, nada. Cada vez que asomo de lado a respirar, veo cómo los demás me adelantan. Tras el segundo largo vuelvo a ir en última posición, a ciento cincuenta metros de ellos. Sigo adelante, pero no sirve de nada. Al final del cuarto largo, me detengo y me agarro al borde de la piscina. Los demás ya están a la mitad de la piscina. Me impulso para salir y Sven me mira con el ceño fruncido.

—¿Qué pasa? —pregunta.

—Nada —contesto.

Me alejo para sentarme en un lado y escondo la cabeza entre las manos. Estoy furiosa. Esos niños llevan toda su vida entrenando dos veces al día. No es justo. Conseguiré ser más rápida que todos ellos, aunque me cueste la vida. Me concentro en los azulejos y respiro lenta y profundamente. Conseguiré recuperar mi nivel y luego subiré más alto que nunca. Iré a los Juegos Olímpicos. Sven marca el inicio de la tercera prueba de tiempo y después se sienta junto a mí.

—Sé que es difícil para ti —dice—. Están sucediendo muchas cosas y has pasado por mucho, pero solo volverás a tu nivel si continúas. No dejes que esto te supere.

Suspiro. Sé que tiene razón. Tengo que seguir, por mucho que me cueste. Me pongo de pie y me uno al resto del grupo en la piscina. Los chicos de la clase de Sven son muy dulces, sienten curiosidad por mí, pero tienen unas ideas un poco extrañas. Unos cuantos me paran después del entrenamiento porque quieren saber si en Siria nadaba en una piscina. Reprimo una carcajada y les explico que no vivía en una tienda en el desierto. Les digo que entrenaba en una piscina, que tenía bañador, y que en casa incluso tenía un televisor y un ordenador. Me miran con unos ojos como platos, y suspiro. Tengo mucho que explicar.

Esa noche, Sven nos lleva a Sara y a mí a cenar a su restaurante italiano preferido. Justo cuando llegan nuestras pizzas, Sara levanta la vista y anuncia que va a dejar de nadar definitivamente.

—No puedo seguir —explica—. Me duelen demasiado los hombros. Quiero nadar, pero quizá solo por diversión.

—Mejorarás —la anima Sven—. Has pasado mucho tiempo sin nadar.

—Hago todo lo que puedo, pero me duele al nadar —insiste Sara—. Por eso esos niños de trece años me dan esas palizas en el agua.

No es fácil para ninguna de las dos. Hubo un día en el que ambas estábamos en la cima y ganábamos medallas para nuestro equipo nacional, y ahora estos críos son mucho más veloces que nosotras. Sven sugiere que Sara debería ir al médico y hacer algo de fisioterapia, pero ella niega con la cabeza. Le preocupa que un médico le diga que nunca más podrá volver a nadar. Al final, él le dice que puede venir a la piscina a nadar por diversión siempre que quiera.

Justo entonces se oye un estruendo en la cocina. Un montón de platos se han caído sobre el suelo de azulejos. Sven y los demás clientes dan un brinco, sobresaltados, pero Sara y yo seguimos comiendo sin inmutarnos. Sven nos mira. Yo desvío la vista hacia mi hermana y estallo en carcajadas.

—¿De qué te ríes? —pregunta Sven.

—Una vez, en Siria, explotó un almacén de armas —le cuento—. ¡Eso sí que fue un susto! Todo el cielo se puso de color rojo.

Sven nos mira boquiabierto. Yo me río, pero entonces vuelvo a recordar que estoy a salvo. No van a caer bombas en la calle ni van a estallar las ventanas del restaurante. No tengo que estar preparada para ponerme a cubierto cuando los morteros pasen zumbando por encima de mi cabeza. Me doy cuenta de que para Sven y los demás es difícil entender que podamos reírnos de todo lo que nos ha sucedido. No es que no nos importe, lo que ocurre es que es más fácil reír que llorar. Si lloro, lo haré sola, pero si reímos podemos hacerlo juntos. Supongo que nadie sabe lo fuerte que puede llegar a ser hasta que le toca lidiar con la tragedia.

Durante las semanas siguientes, Sara viene a entrenar cuando le apetece. Pasa mucho tiempo fuera: va a la oficina a intentar adelantar el papeleo, visita a los demás en el *heim* o se va a explorar Berlín junto a sus nuevos amigos, los voluntarios. Nuestras rutinas son muy diferentes. Sara sale a menudo hasta tarde y luego quiere dormir, y que yo me levante a las seis para entrenar a veces supone un problema. Le digo a Sven que creo que es mejor que tengamos habitaciones separadas y él habla con Reni, que nos organiza una habitación para cada una en el mismo pasillo de la sede del club.

Cada habitación es exactamente igual al principio: sencilla y funcional, con una ventana que da al campo de fútbol. Hay un armario, una cómoda, una cama individual, una mesita de noche, una estantería y un lavamanos. Poco después, la habitación de Sara se parece más a la tienda de un anticuario: hay un lío de fotos, libros, joyas, maquillaje y perfume. Cambia los pósters cada semana, cuelga una kufiya palestina de un color distinto o una nueva máscara que ha hecho en el grupo de teatro que organizan los voluntarios. Le digo que su habitación es un desastre y me da un puñetazo en el brazo.

—Al menos no parece una tienda de deportes —replica—, con ropa por todas partes, cuidadosamente doblada como si estuviese en un escaparate.

Tiene razón. Mi habitación es muy distinta. Lo único que cuelga de la pared es el programa de entrenamiento de Sven. En el margen superior he escrito las palabras: «No te detengas, sigue adelante», y en el inferior: «Algún día ganarás».

Un día, a principios de noviembre, mi viejo amigo de natación Rami me cuenta que se ha ido de Estambul. Ha cruzado el mar y ha conseguido llegar hasta Bélgica, donde está su hermano, en un pueblo cercano a Gante. Es una noticia fantástica; estoy muy contenta de que también esté en Europa. Ahora los dos podremos esforzarnos para cumplir nuestros sueños. Le pregunto si está nadando y me cuenta que tiene una prueba en un club. Le deseo suerte. Sé que le irá genial.

Me alegro de poder nadar, y de estar a salvo en Alemania, pero no puedo evitar sentirme sola. Sven me hace compañía siempre que puede, pero no tengo amigos de mi edad. Sara pasa mucho tiempo fuera de la sede del club; duerme en nuestra vieja habitación del *heim* o en casa de alguno de sus amigos. Los chicos de mi grupo de entrenamiento son simpáticos, pero la barrera de la edad y el idioma son un problema. Poco después de tener noticias de Rami, algunos de los chicos de mi grupo participan en una competición regional en una piscina del este de Berlín, y Sven nos lleva a Sara y a mí a verla. Estoy sentada cerca de la piscina cuando dos chicas de nuestro grupo de entrenamiento vienen a sentarse conmigo y se presentan. Se llaman Elise y Mette. Les sonrío. Elise tiene el pelo largo y rubio y unos brillantes ojos azules. Me pregunta por qué he venido y si me voy a quedar en Berlín.

—Vine porque había una guerra y quería nadar —respondo—. Ojalá pueda quedarme.

—¿Vas a venir al colegio con nosotras? —pregunta la otra chica, Mette, que tiene el pelo castaño claro recogido en un moño.

—Todavía no lo sé.

Charlamos durante un rato, mientras otros chicos de nuestro grupo nos observan. La conversación sirve para romper el hielo. Uno a uno, durante los días siguientes, los demás chicos del grupo se van presentando, aunque con quien mejor me llevo es con Elise y con Mette. Ese fin de semana, Elise me invita a su casa a conocer a su familia. Al principio estoy nerviosa, pero me dan la bienvenida como si fuese una más. Elise tiene una hermana pequeña, Aimee, y un hermano mayor, Fernand, y los tres nadan en el club. Durante la cena, la madre de Elise, Katrin, me pregunta qué tal me siento viviendo en la sede del club, y le cuento que a veces, cuando Sara no está, me siento un poco sola. Al día siguiente, Elise viene a hablar conmigo después del entrenamiento y me invita a quedarme con su familia durante algún tiempo. Le sonrío, mientras una sensación cálida me invade todo el cuerpo. Qué gesto tan bonito. Después del viaje, el *heim* y la sede del club, será fantástico estar en un hogar normal. Al día siguiente llevo algunas cosas a casa de Elise. Me quedo con su familia durante tres semanas y hago todo lo que puedo por integrarme. La madre de Elise me trata igual que a sus propias hijas.

Mientras tanto, doy todo de mí en la piscina. Termino cada sesión de entrenamiento con los músculos destrozados. Ni siquiera en sueños se me habría ocurrido que sería tan duro recuperar un nivel digno de competición. Sven no hace ningún comentario, pero me doy cuenta de que me observa con atención. A medida que van pasando las semanas adelgazo, soy más veloz; voy recuperando la fuerza que tenía. Sven propone que contactemos con mis antiguos entrenadores en Siria para que nos digan cuáles eran mis mejores marcas, y así tendremos un punto de referencia al que aspirar. Ellos contestan con mis mejores tiempos: 200 metros estilo libre, 2:12; 100 metros estilo libre, 1:02; 100 metros mariposa, 1:09; 800 metros, 10:05. Ahora estoy muy lejos de conseguir esas marcas.

—Veo que vas en serio con la natación —me dice Sven una noche—. Lo veo en la forma en que te comprometes con el entrenamiento. La verdad es que no podría desear una atleta mejor que tú. La cuestión es la siguiente: ¿lo haces solo porque te gusta nadar o porque de verdad quieres alcanzar alguna meta?

—Ya te lo dije —contesto—. Quiero ir a los Juegos Olímpicos.

—Bien. Entonces hablemos sobre un plan de entrenamiento. No conseguirás llegar a Río el verano que viene, pero nada nos impide que nuestra meta sea Tokio 2020.

Me quedo mirándolo. Lo dice en serio. Me da un vuelco el corazón. Estoy preparadísima para esto; me está tomando en serio. Por fin encuentro a alguien que se da cuenta de que estoy dispuesta a hacer cualquier cosa por nadar, y que quiere luchar por ello tanto como yo. Me explica que necesitamos objetivos a largo plazo. Trabajaremos en recuperar mi potencia y mi resistencia y nos concentraremos en mis bases aeróbicas hasta el verano. Tengo que seguir ganando masa muscular y eliminando líquidos. Todavía necesito perder cuatro kilos si quiero dejar de hundirme tanto cuando nado a mariposa. Sé que tiene razón. Maldito Burger King.

No nos centraremos todavía en ejercicios técnicos, porque tengo una buena base en ese terreno y, aunque eso es importante para la velocidad, no lo es todo. Sven decide que tengo que establecer mis mejores marcas personales como objetivo para el final de esta temporada. El año que viene puedo aspirar a mejorarlas un cinco por ciento, y otro tres por ciento el año siguiente. Piensa que, si lo consigo, podría clasificarme para Tokio con el estándar B para la primavera de 2020. Eso si puedo competir bajo la bandera siria.

—Detallitos —respondo con una sonrisa de oreja a oreja—. Lo que importa es que nuestro objetivo es Tokio.

Una semana después de empezar a trabajar en nuestro plan a largo plazo, Sven viene a verme después del entrenamiento. Es evidente que está emocionado; apenas puede dejar de sonreír mientras me lo comunica. Todo empezó una noche mientras veía las noticias en la televisión, hace unas pocas semanas. Thomas Bach, el presidente del Comité Olímpico Internacional, dio un discurso para las Naciones Unidas en el que anunció ayudas para los atletas refugiados que no podían competir en los Juegos Olímpicos porque habían huido de su país.

—Así que le escribí un correo electrónico al COI para hablarles de ti —dice Sven sin dejar de sonreír—. Les dije que estaríamos interesados en cualquier ayuda que quisieran prestarte. Hoy han contestado diciendo que están pensando en cómo pueden apoyarte.

Me quedo mirando a la mesa. Me siento muy confundida. Conseguir ayuda del COI es una oportunidad magnífica para cualquier deportista, pero ¿obtenerla por ser refugiada? Siento que es caridad. Si compito en los Juegos Olímpicos quiero que sea porque soy lo bastante buena, no porque la gente sienta pena por mí.

18

Cuando llegamos, todavía está oscuro. No tenemos cita hasta las once, pero Sara dice que debemos estar en la oficina a las cinco de la mañana para ponernos a la cola. Entramos en una sala de espera de techos altos, donde un hedor penetrante nos recibe como una bofetada. Alguien ha vomitado en un rincón. Encontramos dos asientos en una de las filas de sillas de color granate. A las seis, la sala está abarrotada de gente desolada que se acurruca para protegerse del frío. Un ejército de musculosos guardias de seguridad nos mira con el ceño fruncido desde la pared. Sven ha venido con nosotras para darnos apoyo moral. Está horrorizado, no se esperaba una bienvenida tan deprimente. Sara le dice que no se preocupe. Esperaremos, entraremos, solicitaremos asilo y habremos terminado.

Las once llegan y pasan. Cuando anuncian nuestro número ya es más de la una. Entramos en una oficina y un hombre tras un mostrador nos entrega unos formularios para que los rellenemos. Luego nos da un papel a cada una y nos dice que ya hemos presentado nuestra solicitud de asilo. Estoy confundida; pensaba que nos entrevistarían acerca de los motivos por los que dejamos Siria, pero el funcionario nos explica que esa parte viene después. Tendremos que esperar de tres a cinco meses para llegar a la fase de entrevistas. Después de eso, pasarán de cuatro a seis semanas más hasta que nos comuniquen la decisión final.

Estoy perpleja. Hemos esperado dos meses y medio para esta cita, y ahora nos dicen que podrían pasar hasta seis meses antes de saber si podemos quedarnos en Alemania. Tenemos que esperar a que nos concedan el asilo antes de solicitar que mamá y Shahed puedan venir desde Siria, pero para entonces tal vez sea demasiado tarde. La unificación familiar es solo para menores, y yo cumpliré dieciocho años en marzo. Estamos a finales de noviembre. Según esos plazos, me otorgarán el asilo en verano, pero entonces ya seré demasiado mayor para traer a mi familia. Sven mira al funcionario mientras él nos explica el proceso. Me doy cuenta de que está enfadado. Sara echa su silla hacia atrás y se pone de pie.

—De acuerdo —masculla—. Vámonos de aquí.

Esa noche, mientras Sara está fuera con sus amigos voluntarios, le doy la noticia a mamá por teléfono. Es probable que nuestro plan de traerlas a ella y a Shahed a Alemania no funcione.

—Pero, Yusra, *habibti*, no pensaba que llevaría tanto tiempo —se lamenta mamá—. Debería haber ido con vosotras cuando os fuisteis. No me basta con hablar por teléfono, echo de menos a mis hijas.

—Quizá todavía pueda salir bien —digo—. Tal vez el proceso sea más rápido de lo que dicen.

—Pero no puedo hacer nada sin vosotras —continúa ella. La oigo llorar—. ¿Qué sentido tiene trabajar o comprar si no tengo a nadie para quien hacerlo? Nada tiene ya sentido para mí. Me siento vacía. No puedo esperar más. Voy a ir a Alemania con Shahed ya. Si vosotras lo hicisteis, nosotras también podemos.

Le digo que no llore, que ya se nos ocurrirá algo, pero sé que tiene razón: no hay otra forma de que volvamos a estar juntas. Pero mamá y Shahed no pueden hacer ese viaje solas.

Llamo a papá a Jordania, le cuento que el papeleo está tardando demasiado y le pido que traiga a mamá y a Shahed a Alemania. Entonces podremos volver a estar todos juntos. A papá le preocupa dejar su trabajo, pero le aseguro que aquí podrá volver a empezar. Quizá Sven y el club puedan ayudarlo, igual que me han ayudado a mí. Mientras hablo con él, me doy cuenta de lo mucho que lo necesito a mi lado. Para entrenar, para mejorar, para conseguir algo de verdad. Solo papá sabe con exactitud lo que tengo que hacer para mejorar, para ser más rápida.

Cuando Sara vuelve esa noche, más tarde, le cuento mi plan. A mi hermana no le gusta la idea de que Shahed cruce el mar en un bote como hicimos nosotras. A mí tampoco. Ninguna de las dos soporta la idea de imaginar a Shahed agarrada a un bote en medio del mar. Sin embargo, nos han llegado historias de gente que cruzó de Turquía a Grecia en yate. Quizá papá pueda pagar un poco más y conseguir un barco mejor. De todos modos, a ambas nos cuesta imaginar a mamá y a papá durmiendo a la intemperie en la calle, o esperando toda la noche para cruzar fronteras.

Al final, Sara termina por acceder: no hay otra forma de traerlos. Después de eso, todo sucede muy rápido. Nuestros padres acuerdan en encontrarse en Turquía, en Estambul, y siguen la misma ruta que nosotras hacia Alemania. Ambos dejan sus trabajos y envían algunas de sus cosas por correo. El día antes de que mamá y Shahed cojan un avión en Damasco con destino a Estambul, Sven y yo estamos comiendo en la sede del club. Él pasea la comida por el plato.

—Venga, ¿qué pasa? —le pregunto.

—Está bien —responde, y suelta el tenedor—. Resulta que el COI está hablando de hacer algo en Río 2016. Están formando un equipo olímpico de atletas refugiados y me han dado a entender que podrías estar en él.

—¿Un qué? ¿Un equipo de refugiados? ¿Qué es eso?

Me explica que están pensando en hacer un equipo de atletas refugiados, de gente que no puede competir en los Juegos Olímpicos porque ha huido de su país. No sabe nada más, porque el COI ha sido muy parco en detalles.

—Un momento, pero ¿me han mencionado a mí?

Aparto el plato de pasta a medio comer.

Responde que ha sido Pere Miró, el director general adjunto del COI. Durante una rueda de prensa, les ha hablado a los periodistas del equipo y ha dicho que el COI está buscando atletas refugiados en el mundo entero. Ya están tomando a tres en consideración: un chico congolés de Brasil, un iraní de Bélgica y una nadadora de Siria que ahora vive en Alemania. Enarco las cejas. Yo. Se refieren a mí. Un escalofrío de emoción me recorre la espalda. Estoy entusiasmada, pero también algo consternada.

Sven dice que es demasiado tarde para pensárselo. Los periodistas ya nos han encontrado. De la noche a la mañana, su cuenta de Facebook se ha colapsado. Ochenta periodistas han contactado con él para solicitar una entrevista conmigo. La mayoría están convencidos de que ya formo parte del equipo de refugiados, de que el próximo verano competiré en los Juegos Olímpicos de Río. Estoy anonadada. Esto es una locura. El mismo Sven dijo que de ningún modo estaré preparada para nadar en Río. Y, de repente, caigo en la cuenta. Si compito será porque soy una refugiada.

—Vale, bien, lo admito, soy una refugiada. —Levanto las manos—. Pero los refugiados no son mi equipo, ¿no? Esa palabra no me define, ¿no? Soy siria. Soy nadadora. No voy a competir en un equipo de refugiados. Es... Bueno, es un poco insultante.

Sven me mira como si acabase de darle una bofetada.

—¿Qué? —Niega con la cabeza—. Lo que dices no tiene ningún sentido. —Se inclina hacia mí y me mira a los ojos—. Dime otra vez lo que quieres.

—Nadar —respondo—. Quiero nadar en los Juegos Olímpicos.

—Vale, nadar —repite él—. Y en los Juegos Olímpicos. Vale. Pues dime una cosa. ¿De verdad importa para qué equipo nades?

Me quedo sentada en silencio, mientras lucho contra mí misma durante un minuto. Es esa palabra. Refugiada. Es el mar, y las bombas, y las fronteras, y el alambre de espino, la humillación y la burocracia. Y sí, también es la caridad, que tanto duele.

—Piénsatelo, Yusra —concluye Sven—. Es tu oportunidad de hacer lo que más deseas en este mundo. Puedes nadar. Puedes competir. Y no en una competición cualquiera; en los Juegos Olímpicos. Es tu sueño.

Le digo que necesito un poco de tiempo para pensármelo.

Al día siguiente, el entrenamiento es un desastre. Tengo la cabeza saturada del equipo de refugiados, de esa palabra, de los Juegos Olímpicos. Cuanto más pienso en ello, más insegura me siento al respecto. Luego, cuando ya he decidido no participar, vuelvo a cambiar de opinión. ¿Podría ser mi oportunidad de cambiar las cosas a mejor, aunque sea solo un poquito? Quizá yo podría ser un modelo a seguir para otras personas, mostrarles que, aunque una bomba haga pedazos tu vida, te levantas, te quitas el polvo de encima y sigues adelante.

Al final del día estoy más confundida que nunca. Le digo a Sven que sigo pensando que la idea de un equipo de refugiados es un poco insultante. Si algún día consigo ir a los Juegos Olímpicos quiero que sea por ser lo bastante buena, porque he trabajado para conseguirlo. Pero luego pienso en Malala, la activista por la educación de las niñas. Ella tiene un mensaje y lo difunde; está cambiando el mundo. Sé que yo no soy Malala. No crecí queriendo cambiar el mundo. Yo solo quería nadar, y eso es lo único que quiero ahora. Pero estoy trabajando muy duro para construir una nueva vida, me entreno todos los días para alcanzar mis objetivos. Eso tiene que contar.

Por primera vez, me doy cuenta de que podría servir de inspiración a los demás. Le digo a Sven que he tomado una decisión. Lo haré.

Él está exultante.

—Es la decisión correcta —me asegura.

Sin embargo, a continuación, me recuerda que nada de todo esto es definitivo. Todavía no hay un plan definido para el equipo, ni sobre cómo debería funcionar o si los atletas se clasificarán de la forma habitual. Si el COI sigue adelante, habrá una lista de candidatos, y luego unos preseleccionados. Nosotros seguiremos trabajando con la mirada puesta en Tokio.

Al día siguiente, Sven recibe dos llamadas del DOSB, el Comité Olímpico Alemán. La primera es de un hombre llamado Michael Schirp, una de las personas encargadas de las relaciones con la prensa, que se ofrece a ayudarnos a coordinar todas las peticiones de los medios. Luego llama Sandra Logemann, de parte del brazo alemán de Solidaridad Olímpica. Le dice a Sven que quizá el DOSB pueda intervenir en el Ministerio de Interior para agilizar mi solicitud de asilo, y también la de Sara. Si existe la posibilidad de viajar a Río en verano, necesitaré que el proceso sea más rápido.

Me quedo sin aliento cuando Sven me lo cuenta. Si mi solicitud va más rápido, eso significa que podremos traer a mamá, papá y Shahed hasta aquí en avión. Así no tendrán que correr el riesgo de cruzar el mar. A la mañana siguiente, después de entrenar, recibo un mensaje de papá en el que me dice que ya han llegado a la costa de Turquía y que están a salvo. Se han alojado en un hotel mientras esperan a que el mar se calme, y luego tomarán un yate hasta Grecia. Durante un momento, me traslado de nuevo frente a la orilla turca, desde donde observo el agitado oleaje. Me siento aterrada por ellos. Presa del pánico, envío un confuso mensaje a papá en el que le digo que no crucen, que den media vuelta. Es posible que vaya a los Juegos Olímpicos, el gobierno está agilizando nuestras solicitudes de asilo y al final resulta que podremos traerlos legalmente. Papá me contesta que no me preocupe y que ya está todo arreglado. Van a venir.

La tarde siguiente, Sara y yo estamos en Alfreds intentando con desesperación pensar en algo que no sea el mar. Tratamos de charlar y de distraemos, pero cada vez que se hace el silencio vislumbro las olas resplandecientes e implacables ante mis ojos. Después de lo que me parecen horas, me vibra el móvil. Es papá. Han llegado a Grecia. Sara lo llama al instante.

—Gracias a Dios que estáis a salvo —exclama—. Pásame a mamá. Quiero oír su voz. ¡Mamá! *Alhamdulillah*, ¿estáis bien?

Espero un minuto y luego alargo una mano para pedirle el teléfono. Sara me lo pasa.

—Estamos bien, Yusra, gracias a Dios —me tranquiliza mamá—, pero muy cansados.

—De acuerdo, estamos rezando por vosotros —respondo—. Dale un beso a Shahed de mi parte.

Papá nos vuelve a escribir al día siguiente para decirnos que han llegado a salvo a Mitilini, la ciudad de la isla de Lesbos, y que están esperando a conseguir los papeles para continuar. Viajan con rapidez: cruzan Grecia y entran en Serbia. Recibo un mensaje en el que me informan de que Hungría ha cerrado la frontera y están atravesando Croacia en un autobús gratuito. Esa semana nos visitan Lam y Magdalena, los periodistas. Quieren entrevistarnos y fotografiarnos para un reportaje en una revista. Me alegro mucho de verlos, pero me recuerdan a la pesadilla de Hungría justo cuando estoy intentando no preocuparme por mi familia. Steven también contacta conmigo. Le informo de las últimas novedades respecto a mí y lo publica online.

—Quiero enviar un mensaje a toda la gente de Bélgica y del mundo entero —escribo—. No os rindáis nunca sin conseguir aquello que queréis. Intentadlo, y si fracasáis, tenéis que intentarlo otra vez, y luchar hasta vuestro último aliento.

Como de costumbre, entrenar es la mejor distracción. Ahora ya puedo nadar tres pruebas de velocidad de 800 metros una detrás de la otra, cada una en menos de 10:30. He perdido casi todo el peso que gané durante los meses que no entrené. Estoy progresando, pero no veo la hora de contar con los consejos y la energía de papá. En Navidad terminan los entrenamientos, y me quedo sola con mis pensamientos sobre el viaje de mi familia.

El día antes de Nochebuena, mientras Sara y yo pasamos el rato en Alfreds, ella recibe una llamada de un número desconocido. Es mamá. Le ha pedido el teléfono a un extraño para decirle que han llegado a Alemania y están en un tren de camino a Berlín. Al cabo de una hora estoy en el andén en Hauptbahnhof, la principal estación de tren de la ciudad. Miro la pantalla azul brillante que hay sobre mi cabeza. El tren llega puntual, estarán aquí de un momento a otro. Tengo el estómago en un puño. ¡Mamá, papá y Shahed en Berlín! Los andenes de la estación, que ocupan varias plantas, se erigen por encima de nosotras y se extienden hasta una cúpula de cristal enorme. Las luces de Navidad parpadean. Hace frío, y cuando exhalo mi aliento sale convertido en pequeñas nubes.

Miro a mi hermana, que se está mordiendo el labio. Un anuncio distorsionado en alemán reverbera contra el cristal y el cemento. Un tren de color blanco se acerca hacia nosotras por el andén; las luces de delante parecen dos ojos rojos en un morro puntiagudo. Estudio las largas ventanas mientras van pasando los vagones, pero no los veo. Los frenos chirrían. Entonces, a través de la ventana de una puerta, descubro a mamá. Su expresión ansiosa esboza una enorme sonrisa cuando nos ve. El tren se detiene y la puerta se abre. Shahed baja al andén, corre hacia mí y me rodea la cintura con los brazos. Luego llega mamá, que me agarra de los hombros y me besa en las mejillas y la frente. Y tras ella viene papá. Corro a sus brazos y me abraza con fuerza por primera vez en tres años.

—Yusra, *habibti* —me susurra al oído—. Pensaba que... Cuando ya llevabais dos horas en el mar y no había tenido noticias... Empecé a rezar.

Me siento extrañamente distante e insensible, como si los estuviese observando desde uno de los andenes de las plantas superiores. Mamá y papá parecen exhaustos. Ambos tienen profundas y oscuras ojeras. Shahed levanta la vista y nos mira a Sara y a mí, con el rostro mojado por las lágrimas.

—Creíamos que no íbamos a llegar hoy —confiesa mamá—. Estábamos en una ciudad llamada Mannheim y querían dejarnos allí. Pero les dijimos que no, que nuestras hijas estaban en Berlín y que teníamos que ir con ellas.

Mamá sonríe y nos atrae para darnos otro abrazo. Miro a Shahed. Está temblando; necesitarán ropa de abrigo. Les digo que al día siguiente todas las tiendas estarán cerradas porque es Navidad y que deberíamos ir de compras ahora. Shahed mira a través del cristal mientras bajamos en el ascensor de vidrio que nos lleva hasta la planta baja de la estación. Allí, en el vestíbulo principal, hay un árbol de Navidad de ocho metros, artificial, dorado, hortera y frondoso. Mamá nos hace una foto delante de él y luego vamos a una tienda de ropa que hay en la estación, donde compran jerséis, sombreros y bufandas. Sven ha organizado lo necesario para que mamá, papá y Shahed se puedan quedar con nosotras en la sede del club durante las fiestas. Compramos algo de comida y volvemos al Olympiapark. Durante el trayecto, llamo a Sven, que viene a ayudar a mi familia a instalarse en sus habitaciones. Se dan todos una larga ducha y se van directos a la cama. Duermen profundamente hasta bien entrado el día siguiente.

Esa mañana, el día de Nochebuena, espero junto a Sara en la cafetería desierta. Contemplamos la nevisca que revolotea en el exterior y se derrite en el cristal de la ventana. Mamá se despierta justo antes del mediodía y acude con los ojos vidriosos. Nos abraza otra vez y se sienta en uno de los bancos de madera.

—Bueno, ¿cómo fue el viaje? —le pregunto.

—Oh, cruzar el mar fue terrible —responde—. Nos dijeron que tendrían chalecos salvavidas para nosotros, pero no era verdad. El yate estaba abarrotado de gente. Shahed y yo solo pudimos sentarnos porque un buen hombre nos ofreció un asiento.

—¿Estaba movido el mar? —pregunta Sara.

—No, estaba en calma, aunque al final golpeamos unas rocas y durante quince minutos pensé que nos ahogaríamos todos. Pero por fin llegamos a la orilla, *Alhamdulillah*.

—¿Y no fuisteis a Hungría? —pregunto.

—No, ahora han levantado una valla —explica—. Los soldados nos metieron en unos autobuses para cruzar Serbia y Croacia. Luego pasamos a Austria y después a Alemania. Fuimos de autobús en autobús, ha sido todo muy rápido.

—Ajá —digo, y miro a mi hermana de forma cómplice.

Sara se ríe.

—Suena bien —añade.

Durante Nochebuena, en el Olympiapark reina un silencio sepulcral. Paso la noche con Elise y su familia; nos damos un festín para cenar y luego intercambiamos regalos. Al día siguiente, Navidad, Sara lleva a mamá y Shahed a visitar a una amiga suya, y Sven nos invita a papá y a mí a su casa. El piso de Sven está lleno de gente: toda su familia está allí. La barrera del idioma no parece importar en absoluto; papá sonríe a todo el mundo mientras comemos ensalada de patata alemana y fricasé de pollo. Me siento muy feliz. Cuando llegué a Alemania hace apenas unos meses, nunca soñé que pasaría mi primera Navidad europea así, rodeada de amigos.

La tarde siguiente, Sara anuncia que va a salir. Viene a la cafetería a despedirse con un vestido corto y muy maquillada. Hago una mueca, convencida de que se avecina una discusión, pero mamá levanta la vista con tranquilidad y le pide que no vuelva tarde. Las miro boquiabierta y luego miro a papá, que ni siquiera aparta los ojos del teléfono. No me lo puedo creer. ¿De verdad van a ser las cosas tan distintas ahora que estamos en Alemania? ¿O acaso el viaje nos ha cambiado ante sus ojos? Sí, eso es. Les hemos demostrado quiénes somos. Fuimos valientes. No hicimos nada malo, solo nos protegimos. Les hemos demostrado que somos capaces de cuidar de nosotras mismas, que sabíamos lo que estábamos haciendo. Ahora somos adultas, y tenemos un cierto poder ante nuestros padres. ¿Qué más les da que Sara salga con sus amigos?

Unos días después, mamá y papá dicen que se van a «entregar» para que les asignen un campo junto a Shahed. Sara llama a nuestro amigo Aiham, que todavía vive en el *heim* de Spandau y que, como ella, trabaja de voluntario en Moabit Hilft, una iniciativa ciudadana que ayuda a los recién llegados a instalarse en Berlín. Ayham se encarga de que mi familia no vaya a un *heim* demasiado abarrotado, pero terminan en la otra punta de la ciudad, a una hora en tren de donde estamos nosotras. Dos días después de Navidad, papá viene a Alfreds y Sven y yo lo llevamos a la piscina. Sven sugiere que puede ayudar a entrenar en nuestro grupo. Me siento verdaderamente feliz por primera vez en semanas. Mi familia está aquí. Estamos todos a salvo. Puedo nadar, y papá va a ayudarme a mejorar.

Paso la Nochevieja con Elise y su familia. Todo el mundo quiere enseñarme las tradiciones alemanas. A medianoche, miramos por la ventana los cientos de fuegos artificiales que explotan por encima de la ciudad. Luego fundimos diminutos fragmentos de metal en un cuenco de agua. Elise me explica que se supone que las formas que adopten predicen el futuro, pero no obtengo respuestas acerca de lo que está por llegar.

A principios de año, Sven empieza a preocuparse por mi educación. Encuentra una profesora particular de alemán para mí, una amiga suya llamada Corinna. Viene dos veces por semana a Alfreds y estudiamos durante una hora. Aprender alemán es difícil, pero saber inglés me ayuda mucho. Un día, a principios de enero, Sven entra al final de la lección mientras estoy leyendo mis deberes en voz alta. El ejercicio consistía en escribir en alemán quiénes son mis mejores amigos. Miro lo que he escrito.

—*Meine beste Freundin ist Elise* —leo muy despacio—. *Mein bester Freund ist Sven.**

Miro a mi entrenador y le sonrío. Está de pie en el marco de la puerta y tiene los ojos rojos. Consigue sonreír, se aclara la garganta, se da la vuelta y se va.

Quizá sea por el inicio del nuevo año, pero todo el mundo parece pensar mucho en mi futuro. Esa noche, mientras cenamos con Sven, papá pregunta si tengo pensado estudiar en la universidad. Le respondo que por descontado, pero Sven frunce el ceño y niega con la cabeza. Estudiar en Alemania no es tan fácil como yo creo. Me fui de Siria antes de terminar el instituto, así que no estoy graduada. Ninguna universidad alemana me aceptará sin el título. Se ofrece a hablar con el director del colegio Poelchau, la escuela de élite para deportistas que hay aquí, en el Olympiapark, para ver si me aceptan.

—¿Para el último año? —pregunto.

* En alemán, «Mi mejor amiga es Elise. Mi mejor amigo es Sven». (*N. de la T.*)

—Bueno, no —responde Sven—. Tendrías que empezar más atrás, supongo que con los chicos de nuestro grupo. Las clases son en alemán, así que antes tendrás que aprender el idioma. Luego, a los cuatro años, puedes presentarte al Abitur, el examen para acceder a la universidad en Alemania. Después de eso podrás estudiar.

Abro unos ojos como platos.

—¿Cuatro años? —repito—. No seas ridículo. No voy a volver al instituto durante cuatro años más. En Siria solo me faltaba un año para graduarme.

La cabeza me da vueltas; es una pesadilla. Quiero ir hacia delante, no volver al noveno grado. Ya estoy entrenando con chicos de catorce años, y ¿ahora Sven quiere que vaya también al instituto con ellos? Traduzco la conversación para mi padre. Seguro que no esperará que vuelva al instituto. Pero, para mi sorpresa, él también cree que eso es lo que debería hacer.

—La natación no es para siempre, Yusra —asevera—. Necesitas unos estudios.

Pongo los ojos en blanco y suspiro. Pues de vuelta al instituto. La buena noticia es que Solidaridad Olímpica, una rama del COI que apoya el desarrollo de los atletas, me ha concedido una beca. El dinero estará destinado a pagar centros de entrenamiento, práctica de natación y los costes de viaje de las competiciones. No depende de si entro o no en el equipo de refugiados; me la han ofrecido pase lo que pase. Es una oportunidad fantástica.

No veo la hora de volver a meterme en la piscina. Cuando retomamos los entrenamientos después de las vacaciones de Navidad, estoy emocionada. Papá se une a nosotros durante la primera sesión, pero está en silencio casi todo el tiempo y observa trabajar a Sven. Un día, no mucho después de que empiecen los entrenamientos, Richie, uno de los chicos de mi grupo, me para mientras volvemos a los vestuarios. Me dice que su padre es batería en una banda de rock y me invita a un concierto el sábado siguiente. Thomas, otro chico del grupo, también vendrá, y el padre de Richie ya se lo ha preguntado a Sven. Estoy sorprendida y conmovida. Salir y hacer algo distinto será un cambio muy agradable.

Tras una larga semana de duro trabajo, por fin llega el sábado. Sara también va a salir, así que ambas nos arreglamos. Sven me lleva en coche hasta el local, donde nos encontramos con Richie, Thomas y sus padres. Me siento relajada y feliz. Es la primera vez que salgo en meses.

Pedimos algo de beber y nos sentamos en una esquina a esperar a que empiece el concierto. Estoy mirando Facebook. Ahí, en mi muro, veo un post: «RIP Alaa». No puede ser que se refieran a Alaa, mi amiga del colegio de Damasco. Siento una oleada de náuseas. No. Es una broma. Tiene que ser algún tipo de broma de mal gusto. Sigo bajando por mi muro. Otro post: «RIP Alaa». Sigo bajando. Un tercer post. Esta vez es de la prima de Alaa.

—Sven —le llamo, mientras siento que el pánico me embarga.

Él arruga el gesto, preocupado.

—¿Qué pasa? —pregunta.

Me pongo de pie; la sala entera me da vueltas. No puede ser cierto, Alaa no puede estar muerta. Solo hace unos meses estaba allí, en la cafetería de Malki, tan guapa, tan loca y tan viva. Me aparto de la mesa y me escondo detrás de una cortina, donde marco el número de mi hermana.

—Sara, ¿lo has visto? —pregunto—. Dicen que Alaa está muerta.

Apenas oigo su respuesta. Me dice que va a volver a Alfreds, que nos vemos en la sede del club, y me cuelga. Las paredes se derrumban a mi alrededor y luego llegan las lágrimas. Salgo de detrás de la cortina. Sven está ahí, de pie, observándome.

—Mi amiga ha muerto —le cuento—. Lo he visto en Facebook. Tengo que irme.

Sven se termina la Coca-Cola de un trago y coge nuestros abrigos del guardarropa. Durante el camino a casa no soy capaz de pronunciar ni una palabra. Miro Facebook y lloro. Ni siquiera ha sido la guerra, Alaa y su hermana mayor ya se habían marchado de Siria. Tampoco ha muerto en el mar, no llegaron tan lejos. Ambas hermanas han perdido la vida en un accidente de autobús en el trayecto entre Estambul y Esmirna. El vehículo tomó una curva en las colinas a demasiada velocidad, dio una vuelta de campana y ardió.

Tardamos veinte minutos en llegar a la sede del club. Sara está allí, esperando en una de las mesas con su amiga. Yo todavía no soy capaz de hablar. Paso por su lado en dirección a mi habitación y cierro la puerta. Me tiro en la cama y lloro. Sven está fuera y llama a la puerta, pero no digo nada. Me llama por mi nombre, pero no respondo. Quiero estar sola.

—¿Yusra? —Esta vez es Sara—. Sal y habla con nosotros.

—Por favor. Dejadme en paz, por favor, idos.

—Vamos, Yusra —insiste Sara—. Alaa y su hermana están en un lugar mejor. Sé que es triste. Pero al menos ahora están en paz.

La ignoro. Ahora mismo no puedo hablar con nadie. Al final se rinde y se marcha. Cojo mi teléfono. Quizá todo sea un error. Tal vez hayan sobrevivido. En el accidente murieron siete personas, los otros treinta solo resultaron heridos. Quizá Alaa esté en el hospital, en algún lugar de Turquía. Escribo a la prima de Alaa. ¿Ha muerto de verdad? Porque ha habido supervivientes. Le pido que vaya a comprobarlo, que tal vez hayan sobrevivido. La respuesta es inmediata. «No, *habibti*. Lo siento de verdad. Ambas han muerto.» Vuelvo a echarme a llorar, desolada.

Alguien llama a la puerta con fuerza. Es papá. Le digo que me deje sola. La tristeza viene en oleadas. Sollozo durante minutos sin cesar, luego paro y me quedo mirando la pared, respiro hondo e intento calmarme. Pero cuando pienso en su madre, que ha perdido a sus dos hijas a la vez... La tragedia me golpea de nuevo en las entrañas y me derrumbo. Respiro, espero. Me golpea la siguiente ola. El dolor que sufrió, la forma en que murió. La esperanza que debieron sentir durante el viaje, el miedo. Vuelvo a llorar y rezo por sus almas. En el momento en el que por fin me acuesto, exhausta, la noche ya empieza a extinguirse. Mientras me quedo dormida, veo el rostro de Alaa y mis lágrimas empapan la almohada.

Estoy en un piso en Damasco con mamá y Shahed. Un silbido agudo corta el aire por encima de mi cabeza. Un impacto. Las paredes tiemblan y se desmoronan, los escombros caen a nuestro alrededor. Shahed grita mientras el edificio se derrumba.

Oscuridad. Estoy entre los escombros. Escarbo para salir mientras toso entre las nubes de polvo beige. No veo a mamá ni a Shahed. Excavo, las busco, cada vez más presa del pánico mientras escarbo entre las rocas. Oigo unos gemidos bajo el cemento roto y una voz pronuncia mi nombre. Me vuelvo y veo a mamá, tranquila y sonriente, con Shahed en brazos.

De nuevo oscuridad. Estoy en la piscina, en Berlín, pataleando para mantenerme a flote, agarrada a un lado. Una voz profunda reverbera por el agua y alrededor del recinto.

—Yusra, tienes una decisión que tomar —dice—. Y no tienes mucho tiempo. Puedes quedarte aquí, o puedes volver a tu país a sufrir con el resto. Tienes que elegir, Yusra. Solo tú puedes elegir.

Me despierto llorando.

SÉPTIMA PARTE

La tormenta

19

Papá acude a todas mis sesiones de entrenamiento durante las primeras semanas siguientes a Navidad. Me observa nadar, me da consejos y me anima a seguir. Pasa la mayor parte del tiempo sentado al fondo, en silencio; es demasiado tímido para hacer comentarios o contradecir a Sven. Sin embargo, a medida que pasan las semanas, papá se va retirando poco a poco de la piscina. Lo entiendo: tiene otras cosas de qué preocuparse, como descubrir Berlín, presentar su propia solicitud de asilo o aprender alemán.

A finales de enero, Sven nos acompaña a Sara y a mí a las entrevistas para obtener el asilo. Nuestra asistente social se encarga de los casos especiales: espías, famosos y personalidades del deporte. Se sorprende cuando le preguntamos si Sven puede pasar con nosotras a la sala de entrevistas, al parecer, somos las primeras mujeres que traen a un hombre con ellas. Sonrío y le digo que Sven no cuenta. De todos modos, ya es casi de la familia.

La entrevista es bastante sencilla. La mujer nos pregunta acerca de nuestro pasado, si éramos políticamente activas en Siria y cómo y por qué vinimos a Alemania. Se prolonga durante unos treinta minutos. Al final, la asistente social nos dice que conoceremos la decisión final en unas seis semanas. Ya hemos dado un paso más en el proceso de obtención de asilo. Solo falta un mes y medio para que sepamos con seguridad si podemos quedarnos en Alemania.

Me siento aliviada, pero en el autobús de vuelta al Olympiapark no puedo evitar luchar contra unas punzadas de culpa. Este trato de favor no me parece correcto. Hemos conseguido hacer las entrevistas mucho antes porque tal vez yo forme parte del equipo de refugiados, porque el DOSB ha intercedido en el Ministerio de Interior. Miro las calles grises y me pregunto cómo será el proceso de asilo para los demás. El gobierno tiene todas las cartas de la baraja. Te pueden mandar de una oficina a otra oficina, de una cola a la siguiente. Puedes saltar por todos los aros y, al final, un funcionario puede decirte que no, que te tienes que ir, que tienes que volver a enfrentarte a aquello de lo que huías. Incluso cruzar fronteras es mejor que eso. Puedes valerte de tu inteligencia para saltar una barrera física, pero si el gobierno te dice que no, no hay mucho que puedas hacer al respecto.

Me recuerdo que si he recibido un trato de favor ha sido solo porque les conviene. El DOSB ha intercedido para acelerar el proceso y que yo pueda viajar. No es solo porque quizá vaya a los Juegos Olímpicos de Río; Sven también nos ha inscrito para participar en una competición en Luxemburgo a finales de abril, el CIJ Meet, una de las competiciones clasificatorias oficiales para Río. El COI ha sido vago respecto a si necesito clasificarme para el equipo de refugiados de la forma habitual, pero dicen que nadar en un evento clasificatorio solo puede ser positivo.

El lunes siguiente vuelvo al instituto. Un mes antes de mi decimoctavo cumpleaños me encuentro de nuevo en el noveno grado. Sven está que no cabe en sí de alegría, pero yo no tanto. Agradezco la oportunidad y sé que los demás solo quieren lo mejor para mí, pero, si he de ser honesta, la única ventaja es tener el mismo horario que los chicos de catorce años de mi grupo de entrenamiento.

Las clases son una tortura. Ya he oído todo antes todo lo que dicen. Me suelo sentar al final de la clase y paso el rato dibujando, escribiendo y mirando por la ventana, hasta que vuelve a ser hora de nadar. «Me llamo refugiada», escribo al final de mi libro de ejercicios. «Al menos, así es como me llaman.» Al terminar la primera semana ya tengo problemas con los profesores. Le dicen a Sven que no valoro la oportunidad de tener una educación. No me entienden en absoluto. Quiero estudiar, pero no así.

Al menos, hay muchas cosas que me distraen de las bondades de las matemáticas de noveno grado; por ejemplo, las atenciones de los medios de comunicación. Justo antes de que empiece el instituto, el presidente del COI, Thomas Bach, visita un campo de refugiados en Atenas y confirma ante los reporteros que habrá un equipo de refugiados en los Juegos Olímpicos de Río. La bandeja de entrada de Sven explota una vez más con un torrente de mensajes de periodistas. Leo muchos de ellos yo misma, pero dejo que sea Sven quien responda. No tarda mucho en recibir tantos mensajes que no tiene tiempo de leerlos todos.

—Es raro que solo quieran hablar conmigo —le comento a Sven—. ¿Qué hay de los otros atletas refugiados que mencionó el COI? ¿El chico congoleño y la mujer iraní?

—No sé si los periodistas los han encontrado —responde Sven—. Tú hablas inglés y, además, eres siria. Muchos reporteros quieren abordar el tema de la guerra. Y, además de eso, está tu fascinante historia.

—¿Qué historia? —pregunto.

—La del bote, boba.

—Ah, eso. Pero ya se la contamos a los reporteros el año pasado. ¿Por qué querría nadie oírla otra vez?

Sven niega con la cabeza.

—No creo que funcione así —concluye.

Es imposible que acepte todas esas entrevistas, así que Michael Schirp, del DOSB, propone que celebremos una rueda de prensa, así podré hablar con todos los periodistas a la vez en lugar de faltar a natación y al colegio para cada entrevista. Al principio, planeamos un pequeño evento en la sede del club para mediados de marzo. Calculamos que quizá vengan unos veinte o treinta periodistas. Sven y Michael redactan un comunicado anunciando la rueda de prensa para marzo y pidiendo a todos que por favor no me importunen hasta entonces. Invito a mis amigos periodistas, Steven, Lam y Magdalena. Sé que ese día me sentiré mejor si están allí y, de todos modos, son una parte importante de mi historia.

No mucho después de que enviemos la nota de prensa, recibo otro mensaje de mi amigo Rami. Dice que está nadando de nuevo con un club de Gante y que también ha encontrado un entrenador fantástico que lo ayuda a mejorar. Rami me pregunta por el equipo de refugiados, quiere saber si Sven puede ayudarlo a contactar con el COI. Le digo que su entrenador puede hacerlo directamente. Me emociona que Rami también intente entrar en el equipo. ¡Imagina que ambos consiguiésemos ir a Río! Todo sería mucho más fácil si mi viejo amigo Rami estuviese conmigo. Podríamos sobrevivir a todo entre carcajada y carcajada.

Pasan las semanas, y nado. Me aburro en clase. Sara y yo pasamos casi todos los domingos con mamá, papá y Shahed. No están a gusto en su *heim*; hay robos y muchos problemas de seguridad. Mamá dice que la comida es terrible y que los baños están sucios. Les prometemos que los sacaremos de allí lo antes posible. Hemos pensado buscar un piso en el que vivir todos juntos en cuanto el papeleo esté listo.

A medida que se acerca la rueda de prensa, empiezo a preocuparme de nuevo por el equipo de refugiados. Soy deportista. ¿Por qué debería ir a los Juegos Olímpicos solo por ser refugiada? Le confieso mis dudas a mamá un domingo de finales de febrero.

314

—No seas boba, *habibti* —responde ella, distraída—. Te lo mereces. Te has esforzado mucho para ser una buena nadadora durante toda tu vida.

—No, mamá, lo digo en serio. No sé si debería hacerlo —insisto.

Pero mi madre no me está escuchando de verdad.

—Piénsalo —añade—. Todo ese tiempo que pasé sentada en la piscina o viéndote competir no fue en vano.

Comprendo por qué es difícil conseguir que mi familia me comprenda. Tanto mamá como papá tienen mucho de qué preocuparse. Deben encargarse de sus papeles, de sus solicitudes de asilo. A mediados de marzo, Sara y yo recibimos una carta en la que nos comunican que se nos ha concedido el asilo: podemos quedarnos en Alemania como mínimo durante tres años. Es un gran alivio. Pienso en Sven, en Mette, en Elise y su familia, en Reni, en el club y en el colegio. Todo el mundo ha sido muy generoso. Me han ayudado a llegar muy lejos en esta nueva vida, y ahora ya sabemos que lo que hemos construido no es solo temporal. Ahora sé que puedo quedarme, que puedo continuar trabajando para conseguir mi sueño.

No veo demasiado a Sara, sale mucho y va a lo suyo. Una noche, cuando llego a la sede del club después de entrenar, oigo *tarab*, música tradicional siria. Viene de su habitación. Llamo a la puerta y me la encuentro de pie frente al espejo, maquillándose para salir. Me siento en su cama y observo las paredes, repletas de su última colección de pósters disparatados.

—¿Alguna vez piensas en volver? —me pregunta mientras se mira al espejo y se aplica el lápiz de ojos.

—¿A Siria? —respondo—. Claro, pero solo cuando todo esto haya terminado.

—Creo que voy a volver.

—¿Qué? ¿Ahora? ¿Te has vuelto loca?

—¿No lo echas de menos? —Hace una pausa para pintarse dos trazos de pintalabios rojo oscuro en los labios—. ¿No te sientes mal por toda la gente que está atrapada en Siria? —insiste.

—Por supuesto. Pero ¿en qué les ayudaría que yo volviera?

Mi hermana se echa un último vistazo en el espejo y se da la vuelta para mirarme. Cambia de tema bruscamente y me pregunta si le presto mi chaqueta negra. Niego con la cabeza.

—No. Es mi preferida. Seguro que la rompes o la pierdes.

—Por Dios —masculla—. Estás empezando a ser insoportable, ¿sabes?

—¿Qué? —protesto—. ¿Porque no te dejo usar mi chaqueta?

—Tener una beca no te hace mejor que nadie. ¿O es porque ahora eres famosa?

La miro fijamente. Me levanto, salgo y cierro de un portazo. Me voy a mi habitación, me tumbo en la cama y lloro. Si mi propia hermana piensa eso de mí, ¿qué estarán diciendo los demás? Abro Facebook. Una de mis amigas de Damasco ha cambiado su foto de perfil por una de un mar tempestuoso. En la foto, en cursiva blanca, se lee: «Tras la tormenta llega la calma». Me quedo mirando la foto durante un largo rato. La tormenta ha durado demasiado. ¿Cuándo llegará la calma a Siria? ¿Cuándo me llegará a mí?

—No necesito limosnas —digo a la pared de mi habitación—. No quiero ser famosa. Lo que quiero es paz, para poder reconstruir mi vida.

A principios de marzo, tres días antes de mi dieciocho cumpleaños, el COI hace el anuncio oficial. Este verano, el Equipo Olímpico de Atletas Refugiados, el ROT, marchará tras la bandera olímpica en la ceremonia de apertura. En el equipo habrá hasta diez atletas, elegidos de una lista de cuarenta y tres miembros potenciales. Yo estoy en esa lista, así como mi amigo Rami.

Es la primera vez que el COI menciona mi nombre. El teléfono de Sven suena tanto que tiene que meterlo en la nevera para poder disfrutar de un poco de paz. Mis cuentas privadas en las redes sociales se colapsan. Empieza a escribirme gente de a pie, y recibo varios insultos entre las palabras de ánimo. Un mensaje destaca entre los bienintencionados, el de un joven que me escribe desde Siria. Me dice que a su madre la mataron en la guerra, y que ahora él es el único que queda para cuidar de su familia. La comida está tan cara que pocas veces pueden comer. «Gracias —me escribe—. Mi vida es dura, pero tú me has inspirado para seguir adelante.» Leo su mensaje una y otra vez.

Hay otros que pretenden advertirme sobre Sven. Cuestionan su bondad y me preguntan qué saca él de todo esto. Parece que nadie sea capaz de comprender nuestra amistad. Ni siquiera mis padres entienden por qué me ayuda tanto. Creen que va buscando algo, fama o dinero. Me da igual. Les digo a todos que son ridículos.

Y luego están los periodistas. No tenía ni idea de que hubiese tantos. Sven me sugiere que desactive todas las notificaciones de mi móvil y que deje de mirar mi correo electrónico, que Michael y él se encargarán de ellos. Parece que la mayoría de los reporteros no entienden lo que es una lista de candidatos. Creen que el hecho de que yo esté en la lista significa que voy a ir a Río seguro, pero en realidad no se ha decidido nada todavía. Todos estamos sorprendidos por el nivel de interés que ha despertado la rueda de prensa. Unas semanas antes del gran día, Michael le dice a Sven que necesitaremos una sala más grande. Se han acreditado más de sesenta medios de comunicación, y algunos de ellos son equipos de televisión y necesitarán más espacio. No cabremos todos en la sede del club.

Se acerca mi cumpleaños, el primero que celebraré en Alemania. Pienso en la fiesta que me organizó Sara junto a Lin en

Malki, en Damasco, el año pasado. ¿Dónde estarán ahora todos mis amigos sirios? Decido que hay que celebrarlo y le pido a Sven que organice una pequeña fiesta en Alfreds después del entrenamiento con mis amigos de natación. Sven no puede estar conmigo ese día, ya que tiene que volar a Inglaterra por un asunto familiar, pero me llama desde allí la noche antes y me dice que en Alemania es costumbre celebrar el cumpleaños a medianoche, el día antes.

Quedan cinco minutos para la medianoche. Sven sonríe por la pantalla y me dice que tiene una sorpresa para mí. Me pide que vaya a mi habitación y abra la caja de madera. Allí encuentro, en efecto, una caja de madera sobre la mesita de noche. Dentro hay una llave con la que, siguiendo las indicaciones de Sven, he de abrir la puerta del dormitorio más grande que hay junto al pasillo. La llave encaja, el cerrojo cede con un clic, y abro la puerta. Me quedo sin aliento. Sven ha decorado la habitación entera con alegres serpentinas y banderines de cumpleaños.

—¡Guau! —exclamo, con una sonrisa de oreja a oreja—. Sven, ¡es una pasada!

—¿Has encontrado tus regalos? —pregunta.

Miro a mi alrededor y descubro tres paquetes sobre la mesita de noche. Desenvuelvo el primero y ahogo un grito. Es un traje de compresión para ayudar a que se recuperen los músculos después de entrenar. Parece muy caro. Dentro del segundo paquete hay un par de zapatillas Adidas blancas. El tercero, el más pequeño, tiene forma de libro. Rompo el envoltorio. Es la autobiografía de Malala. Sonrío. He encontrado un amigo maravilloso. ¿Dónde estaría yo ahora sin Sven? Hasta más adelante no comprendo que Sven no fue el único. En toda Alemania, miles de voluntarios socorrieron a los recién llegados. Llegamos, sobrevivimos a la pesadilla, y los más afortunados encontramos amigos que nos ayudaron a seguir adelante.

Unos días después de mi cumpleaños, el COI y el Alto Comisionado de las Naciones Unidas para los Refugiados, ACNUR, envían unos equipos de grabación a la piscina a entrevistarme. Hablo mucho de los Juegos Olímpicos, les cuento que ir siempre ha sido mi sueño y que es muy emocionante que me hayan dado esta oportunidad tan increíble. Poso frente al estadio con los anillos olímpicos al fondo, y el fotógrafo del COI me hace saltar de alegría en el aire una y otra vez. Cuando se marchan, no puedo evitar preguntarme por qué el comité se molestaría en mandar a un equipo si yo no estuviese ya dentro del equipo. Sven le quita hierro al asunto e insiste en que no sabemos nada con seguridad. De todos modos, todavía no estoy del todo convencida acerca del equipo. Cada día me sorprendo pasando de la emoción sin límites al tormento de la duda.

Pese a todas las cosas por las que me siento agradecida, son tiempos duros. No me gusta el colegio. Elise, Mette y Sven son fantásticos, pero no tengo amigos de mi edad, y echo muchísimo de menos Siria. Además, el interés de los medios hace que cada vez sienta más presión. Deseo desesperadamente competir en los Juegos Olímpicos, pero al mismo tiempo no quiero limosnas. Cada vez soy más rápida en el agua, pero de ningún modo podré clasificarme para Río de la forma habitual.

Mi rendimiento en la piscina empieza a resentirse. Seguimos el plan de Sven para Tokio, con el objetivo de alcanzar mis mejores marcas en verano. Intento no pensar en las marcas clasificatorias estándar para Río: 1:00 para 100 metros mariposa y 2:03 para 200 metros estilo libre. Mis mejores marcas personales están nueve segundos por detrás en ambas disciplinas. Lo último que quiero es hablar de todo esto con los periodistas en una rueda de prensa. No quiero hablar de mis marcas, ni de los Juegos Olímpicos, ni de ser refugiada. Ni tampoco del bote, de eso menos todavía. Sven sabe que no es fácil para mí, y le preocupa que esté sintiendo demasiada presión.

—Yusra, solo tienes que decirlo y lo paramos todo —me dice una noche, una semana antes de la rueda de prensa—. Si no quieres que sigamos adelante solo tienes que decírmelo. Podemos anularlo, desentendernos de todo este asunto. Yo hablaré con el DOSB y con el COI. Podemos hacer que todo termine. —Lo miro y veo que lo dice en serio—. Pero si lo hacemos, será definitivo —continúa—. Todo habrá terminado. No habrá vuelta atrás. No habrá Juegos Olímpicos. Adiós a tu sueño.

Miro al suelo y lucho conmigo misma. Competir en las Olimpiadas ha sido siempre mi sueño, pero, como deportista, todavía no estoy preparada. Cuando esa noche me voy a la cama sigo dándole vueltas al asunto. Justo cuando apago la luz, me vibra el móvil. Es un mensaje de Sven.

«Creo que debes saber por qué hago todo esto —escribe—. A veces tengo la sensación, y también lo he oído decir, de que la gente cree que solo pienso en mi propio beneficio. Necesito saber que tú no piensas eso. Desde el primer día que Sara y tú llegasteis, solo quise ayudar. ¿Para qué? Para ayudar. No quiero nada, ni fama ni dinero.»

Abro unos ojos como platos mientras leo su mensaje. Conozco a Sven; él no es un interesado. Ayuda porque es así, es la forma en que lo educaron. Está en su naturaleza ayudar a los demás sin esperar nada a cambio. Sigo leyendo:

«Lo primero que me dijiste cuando llegaste fue que querías ir a los Juegos Olímpicos. Y ahora puedes. Si no es este año, lo harás en 2020. Puedes demostrar a quienes dudan que están equivocados. Puedes demostrárselo a todos aquellos que te pusieron piedras en el camino. Recuerda que estoy aquí para ayudarte a tener un futuro, Yusra. Buenas noches.»

Sonrío y pienso en todo lo que Sven y yo hemos vivido juntos. Tiene razón. Competir en los Juegos Olímpicos siempre ha sido mi sueño y ahora, con su ayuda, está tan cerca que casi puedo tocarlo con los dedos. Pero, de algún modo, sigo sin sentir que sea lo correcto.

Unos días antes de la rueda de prensa, Sven recibe una llamada de Michael, que le dice que el director general adjunto del COI, Pere Miró, va a asistir en persona. Sven cree que quizá sea porque quiere confirmar que soy parte del equipo, pero yo sigo estando dividida. No quiero ir a Río sin habérmelo ganado, ni si es solo porque soy siria, porque soy una refugiada. Y, en cualquier caso, ¿por qué yo? Estoy segura de que muchas otras personas estarían encantadas de tener esta oportunidad. Y así, de repente, me decido. No lo haré. Esperaré e iré a las Olimpiadas cuando esté preparada. Le digo a Sven que no puedo hacerlo y esa noche llamo a papá para comunicarle mi decisión. No quiero limosnas. No necesito que la gente sienta pena por mí. Y, de todos modos, ¿qué clase de deportista querría participar en los Juegos Olímpicos por caridad?

—Tal vez tengas razón —reconoce papá por teléfono—. Pero quizá estés pensando en esto de la forma equivocada. Piensa en lo mucho que has trabajado por la natación. En todas esas horas, en todo el sacrificio. ¿Por qué no aprovechar esta oportunidad? Y luego podrás usar tu voz para ayudar a los demás.

Pienso en los horrores que veo todas las noches cuando leo las noticias. Las bombas suicidas, los ataques con gas, el hambre, los niños ensangrentados y muertos de hambre. Las huidas desesperadas, los rezos en el mar, las personas que se quedan atrapadas ante fronteras interminables de alambre de espino. Ayudar a los demás. Sí, me encantaría hacerlo. Pero ¿cómo? No pararé la guerra yendo a las Olimpiadas, ni abriré las fronteras; ni siquiera reduciré las colas frente a la oficina del LaGeSo de Berlín. Pero papá dice que podría ayudar de otra manera.

—Muy pocos sirios tienen una oportunidad así para hablar —continúa—. Tú podrías ser su voz. Conoces gran parte de su historia porque tú también la has vivido. Es una oportunidad de que todos nosotros seamos escuchados.

Más tarde, reflexiono sobre ello tumbada en la cama. Estoy harta de observar desde fuera del terreno de juego, impotente, mientras mi gente sufre. Si voy a Río, no me cabe duda de que tendré más poder del que tengo ahora. Además, es ahora cuando todo el asunto tiene más fuerza. En unos pocos días estaré hablándole al mundo, a periodistas y equipos de televisión procedentes de Japón a Brasil, cadenas de noticias norteamericanas y a escala global, a periódicos y revistas de toda Europa y América. Papá tiene razón. Debería contarles nuestra historia. Por todos nosotros.

El día antes de la rueda de prensa, Sven y yo estamos en Alfreds, matando el tiempo antes del entrenamiento de la tarde. Le pregunto qué pasará si termino yendo a Río, y él contesta que cree que todo este interés de los medios quizá me haga un poco famosa, pero me advierte que no debo confiar en ello a largo plazo, porque los medios siempre pasan a la siguiente noticia. Sin embargo, podemos utilizar esto como un comienzo, como una plataforma para que se escuche mi voz. Y yo puedo usar esa voz para inspirar a los jóvenes, a aspirantes a deportistas, niños en colegios, ese tipo de cosas. Sven hace una pausa y me mira.

—¿Todavía quieres ser una voz para el cambio? —pregunta—. ¿Como Malala?

Lo miro a los ojos.

—Si me lo piden, lo haré —respondo—. De todos modos, si tienes la oportunidad de ir a los Juegos Olímpicos, vas.

—Esa es tu decisión final, ¿verdad? Es definitivo. ¿No vamos a volver hablar de ello?

Le aseguro que sí, y también que haré todas las entrevistas. Pero quiero mejorar a la hora de hablar con los medios. Si voy a tener una voz, quiero que la gente me escuche. Sven cuenta con los dedos y enumera lo que los periodistas me preguntarán. Querrán oír la historia del bote. Quizá también pregunten sobre Siria, y por la natación y por qué quiero estar en el equipo.

—Me limitaré a decirles la verdad. Hago esto para inspirar a la gente a hacer aquello en lo que creen, pase lo que pase. Y para demostrarles que tener problemas no es razón para quedarse sentado, llorando como un bebé. Quiero que todos los refugiados se sientan orgullosos de mí y demostrarles que podemos conseguir algo, aunque nuestro recorrido haya sido tan duro.

Explicárselo a Sven en voz alta me da coraje. Estoy sorprendida por lo tranquila que me siento. Recuerdo el mensaje que me mandó aquel muchacho sirio y pienso que quizá todo merezca la pena si puedo ayudar a gente como él a seguir adelante.

En ese momento oigo unas voces fuera de la sede del club. Me acerco a la ventana y veo a papá al final de las escaleras. Junto a él hay un equipo de televisión y el traductor de nuestro antiguo *heim*, Abu Atef. Está claro que me están buscando a mí, pero nadie me dijo que hoy tuviese ninguna entrevista. Me vibra el móvil en el bolsillo. Lo saco y veo que es Abu Atef. Tiro el teléfono sobre la cama. No, no pienso hablar con ningún equipo de televisión. Mañana tendré que hablar con cien periodistas y tengo entrenamiento en diez minutos. Sin embargo, estamos atrapados en la sede del club: no podemos llegar a la piscina sin pasar por su lado. Me agacho bajo el alféizar de la ventana, me asomo y veo que un guardia de seguridad se acerca al grupo. Contengo la respiración; quizá consiga que se vayan. Sin embargo, el guardia se marcha y el equipo se queda allí, esperando para pillarme mientras salgo. Mi móvil vuelve a vibrar. Esta vez es papá.

—Por Dios —protesto—. Sven, tienes que hacer algo. No podremos llegar a la piscina sin que nos vean.

Él saca su móvil y llama a Peter, el vicepresidente del club. Él sabrá qué hacer. Peter dice que vendrá y distraerá al equipo de televisión para que podamos salir a entrenar. Sven cuelga y esperamos. Miramos por la ventana y, unos minutos más tarde, Peter dobla la esquina a grandes zancadas en dirección al edificio. Dice algo a Abu Atef y todo el grupo lo sigue hacia la entrada del Olympiapark. Unos momentos después suena el teléfono de Sven. Peter nos asegura que todo está despejado. Cojo mi mochila de deporte y corremos por el pasillo, salimos de la sede del club y bajamos las escaleras. Doblamos la esquina que lleva a la piscina sin dejar de correr. Ni rastro de papá, de Abu Atef o del equipo de televisión. Solo nos encontramos con un hombre alto con el pelo oscuro, vestido de traje y con aspecto de estar perdido.

—¿Sven? —pregunta el hombre.

Nos tiende la mano y se presenta. Es Michael Schirp del DOSB, en persona por primera vez. Le da un cálido apretón de manos a mi entrenador y luego me mira y sonríe.

—Y tú debes de ser la famosa Yusra.

—Sí, esa soy yo —respondo, y sonrío.

Sven pone una mano sobre el hombro de Michael y lo guía hacia la entrada de la piscina.

—Tenemos prisa por llegar a la piscina —le explica—. Hace un momento estábamos atrapados en la sede del club porque un equipo de televisión nos estaba buscando.

—Oh, no —se lamenta Michael, con el rostro contraído de preocupación—. Ojalá hubiese cogido el tren antes. Quizá os podría haber ayudado a deshaceros de ellos.

A la mañana siguiente me levanto temprano. Sven y yo desayunamos con el director general adjunto del COI, Pere Miró, y con Michael antes de la rueda de prensa. Al principio estoy nerviosa, pero todo el mundo se muestra muy abierto y relajado. Charlamos sobre mi infancia en Siria y sobre mi nueva vida aquí, en Berlín. Pere nos habla de los planes del

COI. Van a formar un equipo olímpico real, igual que los demás, con fisioterapeutas, médicos, equipo de prensa y capitanes. Es evidente que en el COI todos están muy emocionados con el proyecto.

Después de desayunar, nos dirigimos a la gran sala que nos ha prestado la Federación Deportiva de Berlín, que también tiene sus instalaciones en el Olympiapark. Esperamos en una pequeña habitación adyacente junto a Pere y otros invitados del Comité Olímpico Alemán. Lam y Magdalena vienen a vernos antes de la rueda de prensa. Lam está de un humor excelente; bromea, hace el tonto y saca fotos, y eso me ayuda a calmar los nervios. Cuando es la hora, Sven abre la puerta y entramos en la abarrotada rueda de prensa. La primera persona que veo es al periodista belga, Steven. Sonrío y le doy un abrazo. Me anima mucho contar con mis amigos entre todos estos desconocidos. Observo las hileras de sillas: hay exactamente 126 periodistas de todo el mundo. Dieciocho equipos de grabación filman desde la parte de atrás; sus cámaras me siguen mientras me acerco hasta la primera fila y me siento entre Pere Miró y papá. Una multitud de fotógrafos se agacha a mis pies. Se oye el clic de sus obturadores por encima del sonido del mensaje pregrabado del presidente del COI, Thomas Bach.

—Les ayudamos a cumplir su sueño de alcanzar la excelencia en el deporte —dice—, incluso después de haber huido de la guerra y la violencia.

Mantengo los nervios a raya y me concentro en mi mensaje. Michael está sentado más adelante, en una pequeña plataforma. Hará una corta introducción antes de que Pere, Sven y yo subamos. Tras él, proyectadas en una pantalla sobre su cabeza, se suceden una serie de fotografías tomadas por Lam. Las imágenes aparecen una a una: Sara y yo caminando por las vías del tren en la frontera húngara; nuestro grupo, agachado en los campos de maíz para esconderse de la policía.

¿De verdad sucedió todo eso? No me parece real. Michael termina su introducción y Sven, Pere y yo nos ponemos de pie. Las cámaras vuelven a hacer clic y la sala entera empieza a vibrar. Los reporteros se enderezan en sus asientos, cogen sus bolígrafos o abren sus ordenadores portátiles. Cuando subo al escenario se hace el silencio. Los periodistas me miran; observan mi sudadera con capucha, mis deportivas, mi rostro sin maquillar. Yo les devuelvo la mirada mientras Pere habla sobre los planes del COI para el equipo. ¿Qué están haciendo aquí todos estos periodistas? Ni siquiera estoy todavía en el equipo. Supongo que debe de ser por esa palabra, esa que usan en todos sus titulares. Refugiada.

Contemplo a la multitud hasta encontrar a mis amigos, Steven, Lam y Magdalena. Los tres están exultantes y me animan. Tengo un nudo en la garganta y siento una opresión en el pecho. Se me encoge el estómago. Durante un momento descabellado, me pregunto qué pasaría si les contara la verdad. Si confesara lo que se siente al ser reducida a esa palabra, si les intentase explicar lo que significa para aquellos que nos vemos obligados a llevarla como un nombre. Refugiada. Una cáscara vacía, apenas humana. Sin dinero, sin hogar, sin pasado ni historia, sin personalidad, ambición, camino a seguir ni pasión. Nuestro pasado, presente y futuro, todo borrado y reemplazado por una única y devastadora palabra. Sonrío ante los flashes de las cámaras. Estoy tranquila. Sé cuál es el mensaje que quiero transmitir.

—Bien —dice Michael—. Abrimos el turno de preguntas.

Se alza una multitud de manos.

20

Observo todos los objetivos de las cámaras que hay a mi alrededor. Los reporteros quieren saber lo que sucedió en el bote. Sonrío y les cuento mi historia educadamente, pero no hay emoción en mis palabras. Se me cierra el corazón, me aíslo de la visión de las incansables olas. Lo único que trabaja es mi cabeza. Tuvimos que nadar de Turquía a Grecia. El motor se estropeó a los quince minutos de empezar la travesía. Somos nadadoras, así que mi hermana y yo nos metimos en el agua y nos agarramos de la cuerda que rodeaba el bote inflable. Tardamos tres horas y media en llegar a Grecia.

Hago cinco entrevistas en grupo, una detrás de la otra. Pronuncio las mismas palabras una y otra vez. Es imposible revivir el horror de cruzar el mar para cada reportero. Me pinto una tranquila sonrisa en el rostro y mantengo el corazón a buen recaudo.

El director general adjunto del COI, Pere Miró, es el primero en marcharse de la rueda de prensa. Sus últimas palabras son que nos veremos en Río. Miro a Sven y enarco las cejas. Eso significa que ya estoy seguro en el equipo, ¿verdad? Sin embargo, él insiste en que todavía no lo sabemos, que nadie le ha dicho nada definitivo. Todo es muy misterioso. Supongo que si el COI me quiere en el equipo, estaré en el equipo.

En los días siguientes a la rueda de prensa se publican cientos de artículos y vídeos que cuentan la historia del bote de las formas más imaginativas. Algunos me describen empujando y otros tirando de él hasta la orilla. Algunos mencionan a Sara y otros no. Unos hablan de los demás muchachos que se metieron en el agua y otros no. En los más absurdos estoy sola, con una cuerda atada en la cintura nadando a estilo libre, tirando de un barco abarrotado con ciento cincuenta personas hasta que las dejo sanas y salvas en la orilla. Como un dibujo animado. Como alguien con superpoderes. Pero la versión más extraña con diferencia es un titular de un periódico árabe: «Hermanas sirias nadan desde Grecia a Alemania». Recibo un torrente de mensajes en los que me llaman mentirosa e impostora. Por primera vez me doy cuenta de que, digas lo que digas, los periodistas consiguen la historia que quieren. Lo único que yo he querido siempre es nadar, pero supongo que ellos querían una heroína.

Si esperábamos que la rueda de prensa bastara para satisfacer a los medios, nos equivocábamos. La bandeja de entrada de Sven explota como nunca antes lo había hecho. Recibe unos trescientos mensajes a la semana. Recibimos ofertas para trasladar mi historia a un libro e incluso para hacer una película, y quienes están detrás de las propuestas son muy insistentes. Un chico de una productora de Nueva York llama a Sven cada cinco minutos para venderle un ambicioso proyecto para una película. Habla siempre de grandes cantidades de dinero y presume de sus contactos en Hollywood. Sven le dice que estamos centrados en los Juegos Olímpicos, pero el productor no hace más que repetir que si queremos hacer una película tiene que ser ahora y que nadie estará interesado en mí cuando acabe el verano.

Me pregunto si tendrá razón, pero Sven insiste en que debemos tomarnos las cosas con calma. Ya tenemos bastante con lo que lidiar mientras organizamos todo lo relacionado con Río. Además, gracias a la beca de Solidaridad Olímpica, por ahora no he de preocuparme por el dinero.

Intento concentrarme en los entrenamientos, pero la presión no hace más que aumentar. En el fondo, no pierdo la esperanza de que se produzca un milagro. Sueño con clasificarme para el equipo de la manera habitual, no solo por ser refugiada, sino por ser lo bastante rápida. Me imagino superando todas las eliminatorias hasta la final, y me visualizo ganando una medalla olímpica, si no este verano, en Tokio en 2020. Sven tiene cuidado de recordarme que nuestro único objetivo es alcanzar mis mejores marcas personales en Luxemburgo a final de mes. No necesito unos tiempos que me clasifiquen; el COI solo quiere que nade en una competición clasificatoria como una formalidad.

Una noche, unas semanas antes de la competición de Luxemburgo, estoy tumbada en la cama mirando Facebook. Las noticias son un espectáculo espantoso de vídeos sobre la invasión de Alepo, que está en poder de los rebeldes. Algunas de las imágenes son de una violencia muy explícita. Cierro los ojos con fuerza y respiro hondo varias veces. Luego abro mis mensajes y me asalta un aluvión de historias trágicas, de ruegos para ayudar a niños moribundos y familias que se mueren de hambre. Un joven estudiante me escribe desde Siria para decirme que desearía escapar como hice yo. Aparto el móvil horrorizada y apago la luz.

Estoy en la sede del club con mamá y Shahed. Mamá tiene la mirada perdida en la distancia, con los ojos vidriosos y las mejillas hinchadas y húmedas por las lágrimas. Muevo la mano delante de su rostro, pero ella continúa inmóvil.

—¡Mamá!

Se vuelve hacia mí, pero no me ve. Mira a través de mí. Luego suspira y se levanta, rodea a Shahed con el brazo y ambas se marchan. Oigo unas risas. Es papá.

—¡Papá! ¿Por qué mamá no puede verme?

—Porque estáis muertas, Yusra. Sara y tú. ¿No lo sabías?

Oscuridad.

Un vagón de tren. Sobre mi cabeza, unos símbolos borrosos pasan por una pantalla azul. Entorno los ojos e intento leer el destino.

—¿Dónde están mis gafas? —grito al vagón vacío—. ¿Adónde vamos?

Oscuridad de nuevo.

Estoy de pie en casa, sola. Luego, inevitablemente, se oye un silbido en el cielo, un impacto; las paredes se derrumban y escarbo con desesperación entre los escombros. Me despierto con las mejillas empapadas de lágrimas.

Al día siguiente, nado mal durante el entrenamiento. La destrucción de Alepo es lo único que ocupa mis pensamientos. ¿Cuándo perderé a otro amigo, o a otro pariente? Sven quiere saber qué me pasa, así que le cuento lo que he soñado. Parece preocupado; me dice que no debería conectarme a internet antes de ir a dormir. Pero no puedo olvidarme de la guerra así, sin más, necesito saber lo que está pasando en mi país. Y debo leer los mensajes, las historias terroríficas, las súplicas de ayuda. Después de todo, son las personas a quienes quiero dar voz. No es justo. Yo estoy a salvo mientras ellos se mueren de hambre en las ruinas bombardeadas de sus ciudades, sin comida ni electricidad. Me siento impotente. Sven me habla de la culpa del superviviente y se ofrece de nuevo a llevarme a un psicólogo, pero ese no es mi estilo.

En lugar de eso, Sven me mantiene ocupada. Siempre hay algo que organizar: citas con los medios de comunicación, competiciones, campamentos de entrenamiento, papeleo, viajes... A menudo, me mira con preocupación y me pregunta si es demasiado. Su duda hace que me estremezca. ¿Cree que soy débil, que he llegado a mi límite? Estoy acostumbrada a que me desafíen para alcanzar el éxito. El estilo de papá consistía en tener grandes niveles de exigencia, grandes expectativas y grandes recompensas. Si sufres, sufres sola. Te caes sola y te levantas sola. Le digo a Sven que puedo con todo; sé que soy fuerte. Le recuerdo que he pasado por cosas mucho peores y que sigo en pie.

A mediados de abril, Sven y yo vamos a la oficina a recoger mi permiso de residencia oficial. El documento sirve también para viajar, y ha llegado justo a tiempo para la competición en Luxemburgo. El funcionario me tiende un librito azul y me dice que puedo utilizarlo como pasaporte en cualquier país del mundo, menos en el mío propio. Miro el documento que tengo en las manos y el alivio inicial da paso a un profundo sentimiento de pérdida. Soy libre para ir allá donde quiera, excepto a mi hogar.

Esa noche, durante la cena, Sven me dice que hay muchas personas, gente conocida, que quiere hacer documentales sobre mí. Me pregunta cómo me sentiría si un equipo de grabación me siguiera en todo momento durante unos días. Le digo que no me molestaría, pero él se muestra escéptico.

—Estaba pensando que podríamos hacer una prueba —sugiere—. Con alguien en quien confíes. Quizá Steven y Ludwig podrían grabarte durante el fin de semana, cuando vayamos a la competición en Luxemburgo. Como si fuese un *reality show*, estilo «mosca en la pared». Así podremos ver cómo te va.

—De acuerdo —acepto—. Será divertido.

Volamos a Luxemburgo el último jueves de abril. Es mi primera competición internacional en cuatro años. Participo en cuatro pruebas de mariposa y estilo libre que se celebrarán el viernes, el sábado y el domingo. Steven y Ludwig llegarán el sábado por la mañana temprano y me filmarán durante el resto del fin de semana. El viernes por la tarde nado mi primera carrera, 50 metros estilo libre, en veintinueve segundos. Termino la vigesimoctava de cincuenta y tres nadadores. Es un resultado aceptable; ni Sven ni yo comentamos nada al respecto.

A la mañana siguiente me despierto a primera hora con un dolor agudo en la parte baja del abdomen. Estoy enferma. En el momento más inoportuno; lo típico. Paso la siguiente hora tirada en el suelo de mi habitación de hotel, casi sin poder moverme. Siento retortijones continuos, seguidos de náuseas, una y otra vez. Me las arreglo para bajar al restaurante del hotel para el desayuno e intento sonreírle a Sven. Es su cumpleaños.

—Feliz cumpleaños —le deseo, y dejo un pequeño paquete sobre la mesa.

Él lo abre y sonríe. Es una foto enmarcada de nosotros dos en la piscina. Cojo mis cosas de natación y Sven y yo emprendemos el camino de diez minutos hacia la piscina. Entonces siento otro retortijón en las entrañas. Me detengo y me doblo por la mitad, esperando a que pase la oleada de dolor insoportable.

—¿Cómo te encuentras? —me pregunta Sven.

—Bien —respondo, luchando contra las lágrimas.

El dolor mitiga poco a poco. Me incorporo, respiro hondo y sigo andando. Steven y Ludwig nos están esperando en la entrada de la piscina. Esbozo mi mejor sonrisa y los abrazo a ambos.

—¿Qué tal? —pregunta Steven—. ¿Estás preparada?

—Por supuesto —respondo, y hago una mueca mientras entramos juntos en la piscina.

Steven nos cuenta que a él también lo está persiguiendo el chico de Nueva York. Quiere todo el material bruto de las grabaciones que hicimos en Belgrado y en Viena, cada segundo de vídeo que tiene sobre mí. Sven no hace más que decirle que no, pero el productor no se rinde. Y no es el único: hay cuatro o cinco cadenas detrás de la grabación de mi viaje. De nuevo, me quedo perpleja ante el interés que ha despertado mi historia.

—Creo que es un momento de oro para ti, Yusra —comenta Steven—. Ya sabéis, por si queréis ganar algo de dinero.

Sven niega con la cabeza.

—No. Creemos que hacer una película o cualquier otra cosa en este momento sería demasiado complicado. Ya tenemos mucho en que pensar con la preparación para los Juegos Olímpicos.

Steven se vuelve hacia mí.

—Entonces ¿vas a ir a Río? —pregunta—. ¿Es definitivo?

—Todavía no lo sabemos —reconozco—. Publicarán la lista del equipo en junio.

—Me parece bastante probable —interviene Sven—. Después de todo lo que ha hecho por el proyecto.

Dejo a los demás y entro en los vestuarios a ponerme el bañador de la FINA y la ropa para calentar. Apenas me fijo en el enorme complejo de la piscina. Estoy concentrada en mis marcas y preocupada por cómo el estar enferma afectará a mi rendimiento. Sé que no necesito alcanzar los tiempos mínimos para clasificarme, pero conseguir al menos uno lo haría todo mucho más simple en mi cabeza. Los chicos de mi alrededor hablan en alemán, francés y holandés. Me resulta extraño no ver ninguna cara amiga en una competición; si estuviese en Siria conocería a todo el mundo.

Ludwig enciende la cámara cuando vuelvo a la piscina. Me pongo los auriculares y empiezo a mover los brazos para calentar, mientras intento no prestarle atención. El resto de los nadadores nos miran; a nadie más lo sigue un equipo de grabación. Me pongo las gafas y el gorro de nadar y me comporto con naturalidad ante la cámara. Caliento en la piscina y converso con Sven. Mi primera carrera del día es la de 200 metros mariposa. Ludwig me graba mientras me quito la chaqueta y la pongo en la caja que hay al lado del poyete de salida. Me subo a él con la cámara todavía detrás de mí. El estómago me da vueltas y se me encoge.

—¡A sus marcas!

Suena el silbato.

Me zambullo. Muevo las piernas, salgo a la superficie, giro los brazos y desplazo el agua hasta mis entrañas, que se retuercen. Dejo que la memoria muscular haga su trabajo. La carrera termina en un abrir y cerrar de ojos, pero cuando toco la pared sé que no ha sido suficiente. Me impulso para salir, con la cámara apuntándome. Me quito las gafas y me dirijo a Sven.

—Bueno, 2:34 —dice, leyendo de su tablilla.

Puedo hacerlo mucho mejor. Me vuelvo disgustada, ignorando la mirada incansable de la cámara. Me quito el gorro de natación y camino por el lado de la piscina junto a los demás nadadores. Miro el tablón: 2:34, veintiún segundos más lenta que el mínimo para clasificarse para Río. Lo peor de todo es que he nadado lo bastante rápido para entrar en la final de mi grupo de edad. Eso significa que tendré que competir de nuevo esta tarde.

El eco de los anuncios suena amortiguado y lejano mientras bajo las escaleras hacia las taquillas. Sven, Steven y Ludwig me esperan allí, con la cámara todavía encendida. Estoy horrorizada. No estoy de humor para hablarle a una cámara. Que me dejen en paz. Dentro de una hora tengo los 100 metros estilo libre. Los ignoro y vuelvo junto a la piscina para esperar mi siguiente carrera. Sven viene a buscarme. Me siento aliviada al ver que Steven y Ludwig han desistido de filmarme al estilo «mosca en la pared». Cogen la cámara y se retiran a la zona de los espectadores.

Nado los 100 metros estilo libre en 1:05, tres segundos más despacio que mi mejor marca personal. Termino undécima de las trece de mi grupo de edad. En el grupo de las más jóvenes, las veinte mejores son más rápidas que yo, y en los Juegos Olímpicos a nadie le importa la edad. Lo que cuenta son los tiempos. Es algo difícil de aceptar. Si voy a Río ni siquiera llegaré a la segunda ronda.

Sven quiere hablar, pero yo no estoy de humor. Me pongo los auriculares y me pierdo en mis propios pensamientos para esperar a la final. Las horas se alargan, y el dolor de mi estómago sube y baja. Por fin llega el momento de nadar la final de los 200 metros mariposa. Quiero que termine este día. Solo hay dos nadadoras más de mi grupo de edad, y la carrera es solo para decidir quién se lleva las medallas. Mi tiempo es de 2:40, termino segunda. La primera toca la pared en 2:28. He ganado una medalla de plata, pero es una victoria vacía. Puedo hacerlo mejor.

Salgo de la piscina sin poder contener las lágrimas. Sven me pone las manos en los hombros, pero me quedo paralizada, tenso todo el cuerpo y me libro de él. Me pongo la chaqueta y vuelvo a colocarme los auriculares en las orejas. Me quedo sentada en un lado, mirando los azulejos, hasta que sea la hora de la ceremonia de entrega de medallas. Poco después veo a Sven delante de mí. No me quito los auriculares, pero sé que quiere que vaya a recoger mi medalla de plata. Me quedo sentada, inmóvil, mirando al suelo.

—Yusra, ¿eres deportista o no? Por favor, ve a por tu medalla.

Las lágrimas ruedan por mis mejillas. Sven me coge de los hombros y me zarandea con suavidad. Yo no me muevo. Sven insiste en que debo ir a la ceremonia, es parte de la competición. Subirme a un podio es lo último que me apetece, pero mi entrenador no da su brazo a torcer. Me pongo de pie y me dirijo a la plataforma elevada, donde un hombre con el pelo blanco me está esperando. Le estrecho la mano y él me coloca la medalla alrededor del cuello. A mi lado, las ganadoras de las medallas de oro y bronce sonríen de oreja a oreja para los fotógrafos, pero yo solo soy capaz de forzar una mueca. Me bajo del podio, me quito la medalla y vuelvo junto a Sven. Él me observa con una expresión imperturbable y los brazos en jarras. Cojo mis cosas y salgo de la piscina en dirección a los vestuarios, mientras me seco los ojos con la toalla. Ya se ha terminado, menos mal. Sven me está esperando en las taquillas, esta vez sin los periodistas. Bajamos las escaleras para ir a la piscina de recuperación. No despego la vista del suelo.

—¿Qué pasa? —me pregunta—. ¿No estás contenta con tus marcas?

Me detengo en seco y lo miro sorprendida. ¿Qué si no estoy contenta? Eso es quedarse corto.

—¿Contenta? —repito—. ¿Con mis marcas?

Arruga la frente, preocupado. La frustración se me acumula en la garganta.

—¿Estás bien?

—La forma en que he nadado hoy... —Contengo las lágrimas—. Puedo hacerlo mucho mejor. Quiero mejorar. Tengo opciones. Podría entrenar en Estados Unidos y estudiar allí. Y escapar de... de todo esto.

Sven frunce el ceño de nuevo y niega con la cabeza.

—Muy bien —repone—. Haz eso. Vete a Estados Unidos. Intenta lidiar con todo esto tú sola.

Se aleja dando grandes zancadas. Estoy perpleja. Es la primera vez que lo veo enfadado. Me quedo de pie mirando las escaleras un segundo y luego bajo a la piscina de recuperación. Hago mis estiramientos, me cambio y me reúno con Sven y Steven, que me esperan en la puerta principal, con la cámara de nuevo encendida. Nadie habla mientras salimos. Sven regresa solo al hotel y yo subo en la parte trasera del coche de Steven y me siento al lado del equipo. Recuerdo la conmoción que ha supuesto mi discusión con Sven y empiezo a sollozar. Steven se vuelve desde el asiento del copiloto y me pregunta qué me pasa.

—Me encuentro mal. ¿Podemos hablar? Tú y yo a solas.

En el hotel, Steven me lleva a una mesa tranquila en el bar y nos sentamos. Respiro hondo varias veces y le confieso que no sé qué hacer. Le digo que a veces sueño con ir a Estados

Unidos, donde el sistema universitario me permitiría estudiar y entrenar a la vez. Estoy impaciente por seguir adelante con mi futuro, pero Sven dice que debería quedarme en Alemania, tomármelo con calma y seguir en el instituto. Sven y el club han hecho mucho por mí, y estoy confundida.

—Si quieres ir a los Juegos Olímpicos deberías quedarte donde estás —opina Steven—. Ahora mismo no se trata de nadar, Yusra. Todo es política. Que le cuentes al mundo tu historia parece más importante que tus marcas en natación.

Frunzo el ceño.

—Pero soy nadadora —insisto.

—¿Te acuerdas de cuando nos conocimos en aquel parque de Belgrado? Me dijiste que habías nadado hasta Grecia y que querías nadar en las Olimpiadas. —Steven hace un gesto con los brazos—. Bueno, en ese momento, nunca pensé que irías a los Juegos Olímpicos. Y luego, siete meses después, estoy en tu rueda de prensa viendo cómo sucede. Cómo sucede de verdad. La chica refugiada va a los Juegos Olímpicos. Yusra, deberías darte cuenta de que tu historia es una entre un millón.

Niego con la cabeza. Hasta ahora, nunca había pensado que fuese una historia tan especial. Para mí ha sido simplemente un viaje, pero Steven me asegura que tengo algo especial. Dice que, cuando hablo, la gente me escucha, que se sienten identificados conmigo. Los he conmovido, y eso es algo que merece la pena conservar. Lo único que tengo que hacer por ahora es contar mi historia, que no tengo que ganar una medalla olímpica todavía, que debería concentrarme en tener una voz. Me quedo sentada en silencio, mientras sus palabras resuenan en mi mente. He vivido toda mi vida por la natación. ¿Cómo voy a dejarlo todo a un lado para dedicarme a hablar? Necesito espacio para pensar, para comprenderlo. Le doy las gracias y le digo que me voy a dormir. Subo a mi habitación y me tumbo en la cama, exhausta. Siento otro retortijón, así que cojo el teléfono y le escribo a Sven para pedirle calmantes. Diez minutos después, llama a la puerta y me tiende una caja de paracetamol. Nuestra discusión ha quedado olvidada. Me sonríe, me da las buenas noches y me dice que va a salir con Steven. Ambos decidimos que lo mejor es que no participe en las carreras que tengo al día siguiente.

Por la mañana, al abrir los ojos, me siento como si hubiese apretado un interruptor en mi mente. Hoy no tengo que competir, solo tengo entrevistas. No he de ganar ninguna medalla, solo tengo que contar mi historia. Me anega una oleada de alivio mientras me ducho y me maquillo. Durante el desayuno bromeo con Sven y Steven como si el día de ayer no hubiese existido. Estoy emocionada por mi entrevista con Steven. Estoy preparada. Encontramos un rincón tranquilo en el bar, Ludwig enciende la cámara y me coloca un micrófono en la camiseta. Cuando empieza a grabar, Steven me pregunta qué espero de Río.

—Haré que todo el mundo se sienta orgulloso —le aseguro—. Es una gran responsabilidad, y creo que estaré preparada. Siempre he querido servir de inspiración a la gente, asegurarles que pueden seguir adelante pase lo que pase. Y creo que es fantástico, porque no todo el mundo tiene una oportunidad como esta.

Estoy tranquila, sé cuál es el mensaje que quiero transmitir. Me concentro en mi voz. Toda la confusión de las semanas previas se ha esfumado durante la noche. Conozco a un periodista alemán en el hotel y hago una entrevista más. Después todavía nos quedan algunas horas antes de coger el vuelo de regreso a casa, así que Steven sugiere que vayamos a visitar Luxemburgo. Conducimos hasta la ciudad y Ludwig me graba en una feria, donde lanzo dardos a los globos en una parada y gano un juguete. No pienso en nada en absoluto. Steven me compra un gofre con un montón de nata montada. Entre Sven y yo todo ha vuelto a la normalidad, incluso cuando nos quedamos solos durante el viaje de vuelta a Berlín. Está claro que seguimos en el mismo punto, que continuaremos juntos en esto, igual que antes. Pero nunca vuelve a mencionar nada sobre ningún documental estilo «mosca en la pared».

El día después de volver de Luxemburgo, Sara y yo nos mudamos a nuestra propia casa, un piso de una habitación a una parada de tren al este del Olympiapark. Pertenece a la hermana del director de mi colegio, que se ha ofrecido a alquilárnoslo. Tenemos mucha suerte de haberlo conseguido, ya que para muchos sirios está resultando casi imposible conseguir un apartamento en Berlín.

Sven nos ayuda con el papeleo e intenta que las autoridades berlinesas nos ayuden a pagar el alquiler, pero el chico de la agencia de empleo dice que tenemos que esperar a que mamá y papá salgan del *heim* antes de recibir ayudas estatales. Nos informa de que las normas dictan que los refugiados no pueden vivir solos hasta que no cumplen los veintiséis años. Al final, Sven llega a un acuerdo con el COI para que contribuyan al pago de nuestro alquiler. Una vez más, hemos sido muy afortunadas.

Me alegro de poder tener un espacio fuera de la sede del club, ya que allí la situación es un poco tensa. Para empezar, solo un deportista del Wasserfreunde ha ido a las Olimpiadas en los últimos diez años. Para algunas personas es difícil comprender lo del equipo de refugiados y ver lo que yo ya he aceptado: que todo esto trata de mi historia, de mi voz, y no de mis méritos como nadadora.

Se acerca el gran día, cuando el COI debe anunciar quienes serán los miembros del equipo de refugiados. Todavía no hay nada seguro, pero todo el mundo cree que formaré parte de él. Después de mi revelación en Luxemburgo me siento más tranquila. Ahora entiendo que no necesito alcanzar marcas imposibles, solo he de contar mi historia, difundir mi mensaje. Sin embargo, no siempre me resulta fácil.

Sven y Michael organizan entrevistas con dos grandes

cadenas de televisión norteamericanas que quieren algunas grabaciones para emitirlas después de que anuncien el equipo. Hacemos las entrevistas durante mi hora de comer en el colegio. Cuando salgo de clase, miro con anhelo a los demás chicos, que se sacan selfis, hacen el tonto y escuchan música en sus móviles. Y luego estoy yo, contando la misma historia por millonésima vez. He llegado a odiar la historia del bote. Siempre con el bote; a menudo es la primera pregunta. Para mí es un misterio por qué todos los periodistas están tan emocionados por volverla a escuchar.

Unos días antes del anuncio, Sven viene a verme después del entrenamiento. Me cuenta que el director general adjunto del COI, Pere Miró, le ha recomendado que ese día apague el teléfono. Está claro que habrá mucho interés por parte de los medios. Estoy segura de que eso solo puede significar una cosa, pero Sven sigue haciendo como si nada, e insiste en que no hay nada definitivo.

El día antes del anuncio recibo una llamada de mi viejo amigo Rami, que me cuenta que ha soñado que ambos estábamos en el equipo. Le digo que se imagine lo divertido que sería si los dos participásemos en los Juegos Olímpicos. Le prometo llamarlo en cuanto sepa algo, y él me asegura que hará lo mismo.

Por fin llega el día. Me obligo a ir al entrenamiento, como siempre. Esa noche, Sven y yo volamos al Campeonato del Norte de Alemania, en Braunchsweig. Después de entrenar, vuelvo a casa a hacer la maleta y a esperar noticias del COI. Suena el timbre; son Lam y Magdalena, que han venido a grabar el momento en el que reciba la noticia.

—¿Sabes algo ya? —me pregunta Magdalena.

—No —respondo.

—Abre tu correo electrónico —me ordena.

Sonríe cuando le digo que hace meses que no leo mis mensajes.

—¿Quieres que lo haga yo? —se ofrece.

Le doy mis datos para entrar en mi cuenta. Se sienta y escribe en su ordenador portátil. Contengo la respiración. En la habitación reina un silencio atronador.

Magdalena vuelve a sonreír.

—Estás dentro.

Ahogo un grito y miro la lista de nombres en la pantalla por encima de su hombro. Ella sube hasta el principio. El primer nombre es Rami Anis. Chillo y cojo mi teléfono. Vamos, Rami. Cógelo. El estómago me da saltos mortales. Estoy más contenta por él que aliviada por mí misma. Ha trabajado muchísimo y por fin tiene la recompensa.

—¿Yusra?

—¡Rami! Estás en el equipo. Estamos los dos. ¡Nos vamos a Río!

OCTAVA PARTE

Los anillos

21

Se abre la puerta principal del apartamento y entra Sara. Salto de la cama.

—¡Sara! —exclamo—. ¡Voy a ir!

Mi hermana no dice nada; cierra la puerta tras ella y se quita los zapatos.

—¡Me voy a Río! —repito—. ¡A los Juegos Olímpicos!

—¿Qué? —murmura—. Ah, ya.

«Ah, ya.» ¿Es que no piensa decir nada más? Sigo esperando a que reaccione; me arden las mejillas. Sara rebusca en su bolso, entra en la habitación que compartimos y se sienta en su cama. Al final, levanta la cabeza y me mira a los ojos.

—¿Qué? —dice—. De verdad, no hay para tanto. Te he visto nadar en un montón de competiciones.

Estoy perpleja. No puede ser que para ella esto sea una competición más; son los Juegos Olímpicos. Es nuestro sueño de infancia. Se me llenan los ojos de lágrimas.

—¿Es porque es un equipo de refugiados? —pregunto.

—No seas boba, Yusra. Me siento muy orgullosa de eso.

Entonces ¿qué es? Ella podría haber estado en el equipo conmigo. Le digo que habría querido tenerla en Río conmigo, pero que dejó de nadar. Me mira con dureza.

—Ya sabes por qué lo dejé. No podía seguir nadando, por mi lesión. Me dolían demasiado los hombros.

Nos quedamos en un sombrío silencio durante un rato. Me pregunto en qué momento nos distanciamos tanto. Luego, Sara me anuncia que se va de Berlín. Se me hace un nudo en el estómago. No pensará volver a Siria, ¿verdad? Pero ella dice que no, que se va a Grecia. Un amigo suyo trabaja como voluntario con refugiados y la ha invitado a ir. Sara suspira y gesticula con los brazos. Me confiesa que necesita escapar de todo esto, volver a ser ella misma. Me dice que le escriben muchos periodistas, pero que lo único que quieren es hablar sobre mí. Nunca le preguntan quién es ella, ni a qué se dedica. Dice que recibe mensajes de gente que le pregunta por qué yo tengo tanto éxito y ella no es nadie. Siente que se está empequeñeciendo, y que pronto no será nada más que mi hermana.

—Pero yo sí soy alguien —concluye—. Y por eso me voy.

La miro, sorprendida. ¿Por qué no me había dicho todo esto antes? Frunzo el ceño y niego con la cabeza. No lo entiendo. ¿Qué quiere? ¿Fama? ¿Éxito? ¿Reconocimiento?

—No, claro que no —dice ahora también con los ojos llenos de lágrimas—. Solo quiero que la gente deje de preguntarme sobre el bote. Y sobre ti. Quiero que dejen de catalogarme por esa historia. Soy mucho más que eso. Esta historia nos sucedió a ambas, todo nos sucedió a ambas, pero ahora es solo sobre ti.

Estoy consternada. No tenía ni idea de que se sintiese así. Nunca pensé que el hecho de que yo entrara en el equipo pudiese hacerle tanto daño. Le digo que quizá pueda ayudarla, que tal vez Sven pueda hacer algo, pero me interrumpe.

—Escúchame de una vez, ¿vale? Me voy a Grecia, a hacer esto por mí misma. Sin ti.

Sara coge su bolso de la cama, se pone los zapatos y se va. La puerta se cierra tras ella y yo me dejo caer en la cama. Nunca me había sentido tan sola. Me veo con Sara en el sofá de nuestro piso de Daraya, junto a papá, deseando que Michael Phelps ganase otra medalla de oro. Entonces los Juegos Olímpicos significaban mucho para nosotras. ¿Acaso se ha olvidado de todo aquello? Me pongo de pie y miro a mi alrededor. Tengo que prepararme; en unas horas he de irme a la competición de Braunschweig. Entonces lo recuerdo otra vez. Voy a ir a Río. Se me encoge el estómago y siento oleadas de emoción e inquietud. Todo se ha complicado mucho.

Ese fin de semana nado bien. No alcanzo mis mejores marcas, pero mis resultados tampoco son desastrosos. Ya no siento presión; estoy en el equipo, y mi amigo Rami también. Intento no pensar en Sara y me las arreglo para silenciar las dudas sobre el equipo que tanto me reconcomen.

La competición termina el domingo y Sven y yo volvemos corriendo a Berlín, a tiempo para mi primera aparición en televisión en directo. Me han invitado a participar en *Mensch Gottschalk*, un programa de entrevistas con el presentador alemán Thomas Gottschalk al que van muchos famosos. Llego al estudio nerviosa, pero me ayuda que Sara haya accedido a venir para darme apoyo moral. Ella y Sven me ayudan a calmar los nervios mientras espero antes de salir a plató. Comparto mi espacio en la escaleta del programa con el que es entonces presidente del Parlamento Europeo, Martin Schulz. Lo conozco entre bastidores y me parece muy amable. Cuando llega la hora, me siento junto a él en el sofá del plató e intento aislarme de las brillantes luces y de la audiencia. Sonrío y me centro en mi mensaje. Nadie elige ser refugiado. Somos seres humanos, igual que todos los demás, y nosotros también podemos conseguir grandes cosas.

Más tarde, en casa, Sara se comporta como si nuestra discusión jamás hubiese tenido lugar. Tengo cuidado de no sacar el tema de Río y, además, ella está ocupada planificando su viaje a Grecia. Se irá en agosto, más o menos al mismo tiempo que yo partiré hacia Brasil con Sven. Mamá y papá también se comportan como si nadar en los Juegos Olímpicos fuese lo más normal del mundo.

—Qué bien, *habibti* —dice mamá cuando se lo comunico—. Has trabajado mucho, te lo mereces.

Doy todo de mí en la piscina y en el colegio. Les cuento a Elise y a Mette lo del equipo y se alegran mucho por mí, pero nada me parece real todavía. Una semana después de conocerse la formación del equipo, uno de los patrocinadores de las Olimpiadas, Visa, me ofrece salir en un anuncio publicitario. Los productores dicen que quieren contar la historia del bote en un corto de un minuto y añadir planos míos zambulléndome y nadando. Michael y Sven organizan un rodaje de un día en la piscina para la semana siguiente.

El día del rodaje, Sven y yo nos reunimos con los productores en el salón de la sede del club, donde nos enseñan un *storyboard* de diez planos. Irán cortando y cambiando escenas; por un lado, estaré yo, nadando en la piscina y, por el otro, una actriz en un bote abarrotado en el mar. Mi parte consiste solo en nadar en la piscina, zambullirme y ponerme las gafas. La parte del mar muestra a la actriz metiéndose en el agua y, después, a un grupo de personas luchando para llevar el bote hasta la orilla. No hay tonterías, y me parece bien. El rodaje termina en unas pocas horas y después hago un par de entrevistas para televisión al lado de la piscina.

Unas semanas después, Sven vuela solo a Suiza para un encuentro de entrenadores con el COI en el que solventarán cuestiones logísticas. Vuelve exultante y emocionado. Me cuenta que el COI era como una gran familia, y que incluso se sentó al lado del presidente, Thomas Bach, durante la comida. Charlaron sobre Alemania y los refugiados, y sobre la idea de formar el equipo y lo que la inspiró. El presidente Bach le aseguró que apoyó la decisión de Alemania de ayudarnos, que no había ninguna otra opción humana. El equipo ha sido su forma de ayudar.

Nuestros planes empiezan a tomar forma. Sven y yo volaremos a Río a finales de julio y nos quedaremos con el resto del equipo y los demás deportistas en la Villa Olímpica. Sonrío cuando me lo cuenta y me pregunto si llegaré a conocer a mi héroe de la infancia, Michael Phelps. Después, Sven frunce el ceño, como hace siempre que tiene algo que decir. Vacila unos segundos, mientras elige las palabras adecuadas.

—Quería comentarte una cosa —dice al fin—. Los patrocinadores del equipo me han preguntado si quieres que lleven a Sara a Río.

—¿Qué? —respondo—. ¡Eso es fantástico! Claro que quiero.

Sven enarca las cejas.

—¿Estás segura? —pregunta.

Frunzo el ceño.

—¿Por qué no iba a querer que viniese?

Él se encoge de hombros. Sabe que Río es un tema delicado para Sara y que ella tiene otros planes para este verano. De todos modos, estoy segura de que querrá ir. Al menos, eso espero. Lo hicimos todo juntas. Nadamos juntas de niñas, nos fuimos de casa juntas y luchamos contra las olas juntas. Y juntas encontramos un lugar seguro para que nuestra familia pudiera empezar una nueva vida. Ahora le plantaremos cara al mundo juntas. No veo la hora de contárselo. Esa noche, cuando llego a casa, la encuentro pasando el rato en nuestra habitación. Sonrío.

—¿Quieres venir a Río? —pregunto—. Porque los patrocinadores se han ofrecido a pagarte los vuelos y el hotel.

Sara frunce el ceño y deja el móvil.

—Un momento. ¿Qué? Pero me voy a Grecia en agosto a trabajar como voluntaria. Mi amigo ya me ha comprado el vuelo.

«Vamos», le digo. Ya tendrá tiempo de hacer lo que quiera en Grecia después. Quiero que esté allí conmigo. Podemos hacerlo juntas. Al fin, sonríe.

—De acuerdo —accede—. Iré, si eso es lo que quieres.

Entre la natación y las entrevistas para la televisión, julio pasa en un abrir y cerrar de ojos. Sven decide que abandone nuestro plan de entrenamiento aeróbico diseñado para Tokio y nos centramos en la velocidad que requieren las pruebas. Me indica que haga diez carreras de 50 metros tan rápido como pueda con largos descansos en medio para recuperarme, y funciona: estoy ganando velocidad. Ya puedo hacer 100 metros mariposa en 1:08. Todavía sueño con un resultado milagroso en los Juegos, pero no olvido lo que Steven me dijo en Luxemburgo. «Por ahora, solo se trata de la historia, Yusra, de la voz. No de la natación.»

Haber cambiado el foco de atención de la natación a los discursos también afecta a Sven. Acordamos que después de Río lo mejor será que trabaje con otro entrenador. No podemos continuar como hasta ahora; él no puede cumplir tantos roles diferentes en mi vida a la vez. No es fácil ser un buen entrenador cuando también eres un íntimo amigo, un mentor y una especie de mánager. Tenemos que ser capaces de hablar de todo lo importante, de los planes, de los discursos, del trabajo con los medios, sin que la natación esté en medio.

El trabajo que Sven hace conmigo también ha empezado a interferir con su trabajo como entrenador en el club. Los padres de algunos chicos de nuestro grupo no lo entienden, y creen que descuida a sus hijos porque está centrado en mí. Sven tiene que explicar una y otra vez que hace el mismo trabajo con todos los chicos. Yo sé que en los entrenamientos se comporta conmigo igual que con el resto, y que solo me ayuda con todo lo demás cuando estamos fuera de la piscina. Sven habla con Reni y ambos deciden que será otra persona quien se encargue de mí después de Río.

El visado de Sara para ir a Brasil tarda siglos en llegar, así que decidimos que Sven y yo iremos antes y ella se unirá a nosotros cuando pueda. La noche antes de mi partida, hago la maleta inmersa en un remolino de emoción y felicidad. Un mes entero en el exótico Brasil. Mamá, papá y Shahed vienen al aeropuerto a despedirme. Shahed es demasiado pequeña para entender la magnitud de lo que está pasando, pero mamá y papá tienen los ojos anegados en lágrimas.

—Recuerda lo mucho que has trabajado para conseguir esto —me dice papá mientras me abraza.

—Sí —añade mamá—. Dios nos está recompensando por todo lo que hemos sufrido. Te lo mereces. Siempre supe que harías algo grande.

En el avión, Sven y yo dormimos, comemos y vemos películas. Intentamos relajarnos, porque sabemos que estaremos muy ocupados cuando lleguemos a Río. De algún modo, sentimos que el trabajo ya está terminado, pero nos emociona lo que se avecina. De momento no estoy nerviosa por mis carreras. Solo vamos a divertirnos y a concentrarnos en la parte seria, la competición.

Aterrizamos en Río por la mañana temprano. En el aeropuerto nos reciben Sophie Edington, la delegada del equipo de prensa y antigua nadadora de talla internacional, e Isabela Mazao de ACNUR. Cogemos una lanzadera en el aeropuerto. Sven ve al presidente del COI, Thomas Bach, en el vehículo que va detrás. Parece que iba en el mismo avión que nosotros. Miro la hilera de casas rosas adosadas por la ventana del autobús. En el horizonte, unas montañas verdes de formas extrañas se erigen por encima de la ciudad.

La Villa Olímpica es un conjunto de altos edificios de cemento beige alrededor de un lago, en las afueras de la ciudad. Allí nos indican cómo llegar a los apartamentos del decimoquinto piso. Las dos últimas plantas han sido asignadas al equipo de refugiados, los deportistas del ROT. Mientras nos dirigimos a la entrada, oigo que alguien grita mi nombre. Levanto la vista y veo a mi viejo amigo Rami, que me saluda desde una de las ventanas de arriba. Saca su teléfono para hacerme una foto.

—¡Sonríe para tu hermana! —grita.

Sonrío y hago el símbolo de la paz con dos dedos. Entramos en el edificio y Sven y yo nos separamos para buscar nuestros apartamentos. Yo comparto el mío con las otras deportistas del equipo. Somos cuatro en total, dos en cada de una las habitaciones, que son modestas y funcionales. El apartamento está vacío cuando entro; las otras chicas todavía no han llegado. Dejo mi equipaje en la habitación y subo a ver a Rami al apartamento que comparte con nuestros compañeros de equipo. Cuando abre la puerta, sonrío y levanto la mano para chocar los cinco. Es surrealista. Nosotros, aquí, en Río. ¡En los Juegos Olímpicos!

Nos reunimos de nuevo con Sven y salimos a explorar el resto de la Villa. Paseamos por el camino que recorre el complejo y pasamos junto a un centro de fitness, un área de recuperación con jacuzzis, por pistas de tenis y de baloncesto, y piscinas. Todo lo que un deportista podría desear. Al final de la Villa hay una barrera y, detrás, una zona mixta con una hilera de tiendas y restaurantes de comida rápida. Los periodistas y reporteros acreditados pueden entrar en esa zona, pero no se les permite pasar de ahí. La Villa Olímpica es un refugio privado, solo para nosotros.

Lo mejor de todo el complejo es un comedor colosal que hay en una carpa. Debe de tener el tamaño de tres campos de fútbol. Dentro, atletas de todo el mundo se sientan en largas mesas. Pasamos junto a cinco bufets diferentes repletos de todos los tipos de comida que podría imaginar. Cada uno tiene un tema: comida brasileña, asiática, internacional, halal y kosher. Se me van los ojos al último bufet, un puesto de pizza y pasta. Bingo.

—¿Todo esto es gratis? —le pregunto a Sven.

—Sí —responde con una sonrisa—. Es un bufet libre.

Contemplo las mesas llenas de frutas exóticas, yogures y cereales. A un lado hay una serie de neveras repletas de refrescos, bebidas energéticas y agua. Sven me da una tarjeta para abrirlas y me dice que coja lo que quiera. Miro con ojos como platos todo el despliegue de comida que se extiende en la distancia. Ni aunque me quedase un año entero, podría probarlo todo.

Cuando vuelvo al apartamento, me encuentro con que mis compañeras de equipo ya se han instalado. Comparto habitación con Yolande, una yudoca congoleña que ahora vive en Brasil. En la otra están Rose y Anjelina, dos corredoras sudanesas que viven en Kenia. He leído un resumen de sus historias y me siento un poco intimidada; todas han tenido vidas muy duras. Yolande creció en la República Democrática del Congo; la guerra era lo único que conocía. La separaron de su familia de niña y aprendió yudo en un orfanato. Competía para el Congo a nivel internacional, pero las condiciones para el entrenamiento eran extremadamente difíciles. Unos años antes, ella y Popole, otro miembro del ROT, solicitaron asilo en Brasil durante su participación en el Campeonato del Mundo de Yudo. Las otras dos, Rose y Anjelina, igual que otros tres miembros del equipo, Yiech, Paulo y James, son corredoras de Sudán del Sur. Huyeron de la guerra civil de niños y crecieron en Kakuma, un enorme campo de refugiados al norte de Kenia. Rose me dice que todo el campo de Kakuma estará viendo los Juegos y animando al equipo. Pienso en mis amigos, los que todavía viven en el *heim* de Berlín, y en los entrenadores y nadadores del club. Me pregunto si también ellos verán mis pruebas y nos animarán.

No hablamos sobre el equipo de refugiados. No parece ser el momento adecuado para conversaciones profundas. Soy demasiado tímida para preguntarle a Rose acerca de su vida en Kakuma, y no sé si se sentiría insultada, así que decido limitarme a un tema seguro: el deporte. Ya es bastante abrumador estar aquí, en las Olimpiadas, viviendo el sueño de todo deportista. Pero más tarde, cuando estoy tumbada en la cama, pienso en mis compañeros de equipo y en todo lo que han vivido, y me doy cuenta de lo mucho que me he perdido mientras he estado ocupada contando mi propia historia. Ahora soy parte de algo mucho mayor. Con este equipo represento a sesenta millones de personas desplazadas de todo el mundo. Es una gran responsabilidad, pero sé cuál es mi trabajo. Tengo un mensaje que difundir: que ser refugiada no es una elección. Que nosotros también podemos conseguir grandes cosas.

A la mañana siguiente, Sven se encuentra con Sophie Edington, la delegada de prensa del ROT, para hablar de mi horario de las próximas cuatro semanas. Mi primera eliminatoria es el sábado, el primer día de los Juegos Olímpicos. Hasta entonces, entrenaré todos los días con Sven. Para el tiempo que queda, Sophie ha planeado un horario muy ambicioso. Durante la semana previa a la eliminatoria, dedicaré cada minuto libre a ruedas de prensa, entrevistas, reuniones y discursos. Sven no está convencido de que podamos asumirlo todo. Me sugiere que le pidamos a Sophie que lo reduzca a las reuniones esenciales, pero yo he venido a contar mi historia, para el equipo de refugiados y para el COI, así que le digo que deberíamos hacerlo todo.

El día siguiente tenemos nuestra primera salida pública como equipo. Subimos en tren al cerro del Corcovado para visitar la estatua del Cristo Redentor. En la cima nos espera una multitud de periodistas y fotógrafos que se me echa encima para que hable con ellos.

—Estamos muy contentos de estar aquí —les digo—. Todos tenemos ese sentimiento tan fuerte de no querer rendirnos nunca. Hemos hecho mucho para llegar hasta aquí.

Es solo el principio. Los días siguientes están repletos de largas ruedas de prensa y, en cada una de ellas, la situación me avergüenza más. Parece que la noticia soy yo. Los periodistas hacen a mis compañeros de equipo una o dos preguntas por educación, y luego se vuelven hacia mí y me hacen otras cincuenta. Después de cada evento, Sophie me ayuda a priorizar cuatro o cinco entrevistas consecutivas con los periodistas y la prensa más importante. Hablo con reporteros de Australia, Alemania, Japón y Corea del Sur. Todos persiguen la misma historia. El bote, siempre el bote. Cumplo con mi obligación y les cuento lo que sucedió con una sonrisa, el corazón cerrado y la cabeza en marcha. Los reporteros parecen satisfechos.

Sin embargo, ni siquiera con las ruedas de prensa y las entrevistas es suficiente. Los periodistas y los fotógrafos me siguen adondequiera que voy; se abalanzan sobre mí en cuanto pongo un pie fuera de la Villa Olímpica. Equipos de grabación se presentan en la piscina mientras entreno con Rami. Esperan para agarrarme cuando entro y salgo de las ruedas de prensa. En un evento, un periodista brasileño me sigue hasta el baño. Otra periodista británica consigue mi número de teléfono en alguna parte y me envía mensajes a cada momento, en los que me pregunta dónde estoy y qué estoy haciendo. Se los enseño a Sven.

—¿Quiere ser mi amiga, o qué? —digo.

—Ignórala y ya está —responde él.

No veo la hora de reencontrarme con Lam, Magdalena y Steven, que también están en Río cubriendo los Juegos. Son periodistas, pero con ellos no siento esa presión; son mis amigos. Lam y Magdalena estarán en la ceremonia de bienvenida a nuestro equipo dentro de unos días. Steven, en cambio, está ocupado informando sobre otras historias en la ciudad, pero lo veremos después de mis carreras.

Al final del tercer día ya estoy exhausta por todo el trabajo con los medios. Sven, Rami y yo nos reunimos en el enorme comedor de la Villa. Los tres estamos ojo avizor, observando a la gente para avistar a deportistas famosos. Ya hemos visto a Rafael Nadal y a Novak Djokovic, pero Rami y yo esperamos al más importante, nuestro héroe definitivo, Michael Phelps. Sven mete la mano en su mochila y saca una copia impresa del horario de Sophie.

—Bueno, pues mañana volvemos a tener el día lleno de entrevistas —anuncia.

—Por Dios —respondo—. ¿Cuántas más?

Pasa las páginas.

—Unas cuantas —masculla—. Ya te dije que era mucho.

Niego con la cabeza.

—Es demasiado —protesto—. Tienes que decirle a Sophie que no puedo hacerlo todo.

Sven niega con la cabeza y responde que de ninguna manera, que tendré que decírselo yo misma. Él le pedirá que venga a verme y tendré que decirle que no a la cara. Me estremezco de pensarlo, pero no me queda otro remedio. Siento decepcionar a Sophie, pero no puedo seguir pasando cada momento de vigilia con los periodistas, es demasiado estrés. Tengo que nadar dentro de unos días.

—¡Ahí! —dice Sven, y señala a su derecha.

Me pongo de pie para ver mejor y me quedo sin aliento. Allí, unas mesas hacia la derecha, está sentado Ryan Lochte y el resto del equipo de natación estadounidense. Observo la pequeña multitud que hay a su alrededor y entonces lo veo, esos hombros enormes, ese cuello tan fornido. Michael Phelps. El héroe de mi infancia. Me da un vuelco el corazón; de repente estoy hecha un manojo de nervios. Rami sonríe y da una palmada sobre la mesa.

—Vamos a pedirle que se haga una foto con nosotros —propone.

—No. Está concentrado. Está en medio de una competición. Si yo fuera él no querría que nadie viniese a pedirme fotos.

Rami observa con anhelo cómo Phelps se da la vuelta y sale de la carpa.

Al día siguiente llega nuestra equipación olímpica oficial del ROT, diseñada por la marca de ropa de natación Arena. Hay un chándal, una chaqueta para el calentamiento y, lo mejor de todo, un gorro de nadar de color blanco con mi nombre en negro en letras en negrita bajo los anillos olímpicos: «R.O.T. Mardini». Chillo de orgullo y emoción. Es surrealista. Una Mardini aquí, en los Juegos Olímpicos.

Ese mismo día, más tarde, el equipo debe aparecer en la apertura de la sesión del Comité Olímpico Internacional, una reunión que es algo parecido a un parlamento. Me han pedido que diga unas palabras. Mientras Sven y yo esperamos un taxi fuera de la Villa para asistir, un periodista coreano se acerca corriendo hacia nosotros. Quiere hacerme unas preguntas. Parece majo, así que empiezo a charlar con él.

—No, Yusra —me corta Sven, y me coge del brazo para apartarme.

Sven mira al periodista con mala cara y le dice que nos deje en paz. Él se marcha. Estoy perpleja.

—¿Por qué has hecho eso? Parecía de fiar.

—No hables con ellos —responde—. Debes decirles que no. Créeme, si los demás ven que pueden conseguir una entrevista simplemente acercándose a ti, no podremos ir a ninguna parte sin que nos acosen.

Quizá sea por culpa del estrés, pero no puedo evitar sentirme molesta. ¿Desde cuándo decide Sven con quién puedo hablar y con quién no? ¿Acaso no depende de mí? Entro en el taxi, cierro de un portazo y me quedo sentada en silencio y enfadada durante todo el trayecto hasta el hotel donde se celebra el evento. Cuando llegamos, tenemos que esperar detrás hasta que llegue el momento de salir al escenario. A medida que me calmo, me doy cuenta de que Sven tiene razón; he de tener cuidado con toda esta atención que recibo de los medios de comunicación. Lo único que está haciendo es cuidar de mí.

Después de una pequeña introducción, subo al escenario junto al resto del equipo. Los miembros del COI se ponen de pie y nos ovacionan. Recorro a la multitud con la mirada y recuerdo la rueda de prensa de Berlín. Mantén la calma, concéntrate en el mensaje. Me dirijo al atril junto a Yiech, mi compañero de equipo, uno de los corredores sudaneses que viven en Kenia. Él es el primero en hablar.

—Somos embajadores de los demás refugiados —empieza Yiech ante el micrófono—. No podemos olvidar la oportunidad que nos habéis dado. No somos malas personas. Ser refugiado es solo un nombre.

Eso es. Solo un nombre, uno que nos ponen por circunstancias que escapan a nuestro control. Y ahora debemos reclamarlo. Yiech y yo intercambiamos posiciones y me pongo tras el atril.

—Seguimos siendo seres humanos —digo—. No somos solo refugiados. Somos como todas las demás personas del mundo. Podemos hacer cosas, conseguir cosas. No elegimos abandonar nuestros hogares. No elegimos el nombre de refugiado. Os prometemos una vez más que haremos lo que haga falta para ser una fuente de inspiración para todos.

Siento un subidón de adrenalina al apartarme del micrófono. Decir estas palabras en voz alta ante tanta gente tan importante, decirle al mundo quiénes somos en realidad, ha sido fantástico. Pero, por emocionante que sea, está claro que no puedo hacer todo lo que hay en mi calendario de prensa. Un rato más tarde hablo con Sophie y acordamos reducir el número de entrevistas y posponer algunas hasta después de mi próxima eliminatoria, el miércoles siguiente.

Lo próximo que hay en el calendario es la ceremonia de izado de banderas. Todos los equipos olímpicos son objeto de una bienvenida oficial a la Villa en un acto en la zona mixta internacional. Es un gesto breve y simbólico que dura solo unos diez minutos. Estas ceremonias ya llevan días produciéndose; los equipos se van sucediendo en orden alfabético. La nuestra tendrá lugar esta tarde, justo antes de la del equipo ruso. Es una casualidad, pero eso significa que los periodistas pueden cubrir de una sola vez las dos grandes noticias de la semana: el escándalo de dopaje del equipo ruso y nosotros. Como resultado, la zona internacional está repleta de cientos de reporteros, cámaras y fotógrafos. Esperamos en el borde de la zona mixta y hacemos fotos de la caótica escena.

Cuando llega la hora de la ceremonia de nuestro equipo, tenemos que abrirnos paso entre los periodistas que esperan. Se aproximan a nosotros a empujones a medida que nos acercamos. Sven, Lam, Rami y yo avanzamos como podemos. Después del acto protocolario, la avalancha es todavía peor. Los reporteros se apelotonan a mi alrededor y me ponen los micrófonos y las cámaras en la cara. Casi no puedo moverme. Lam y Sven se apretujan cada uno a un lado de mí y los apartan de mi camino. Mientras luchamos por salir de ahí, Sven levanta la mano para alertar a un guardia de seguridad que hay cerca. El hombre tira de mí para sacarme de entre el gentío y me lleva a nuestro bloque de apartamentos. Por el camino se nos une Pamela Vipond, directora adjunta de Solidaridad Olímpica. Hace meses que está en contacto con Sven, desde que él mandó aquel primer correo electrónico al COI en el que les hablaba sobre mí. Sonríe y charla con nosotros, ayuda a calmar las cosas y me hace sentir mejor. Cuando me meto en la cama estoy alterada y exhausta.

Al día siguiente, durante el desayuno, Sven menciona la ceremonia de inauguración. Tendrá lugar la noche antes de mi primera prueba eliminatoria y debemos decidir si ir o no.

—Lo normal es que si un atleta tiene una carrera a la mañana siguiente, no vaya a la ceremonia de inauguración —explica Sven con una sonrisa—. Pero bueno, esto es diferente, ¿no?

Le digo que es obvio que tenemos que estar ahí. Podría ser la única oportunidad que tengamos en la vida.

—¿Quién va a llevar la bandera del equipo? —le pregunto.

—Hablé con los del COI al respecto —responde—. Les dije que tú no eres el único miembro del equipo y que debería hacerlo otra persona. Se han decidido por tu compañera Rose.

Sonrío. Tiene razón. Y, de todos modos, creo que el resto del equipo querría asesinarme si fuese yo quien llevara la bandera. Yo he hecho todo lo interesante, los discursos, las entrevistas. Ya he tenido suficiente atención. Lo correcto es que sea otra persona quien esté bajo los focos por una vez.

El día de la ceremonia de apertura, Rami y yo entrenamos por la mañana y luego volvemos a la Villa a arreglarnos. Al llegar al apartamento, veo que nos han dejado preparada la ropa que tenemos que llevar: una chaqueta azul marino con botones dorados, unos pantalones beige, una camiseta blanca y una corbata de lunares. Me cambio y me reúno fuera con Rami, Sven y los demás para coger un autobús que nos conducirá al estadio de Maracaná.

Nos llevan a un estadio cubierto cercano para esperar nuestro turno junto a los demás atletas. Nuestro equipo será el penúltimo durante el desfile de naciones, justo por delante del anfitrión, Brasil. Nos sentamos en el estadio y seguimos la glamurosa ceremonia de inauguración en unas enormes pantallas. En un momento dado, cientos de bailarines de samba inundan el estadio y representan un carnaval. Detrás, en el estadio, los atletas se levantan de sus asientos y bailan en los pasillos. Empieza el desfile y los equipos van saliendo en orden alfabético, hasta que, al final, solo quedamos nosotros y los brasileños. Los miembros del equipo anfitrión están en pleno apogeo cuando nuestro pequeño equipo, el ROT, sale con ellos del estadio. Fuera, nos asaltan cientos de fans brasileños desatados, que bailan y cantan con nosotros mientras nos dirigimos al estadio principal. Una vez dentro, nos conducen hacia la entrada. Pongo un pie en la pasarela y la multitud estalla en un clamor atronador.

22

—Equipo Olímpico de Atletas Refugiados.

El eco del anuncio resuena por el estadio. Decenas de miles de personas se ponen de pie de un salto, los flashes de las cámaras centellean y una multitud de brazos ondea de emoción. Me quedo sin aliento. Es la audiencia más multitudinaria que he visto nunca; las hileras de gradas abarrotadas se extienden hasta el techo.

Una cámara con grúa pasa por nuestro lado. Sonrío y hago ondear mi diminuta bandera blanca. Por delante, Rose blande la bandera olímpica muy alto, por encima de su cabeza. Atisbo al presidente del COI, Thomas Bach, y al secretario general de la ONU, Ban Ki-moon, que están de pie y aplauden, animándonos. El corazón me late desbocado mientras caminamos por el pasillo central. A cada lado, asistentes vestidos con casacas de vivos colores bailan bajo las luces al ritmo de la animada música de carnaval. Nos mezclamos entre la multitud de atletas. El techo en forma de anillo se erige por encima de nosotros y, justo encima de la apertura, las estrellas parpadean entre las nubes bajas.

Miro los anillos de la bandera que Rose tiene en las manos. Cierro los ojos y veo la silueta de Damasco perfilada en el horizonte al atardecer, mientras suena la llamada a la oración. Huelo la lluvia en los olivares de Daraya. Siria, mi país perdido. ¿Qué más da una bandera? No soy menos siria en mi corazón. Sé que todavía represento a mi pueblo, a todos los millones que nos vimos obligados a huir, a todos aquellos que se arriesgaron a morir en el mar para vivir lejos de las bombas.

A nuestra espalda se oye un clamor aún más estruendoso cuando entra el equipo brasileño. El estadio estalla con la música, cantos, vítores y bailes.

—Señoras y señores, ¡los atletas de los Juegos Olímpicos de Río 2016!

Se oye de nuevo el clamor de miles de personas. Veo en las pantallas gigantes cómo los bailarines mueven unas altas cajas hechas con espejos hacia el centro del estadio y las hacen girar hasta que dibujan la forma de los anillos olímpicos desde arriba. Unas plantas verdes surgen desde la parte superior y disparan confeti hacia el cielo. Fuegos artificiales en forma de cinco anillos estallan por encima del estadio, y ríos de fuego dorado salen disparados hacia el cielo nocturno sobre nuestras cabezas. Las llamas se apagan y el estadio se oscurece hasta convertirse en una caverna que parpadea, iluminada solo por una tenue luz azulada. Los flashes de las cámaras brillan en la oscuridad.

Sven me da un golpecito en el hombro.

—Esperamos hasta que terminen los discursos —susurra—. Luego nos iremos.

El primero en acercarse al atril es Carlos Arthur Nuzman, el director del comité organizador de los Juegos Olímpicos de Río 2016. Da la bienvenida a los atletas y a los invitados a los juegos.

—El sueño olímpico es ahora una maravillosa realidad —dice—. Nunca renunciamos a nuestros sueños. Nunca nos rendimos.

Las palabras flotan en el aire. Una maravillosa realidad. Estoy en el salón de mi casa de Daraya, prometiéndome llegar a lo más alto. Observo horrorizada la bomba de la piscina. Me zambullo en el mar, mientras los rezos desesperados resuenan en mis oídos. Me quedo dormida en una prisión húngara. Me esfuerzo más que nunca en la piscina de Berlín. Este es mi regalo para mi yo de seis años, aquella muchacha joven, decidida e idealista. Entonces parecía muy lejano, pero ahora estoy aquí. El momento para el que me he estado preparando toda mi vida. Los Juegos Olímpicos.

Ahora es el presidente del COI, Thomas Bach, quien habla tras el atril.

—Vivimos en un mundo en el que el egoísmo va ganando terreno; en el que algunos aseguran ser mejor que otros. Esta es nuestra respuesta olímpica. En pos del espíritu de la solidaridad olímpica y con el mayor de los respetos, damos la bienvenida al Equipo Olímpico de Atletas Refugiados. —El estadio estalla de nuevo en vítores mientras la cámara pasa junto a nosotros. Muevo la banderita y sonrío—. Queridos atletas refugiados —continúa el presidente del COI—, vosotros mandáis un mensaje de esperanza a los muchos millones de refugiados que hay alrededor del planeta. Tuvisteis que huir de vuestros hogares por culpa de la violencia o el hambre, o simplemente por ser diferentes. Ahora, con vuestro gran talento y espíritu, estáis haciendo una gran contribución a la sociedad.

Me recuerdo que no estoy sola en esto. Cada uno de mis compañeros de equipo representa a millones de personas, muchas de ellas con historias más duras y desgarradoras que la mía. Y aquí estamos, enseñándole al mundo todo lo que podemos conseguir.

El discurso del presidente Bach llega a su fin. Sven me da otro golpecito en el hombro y me dice que es hora de irse. Mañana he de levantarme temprano para mi prueba. Dejamos allí a mis compañeros, nos dirigimos a la salida del estadio y cogemos el autobús lanzadera que nos lleva a la Villa.

Me siento en la cama de mi habitación. Mi mente es un

torbellino. Pienso en Sven y en todo lo que ha hecho por mí. Pienso en los otros entrenadores del equipo, en la dedicación y generosidad que han demostrado. Los Juegos Olímpicos son su recompensa. Pienso también en mis compañeros de equipo, en la fortaleza que muestran por sus comunidades, cargando con la responsabilidad de millones. Recuerdo el mensaje de aquel joven que luchaba para sobrevivir en Siria. «Mi vida es dura —escribió—, pero tú me has inspirado para seguir adelante.»

—*Ya Allah* —digo en voz alta mirando a la pared blanca y vacía—. No hay más Dios que tú. Dios es el más grande. Perdóname, porque soy una de las pecadoras.

Me quedo unos instantes en silencio en el apartamento vacío. Luego me levanto y meto las gafas, el gorro, el bañador, la toalla y las chanclas en la mochila y preparo la ropa para el día siguiente. Cuando me meto en la cama, al fin, mi mente está tranquila.

Suena la alarma y abro los ojos de golpe. Hoy. Es hoy. Me ducho, me visto y me reúno con Sven en el comedor.

—Buenos días —saluda—. ¿Cómo estás?

Consigo sonreír.

—Bien —respondo de forma automática.

Me levanto y paseo junto a los bufets. Se me encoge el estómago solo con ver la comida. Cojo una manzana y una magdalena y me vuelvo a sentar frente a Sven, que enarca las cejas.

—Espero que tengas intención de comer algo más —me reprende.

Frunzo el ceño.

—No, por favor. No puedo.

Sven se pone de pie y va hacia los puestos de comida. Vuelve al cabo de cinco minutos con un plato lleno de pasta.

—No, para desayunar no —protesto—. No puedo, de verdad.

Me lo pone delante.

—Lo voy a dejar aquí —insiste—. Deberías comer carbohidratos.

Aparto la vista. Una nube de mariposas revolotea dentro de mi estómago. Él se aclara la garganta.

—En tu eliminatoria solo hay otras cuatro participantes —me informa—. Recuerda que compites contra ti misma. Durante los últimos días has nadado muy bien en los entrenamientos. En esos esprints de mariposa de corta distancia has hecho 25 metros en treinta segundos, nunca te había visto tan rápida.

Me tiemblan las piernas. Respiro hondo varias veces. Sven mira el reloj.

—Bien —anuncia—. Es hora de irse.

Dejo la pasta sobre la mesa sin tocarla y nos vamos hacia la parada de autobús. Subimos a la lanzadera en silencio. Miro los altos edificios de cemento por la ventana y respiro hondo. Con cada bocanada de aire siento que se me calma la mente y se me estabiliza el estómago. Cuando llegamos al Estadio Olímpico Acuático ya no siento miedo, solo determinación. Caliento, moviendo los brazos ampliamente al borde de la piscina, y luego nado para calentar en el agua. El movimiento me sienta bien. El agua me mece hasta dejarme en un estado de alerta tranquila. Me pongo el bañador para la carrera, la chaqueta para calentar, el gorro y las gafas y entro en la sala de espera. Medito. Ahora no debo pensar. Lo único que necesito es mi memoria muscular. Pronuncian mi nombre. La primera prueba de natación de los Juegos Olímpicos de 2016 está a punto de empezar. Cuando entro en el recinto de la piscina empiezo a rezar de nuevo.

—Nada es fácil, excepto lo que tú has hecho fácil —murmuro—. Si así lo deseas, puedes hacer que lo difícil sea fácil. Por favor, Dios, haz que mi carrera sea fácil.

Hace frío. Solo un tercio de las gradas están ocupadas. Se

oyen unos aplausos mientras me dirijo a los poyetes de salida con las otras cuatro nadadoras. Me quito la chaqueta y un comentarista lee nuestros nombres en voz alta.

—Yusra Mardini, Equipo Olímpico de Atletas Refugiados.

Poco a poco, los aplausos de las gradas se multiplican. De repente, cuando los vítores aumentan, lo hacen también mis nervios. Bajo el volumen de lo que me rodea y lucho para que mi mente continúe tranquila. Si pienso, estoy perdida.

El tiempo se acelera. Me subo a la plataforma de salida y adelanto el pie derecho. Me agarro al borde de acero con los dedos de los pies y con ambas manos. Tengo la mente en blanco; lo único que veo es el agua que hay delante de mí; lo único que oigo, el ritmo de mi pulso. Los ecos de la piscina disminuyen hasta que solo oigo los latidos de mi corazón.

A sus marcas.

Me tenso y me balanceo hacia atrás.

Suena el silbato.

Me sumerjo en el agua brillante.

La voz

Una noche, no mucho después de mi segunda y última carrera, me reuní con Steven en Río. Rami, Sven, él y yo paseamos en coche frente a la playa de Copacabana, riéndonos sobre lo insólito que es todo lo que ha sucedido. Miramos fotos de Belgrado en el teléfono de Steven.

—¿Pensaste al hacer esas fotos que Yusra sería famosa algún día? —preguntó Rami.

—Tenía la sensación de que podía llegar a ser especial —respondió Steven.

Me quedé mirando al teléfono, avergonzada.

—No tan especial —repuse.

Sara consiguió por fin su visado y tomó un avión para unirse a nosotros en Río, donde nos enfrentamos a una emotiva rueda de prensa conjunta. Cuando empezaron las inevitables preguntas sobre el bote, Sara me hizo gestos para que me acercase y me susurró al oído: «Hoy, hace justo un año, estábamos en el mar». Me incliné hacia atrás y la miré; a ambas se nos llenaron los ojos de lágrimas. Un año desde que estuvimos a punto de perder aquella apuesta desesperada. Y ahora, ¿a qué orilla nos han traído las olas? Nos abrazamos ante los flashes de las cámaras.

Después, mi hermana me llevó aparte y me contó sus planes sobre Grecia. Había decidido volver a la isla de Lesbos.

Un joven voluntario llamado Eric le había escrito para decirle que nuestra historia era una inspiración para los niños sirios de la isla. Eric trabajaba para ERCI, una organización que rescata embarcaciones migrantes en el mar, y convenció a Sara de que les vendría bien alguien que hablara árabe para ayudar con las embarcaciones. La miré con admiración. Qué valiente.

Pasé mis últimos días en Río envuelta en un torbellino de reuniones, entrevistas y sesiones de fotos. Sara se marchó a Grecia en cuanto volvimos a Berlín, y yo tampoco tuve tiempo de descansar. Dejar Brasil marcó el inicio de un nuevo capítulo. Yo tenía un nuevo trabajo; tenía un mensaje que difundir. Unas semanas más tarde, viajé a Nueva York para hablar en la cumbre de líderes sobre refugiados de la Asamblea General de la Organización de las Naciones Unidas. Me concedieron el gran honor de dar un discurso como introducción al del presidente de los Estados Unidos, Barack Obama. No puedo decir que no estuviese nerviosa al subirme al escenario. Era mi primera oportunidad de transmitir mi mensaje a los líderes del mundo.

—Esta experiencia me ha dado una voz y la oportunidad de ser escuchada —dije a la cumbre—. Quiero ayudar a cambiar la percepción que tiene la gente sobre lo que es un refugiado, a que todo el mundo entienda que huir de tu hogar no es una elección, y que los refugiados somos personas normales que podemos conseguir grandes cosas si se nos da la oportunidad.

Después conocí al presidente Obama. Estaba nerviosa, pero él me tranquilizó enseguida. Fue maravilloso estar cerca de un líder tan poderoso y que me tratase como a alguien especial, alguien con quien merecía la pena hablar. Esa noche, tras mi discurso, asistí a un evento de las Naciones Unidas para celebrar el avance de los derechos de las mujeres en el mundo. Allí conocí a la reina Rania de Jordania. Me quedé completamente deslumbrada. Esa mujer, tan hermosa y tan fuerte, quería hablar conmigo sobre mi vida. Nos caímos bien, y más tarde me nominó para la lista de «25 mujeres que están cambiando el mundo» de la revista *People*.

Unos meses después, en noviembre de 2016, viajé a Roma para visitar al papa Francisco y entregarle el Bambi, un premio de los medios de comunicación alemanes. Fue amable y gentil, y conocer a otro gran hombre que está cambiando el mundo a mejor fue una lección de humildad. Más tarde, ese mismo mes, Sara y yo recibimos también un premio Bambi en una glamurosa ceremonia llena de personajes conocidos. En enero de 2017 volví a dirigirme a los líderes del mundo en el Foro Económico Mundial de Davos, y en abril me eligieron Embajadora de Buena Voluntad para ACNUR. Mi mensaje no ha cambiado: un refugiado es un ser humano como cualquier otro.

Pese a todos los viajes y los discursos, mi vida sigue centrada en la natación. Sven ya no es mi entrenador, pero sigue siendo mi íntimo amigo y mi mentor. Ahora trabaja para mí a tiempo completo como agente deportivo y, además, ayuda a mi nuevo representante, Marc, con mi descabellado horario. Mi nuevo entrenador en el Wasserfreunde, un optimista pero serio y eficiente cubano llamado Ariel, es un férreo defensor del entrenamiento para aumentar la potencia. Me fuerza para que mejore mi velocidad y, con una sonrisa, me dice que superar la barrera del dolor es algo que solo está en la mente.

Sven, Marc y Ariel. Mi equipo. Los tres saben que haría cualquier cosa por nadar y trabajan con ahínco para mantener vivo mi sueño olímpico. El pasado julio, Sven y Ariel vinieron conmigo a Budapest, donde competí en el Campeonato Mundial de Natación. Me aterraba volver a Hungría. Me resultó difícil no sentir odio por la gente de allí y por el lugar en sí mismo. Como era de esperar, esta vez todo el mundo me dio una cálida bienvenida. Pero ni me acerqué a la estación de tren.

Unas semanas después del campeonato, Marc y yo volamos a Japón con ACNUR. Allí me reuní con el Comité Olímpico Japonés y les dije que me estoy entrenando duro para los juegos de Tokio. Ese otoño también firmé un acuerdo de patrocinio con la marca de ropa deportiva Under Armour. No hay nada seguro, pero deseo más que cualquier otra cosa ser una deportista olímpica por segunda vez en 2020.

Atleta olímpica o no, mientras no pueda volver a mi hogar, seguiré llevando esa otra etiqueta, ese otro nombre: refugiada. Después de Río, aprendí a aceptar esa palabra. Ya no me parece un insulto. Solo es un nombre para personas normales y corrientes que se vieron obligadas a huir de su país, como mi familia y yo.

Mamá, papá y Shahed ya tienen también estatus de refugiados. Todos queremos quedarnos en Berlín, y nos han dicho que podemos seguir en Alemania hasta 2019. Después de eso, espero que extiendan nuestros permisos de residencia si es necesario. Confío en que Alemania hará lo correcto. Estamos felices de poder vivir en paz, pero es duro volver a empezar y construir una nueva vida desde cero. Aquí, nuestras vidas son muy diferentes y cada uno de nosotros debe encontrar su propio camino.

Shahed es quien lo tiene más fácil, ya que es la más joven. Ahora tiene diez años y se está convirtiendo en una chica fuerte y lista. Se ha adaptado muy deprisa a su nuevo hogar y ya parlotea alemán con fluidez con sus muchos amigos nativos del colegio. Por supuesto, todos estamos muy contentos por ella, pero a veces nos preocupa que, si nos quedamos en Alemania, a largo plazo acabe perdiendo su identidad siria.

Para mis padres, la vida es más dura. Mamá está aprendiendo alemán, pero le resulta difícil hacer amigos. Muchos de los refugiados de su clase de alemán están deprimidos, y la barrera del idioma le impide acercarse a la gente de aquí. Echa de menos a nuestra familia en Siria, a mi abuela, mis tías, tíos y primos que siguen en Damasco. Pero mamá estará bien: es una guerrera.

Papá también está aprendiendo alemán, pero progresa despacio y a menudo se siente frustrado por no poder ejercer como entrenador. El año pasado hizo un programa de entrenamiento de seis meses y se sacó un certificado de socorrismo, pero su alemán todavía no es lo bastante bueno como para trabajar. Antes solía hablar de volver a Siria y yo le decía que por el momento estábamos mejor donde estábamos. Ahora ya se siente más estabilizado, y poco a poco las cosas van mejorando para todos.

Para mí, volver no es una opción hasta que la guerra termine. Yo lo tengo más fácil, he tenido mucha suerte de encontrar tantos amigos fantásticos en Alemania que me apoyan en mi nueva vida. Hay otros, incluyendo varios de los chicos con los que viajamos, que ven las cosas de otra manera. Algunos se sentían tan desgraciados aquí que prefirieron volver y enfrentarse a los riesgos de nuestro hogar, de Siria. Sin embargo, la mayoría de ellos siguen aquí, trabajando duro para que todo vaya lo mejor posible. Nabih y Jalil están en Berlín, estudiando para el examen alemán Abitur y entrar en la universidad. Ahmad, Idris, Zaher y sus familias están ahora repartidos por toda Alemania. Muchos de ellos se han prometido, se han casado o tienen hijos.

El pasado otoño, Sara volvió a Berlín a estudiar. Su año como voluntaria en Grecia fue bueno para las dos. El espacio que nos dimos hizo que nos volviésemos a acercar. Ambas necesitábamos tiempo para encontrar nuestro camino la una sin la otra. Sara también da muchas charlas y discursos. Esta historia es suya tanto como mía, y ella tiene su propia versión. Ambas sentimos una gran responsabilidad por ayudar a los demás, pero no es fácil hablar de lo que vivimos. La historia del bote nos persigue allá donde vamos.

Esa historia es muy difícil para mí. Me cuesta pensar por qué sobrevivimos al mar cuando tantos otros no lo hicieron. Me cuesta recordar qué nos llevó a asumir ese riesgo tan terrible, qué nos hizo pensar que nuestras vidas valían tan poco. De algún modo, la apuesta mereció la pena, pero desde el lugar en el que estoy ahora me cuesta imaginar cómo llegamos a eso.

No he vuelto a nadar en el mar desde entonces, sobre todo porque me da miedo lo que pueda ver en el agua. No me obsesiono con lo que sucedió, pero no puedo evitar que las olas me aneguen de vez en cuando. Cada vez que oigo que otro bote lleno de gente desesperada se ha hundido en el mar, nos veo a nosotras agarradas a la cuerda y oigo el motor volviendo a la vida. Y, cada vez, me golpea la idea de lo cerca que estuvimos de morir. Si el motor no hubiese vuelto a funcionar, no lo habríamos conseguido.

La gente a menudo me pregunta si soy la chica que tiró del bote, pero no fue eso lo que sucedió. Solo una súper mujer podría haber tirado de un barco lleno de gente. Sé que estos son tiempos oscuros y que la gente necesita héroes, pero yo solo soy una chica normal, una nadadora. Tenía una vida normal antes de la guerra; nunca soñé con ser una heroína. Pero ahora, tras los Juegos Olímpicos, tengo una voz y una misión. Quiero inspirar a la gente y demostrarles quiénes somos los refugiados en realidad.

Así pues, ¿quiénes somos? Somos seres humanos. Yo soy refugiada. También lo es Sara. Y mamá, papá y Shahed. Nadie elige ser refugiado; yo no tuve elección. Tuve que abandonar mi hogar para sobrevivir, aunque eso implicara arriesgar la vida en el camino. He de seguir difundiendo este mensaje, porque llegarán más como nosotros. Me fui de mi país hace tres años, pero mientras lees estas líneas, otros jóvenes se están arriesgando a cruzar peligrosas fronteras, están subiendo a botes endebles y abarrotados o están siendo encerrados en una prisión, donde les arrojan comida que no querrían ni los animales. Ellos, igual que yo, eran chicos normales que buscaban un futuro en el que la muerte no cayese del cielo. Un lugar donde vivir en calma después de la tormenta.

Ahora, con la tormenta ya a mis espaldas, me concentro en ese futuro lleno de paz. No creo que el secreto de la felicidad sea tener una vida sin problemas, sino ser capaz de sonreír pese a las dificultades. Así pues, intento aislar las voces negativas y escucho a aquellos que creen en mí. Me rodeo de un equipo al que le mueve lo mismo que a mí. Nunca he estado tan segura de que estoy hecha para nadar, de que mi destino está en la piscina. Superar los obstáculos de los años pasados no ha hecho más que aumentar mi determinación. Es como siempre dice mi entrenador, Ariel: los límites solo existen en tu mente. Es simple. Soy una atleta y jamás me rendiré. Algún día ganaré.

No es fácil. Hay momentos en los que doy todo lo que tengo y sigue sin ser suficiente. Entonces, cierro los ojos e invoco ese momento de desesperación en el mar, cuando parecía no quedar ninguna esperanza. Cuando aquella voz tentadora me dijo que me rindiera y me resignase a morir. Recuerdo que luché y gané. Que pataleé, mantuve la cabeza por encima del agua y conservé la vida. Luego, un calor se me extiende por todo el cuerpo y lleva reservas escondidas de fuerza a mis doloridos músculos. Cuando abro los ojos, lo sé. Ahora nada puede doblegar mi espíritu. Pase lo que pase, me levantaré. Seguiré nadando. Sobreviviré. Resurgiré de la crisálida como una mariposa.

Agradecimientos

Quiero dar las gracias a Sven y a Sara; este libro es posible gracias a ellos. En el verano de 2017, cuando empezamos a trabajar en este libro, Sara dejó su vida en Grecia y voló a Berlín para ayudarme a capturar su experiencia sobre nuestro viaje juntas. Después, revisitó muchos lugares en la isla de Lesbos dolorosos para nosotras, para asegurarse de que no quedase fuera ningún detalle de cómo nos vimos abocadas a las orillas de Europa. Gracias, Sara, mí heroína, mi hermana. Te quiero.

Gracias también a Sven, que me dio un hogar, una piscina y un futuro. Ha estado a mi lado desde el día en que nos conocimos, y sé que siempre lo estará. Sven pasó horas leyendo detenidamente los borradores del manuscrito, editándolo, retocándolo y asegurándose de que nuestra historia fuese tan vívida y tuviese tantos matices como fuera posible. Sara y Sven, sois mis cimientos, y la columna vertebral de este libro, que es nuestro.

Mi más sentido agradecimiento a todas las personas que han contribuido a esta historia. Muchísimas gracias al periodista Steven Decraene por su amistad inquebrantable, por sus consejos y por donar sus recuerdos para este libro con tanta generosidad. También estoy en deuda con Michael Schirp, por sus comentarios y por todas las veces que ha ido mucho más allá de lo que requiere su puesto de trabajo por mí. Gracias también a mi viejo amigo Rami Anis, por compartir conmigo sus recuerdos de los momentos en los que nuestras historias confluyen.

Gracias a Josie Le Blond por su inestimable ayuda, y también a mis editores: Carole Tonkinson (Bluebird), Margit Ketterle (Droemer) y Karen Wolny (St. Martin's), por todos sus consejos y su apoyo.

Gracias también al resto de mi equipo. A mi entrenador, Ariel Rodríguez, por su incansable motivación y su paciencia; y a mi agente, Marc Heinkelein, por su visión, entusiasmo, y su dedicación, por pelear siempre por mí.

También me siento profundamente agradecida a todos los amigos que conocí en el camino, por permitirme compartir nuestra historia con el mundo. Gracias a Zaher y a los demás por guiarnos, por mantenernos a salvo y dejarnos formar parte de vuestra familia, y a Aiham y Basem por regalarnos su coraje y su sentido del humor en las aguas más oscuras. También quiero dar las gracias a Mette, Elise, Katrin y su familia y a todos mis amigos del Wasserfreunde Spandau 04 por su amistad, hospitalidad y apoyo. Gracias también a Reni, Gabi y Michael por ayudarnos a Sara y a mí a instalarnos cuando acabábamos de perder nuestro país, nuestra familia y nuestro hogar.

Muchas gracias a todos aquellos que trabajaron tanto por llevar a los Juegos Olímpicos un equipo de refugiados, en especial al presidente del COI, Thomas Bach, y al director general adjunto, Pere Miró, por darnos una bienvenida tan cálida a Sven y a mí a la familia olímpica. Gracias también a Pamela Vipond y a Sandra Logemann de Solidaridad Olímpica, y a la delegada de prensa del ROT, Sophie Edington. Y gracias a todos mis compañeros del equipo olímpico de refugiados, por su inspiradora dedicación al deporte y a nuestra causa.

También quiero dar las gracias a todo el mundo de AC-

NUR, el Alto Comisionado de las Naciones Unidas para los Refugiados, por su apoyo y sus ánimos durante los pasados años, sobre todo a Claire Lewis y a todo el mundo del programa de embajadores de buena voluntad, por darme la oportunidad y la plataforma para contar al mundo la verdad sobre los refugiados.

Finalmente, quiero dar las gracias al resto de mi familia: a mi hermana Shahed, a la que quiero muchísimo, y especialmente a mi madre, Mervat, y mi padre, Ezat, por enseñarme que con determinación, fuerza y coraje puedo llegar hasta la orilla. Por todas las veces que estuvisteis sentados junto a la piscina: no fueron en vano.

Descubre tu próxima lectura

Si quieres formar parte de nuestra comunidad,
regístrate en **libros.megustaleer.club**
y recibirás recomendaciones personalizadas

Penguin
Random House
Grupo Editorial

 megustaleer